Thomas Schmid

Europa ist tot, es lebe Europa!

Thomas Schmid

Europa ist tot, es lebe Europa!

Eine Weltmacht muss sich neu erfinden

C. Bertelsmann

Der Verlag weist ausdrücklich darauf hin, dass im Text enthaltene externe Links vom Verlag nur bis zum Zeitpunkt der Buchveröffentlichung eingesehen werden konnten. Auf spätere Veränderungen hat der Verlag keinerlei Einfluss. Eine Haftung des Verlags ist daher ausgeschlossen.

MIX
Papier aus verantwortungsvollen Quellen
FSC® C014889

Verlagsgruppe Random House FSC® N001967

1. Auflage

Neumarkter Str. 28, 81673 München
Umschlaggestaltung: buxdesign München
Satz: Uhl + Massopust, Aalen
Druck und Bindung: Friedrich Pustet, Regensburg
Printed in Germany
ISBN 978-3-570-10318-0

www.cbertelsmann.de

Für Edith

Inhalt

Vorwort

Europa kann und muss in ganz anderem Maße als bisher zu einer weltpolitischen Macht werden. Die Zeichen scheinen dafür nicht gut zu stehen. Denn die Europäische Union gibt derzeit kein gutes Bild ab, sie wirkt zerrissen und uneins. Doch dabei muss es nicht bleiben. Europa, das nie in sich abgeschlossen war, hat die Kraft, zur Gemeinsamkeit in Vielfalt zurückzufinden. Ein Blick in die Geschichte der europäischen Einigung zeigt das.

Sie versprachen sich Einigkeit und Gemeinsamkeit. Als die Regierungschefs Frankreichs, Italiens, der Beneluxstaaten und der Bundesrepublik Deutschland im März 1957 in der italienischen Hauptstadt die Römischen Verträge unterzeichneten, war das der Anfang einer bisher undenkbaren Entwicklung. Mit der Gründung der Europäischen Wirtschaftsgemeinschaft (EWG) machten sich sechs europäische Staaten als Pioniergruppe auf einen gänzlich neuen Weg der Verständigung. Erst zwölf Jahre war es her, dass der Zweite Weltkriegs zu Ende gegangen war, der nicht nur diesem Kontinent so furchtbare Verwüstungen gebracht und viele Millionen Menschen das Leben gekostet hatte. Nun ging vom Kapitol in Rom eine große Hoffnung aus, die Europas Völker beflügelte. Man würde sich zusammentun, die Nationalstaaten würden allmählich verblassen.

Das ist lange her. Heute versteht sich die Europäische Union nicht mehr von selbst. Sie ist mehr Last und Problem als Attraktion und Lösung. Viele andere ängstigt die EU. Sie empfinden Zorn gegen sie und wollen zurück in den vollkommen souveränen Nationalstaat. Die europäische Einigung scheint zu fördern, was sie doch beenden wollte: den Nationalismus. Ist die Krise der EU aufzuhalten? Und von welchen Kräften könnte diese Gegenbewegung in Zukunft ausgehen?

In zwei europäischen Staaten – Ungarn und Polen – stellen aggressive EU-Skeptiker und -Gegner die Regierung. Denkbar ist, dass Frankreich bald eine Staatspräsidentin bekommt, die dem Front National angehört. Und zum ersten Mal hat es ein großer und souveräner Mitgliedstaat der EU nicht bei der Dauerkritik an der EU belassen, sondern höchst praktische Konsequenzen gezogen: Großbritannien hat sich entschieden, der Europäischen Union nach 43 Jahren Mitgliedschaft den Rücken zu kehren. Es ist durchaus denkbar, dass sich auch die Bevölkerungen anderer EU-Staaten durch das britische Referendum ermuntert sehen, es den Inselbewohnern gleichzutun.

Zuletzt hat die EU in der Flüchtlingsfrage auf dramatische Weise ihre Unfähigkeit bewiesen, *gemeinsam* zu handeln. Zu viele Staaten igeln sich national ein, kehren gar zum alten Grenzregiment zurück, Zäune inbegriffen. Die vereinbarten Regeln, die das Rückgrat der Union sein müssten, gelten plötzlich nicht mehr. Erstmals ist das Ende des Prozesses der europäischen Einigung vorstellbar geworden.

Dieses Buch schließt sich einem solchen Pessimismus nicht an. Es geht von der Überzeugung aus, dass die Europäische Union wie aus früheren Krisen auch aus der gegenwärtigen gestärkt und erneuert hervorgehen kann. Ein großes europäisches Übel steht dem jedoch im Wege: das unerschütterliche »Weiter so« der fanatischen Berufseuropäer. Schon lange leidet die europäische Gemeinschaft unter einem Defekt. Nach der großen Katastrophe zweier Weltkriege und zweier Totalitarismen sollte in Europa eine politische Ordnung geschaffen werden, die den Rückfall des Kontinents in die Barbarei ein für alle Mal unmöglich macht. Deswegen wurde es zum ehernen Gesetz der Europapolitik, dass es immer nur vorangehen darf in Richtung der »immer engeren Union«. Auch diese Sturheit bewirkte, dass viele Bürger die EU als gefräßiges Ungeheuer wahrnehmen.

Eine andere, eine bessere EU ist machbar. Sie muss nur ihre Ursünde tilgen: Sie muss sich von ihrem antiliberalen Erbe befreien. Die Europäische Union kann unterschiedliche Geschwindigkeiten zulassen. Sie ist keine aufgeblähte Kopie des Nationalstaats, sondern ein Gebilde neuer Art: mehr Bund oder Staatenbund als Staat im alten Sinne. Eine erneuerte Europäische Union könnte es den Völkern möglich machen, ohne Verlustgefühle vom unzeitgemäßen Phantom vollkommener nationaler Souveränität Abschied zu nehmen.

Das Buch lässt die gegenwärtige Krise der Europäischen Union und deren Vorgeschichte Revue passieren und weist auf vergessene Traditionsfäden der europäischen Einigung hin. Es macht Vorschläge, wie das Gefüge der EU so verändert werden kann, dass es fehlerfreundlicher wird. Es plädiert für die Möglichkeit unterschiedlicher Wege. Es zeichnet die Geschichte der Euro-Katastrophe nach, die hätte vermieden werden können, und vertritt die Ansicht, dass Austritte aus der Eurozone möglich sein sollten. Und es setzt sich dafür ein, dass sich die EU neue Schwerpunkte vornimmt, vor allem außenpolitische, und in der Flüchtlingsfrage zu neuer Gemeinsamkeit findet.

Auch der mit Aplomb beschlossene, aber sehr langsam in Gang gesetzte Auszug der Briten aus der Europäischen Union muss keineswegs die vielfach prognostizierte Katastrophe bedeuten. Denn erstens könnte Europa diesen Verlust, den der Austritt Großbritanniens zweifelsfrei bedeutet, endlich zum Anlass nehmen, Politik und Vorgehensweise der EU-Institutionen gründlich zu überdenken und ohne großes Vertragstamtam zu reformieren. Das Nein der Briten drückt ja eine Unzufriedenheit mit der EU aus, die allgemeineuropäische Dimensionen hat. Und zweitens besteht jetzt die Chance, das Vereinigte Königreich durch neue, flexible Formen der Kooperation weiter an die EU zu binden und damit der Tatsache gerecht zu werden, dass Großbritannien zwar eine Insel, aber immer schon ein höchst aktiver Teil Europas war.

»Le roi est mort, vive le roi«: Mit diesem Ausruf gab einst in Frankreich ein Herold den Tod des Königs bekannt, um im selben Moment den neuen König auszurufen. Die Parole, 1824 zum letzten Mal verwendet, war kein düsterer Trauerruf. Sie erzählt vielmehr eine Geschichte: die Geschichte einer Kontinuität. Der König stirbt, aber die Monarchie bleibt. »Europa ist tot, es lebe Europa!« Der Titel dieses Buches erzählt auch eine Geschichte. Die Geschichte vom Vermögen der europäischen Einigung, an Krisen nicht zugrunde zu gehen, sondern sie zu meistern.

Noch eine persönliche Bemerkung: Die europäische Einigung habe ich lange Zeit nur am Rande wahrgenommen. Es gab sie einfach, wie das Wetter. Das mag mit der verächtlichen Gleichgültigkeit gegenüber Institutionen zu tun haben, die mir, einem 68er, einst selbstverständlich war. Mein Interesse wuchs nur langsam, verzögert auch deswegen, weil mich die funktionärshafte Gschaftlhuberei der Durch-dick-und-dünn-Europäer abstieß und noch immer abstößt. Spätestens in dem Moment aber, als mit Putins Rückkehr zur Geopolitik erstmals im europäischen Raum wieder Grenzen bewusst verletzt wurden und Europa dann in der Flüchtlingsfrage so dramatisch versagte, wurde mir vollends klar, was wir an der EU als einer Gesprächs- und Verhandlungsunion haben. Genauer: haben könnten.

Angesichts der Konflikte und Krisen, die heute das Umfeld Europas prägen, brauchen wir eine starke und offene EU mehr denn je. Europa muss – weder im Sinne herkömmlicher Machtpolitik noch in moralisch-zivilgesellschaftlicher Überheblichkeit – eine weltpolitische Macht werden. Und es sollte zu einem stabilen Pol in einem Meer von Unsicherheit werden, dessen Wellen längst auch an die Ufer der Vereinigten Staaten von Amerika schlagen, nicht erst seit der Nominierung von Donald Trump zum republikanischen Präsidentschaftskandidaten.

Dieses Buch versteht sich als Herausforderung an die Europäische Union, sich selbst offenen Geistes zu überdenken und liberal zu bekräftigen. Geduld und Leidenschaft sind gefragt. *Let's twist again.*

Berlin und Schmölln, im Frühsommer 2016

1. Kapitel

Europas Problemgebirge. Und die Kraft der Krise

Vorwärts immer, Stillstand nimmer?

Politiker können wie Kinder sein. Sie glauben dann zum Beispiel an die unmittelbare Überzeugungskraft von Bildern, mögen sie auch noch so schief sein. Es soll Walter Hallstein, der erste Vorsitzende der Kommission der Europäischen Wirtschaftsgemeinschaft, gewesen sein, der die »Fahrradmetapher« in die Europapolitik einführte, die später von vielen anderen Europapolitikern ebenfalls gerne bemüht wurde. »Europa«, soll er gesagt haben, »ist wie ein Fahrrad. Hält man es an, fällt es um.« Gemeint war damit: immer mehr Europa, ein immer größeres Tempo der Integration, weiter so. Vorwärts immer, Stillstand nimmer. Das Bild kommt zwar harmlos daher, steckt aber voller bauernschlauer Bosheit. Denn es suggeriert: Wer das europäische Fahrrad bremsen oder anhalten will, riskiert Sturz wie Verletzung und gefährdet den Europaverkehr. Nur als Perpetuum mobile, so die Botschaft, kann Europa, kann die europäische Einigung[1] Bestand haben.

Das Perpetuum mobile gibt es bekanntlich nicht. Und so kann auf den zweiten Blick die verführerische Kraft des Fahrradbildes nicht darüber hinwegtäuschen, dass es ziemlich töricht, ja unsinnig ist. Als Jacques Delors, ein wahrer Mehr-Europa-Fanatiker, im Europäischen Parlament zur Begründung einer abermaligen Tempoということsteigerung des europäischen Integrationsprozesses wieder einmal das Fahrrad strapazierte, entgegnete ihm ein Abgeordneter aus dem Vereinigten Königreich mit trockenem britischen Sarkasmus: »Dann stellen Sie doch den Fuß auf den Boden!« Es verhält sich ganz einfach: Man kann ein Fahrrad fahren, unterwegs auch bremsen und anhalten, man kann absteigen und gegebenenfalls wieder weiterfahren. Was für das Fahrrad gilt, gilt auch für Europa. Schlecht für Europa ist es, dass die meisten Europapolitiker fast aller Mitgliedstaaten der EU das bis heute partout nicht einsehen wollen. Das Strampeln, so glauben sie fest, sei unser aller Schicksal. Mehr Europa, immer und überall: Dies ist das Grundübel der europäischen Einigung.

Die Europäische Union befindet sich heute in keiner guten Verfassung. Auch wer nicht zum Alarmismus neigt, wird um die Einsicht nicht herumkommen, dass es noch nie so schlecht um die europäische Einigung stand wie jetzt. Lange begleitete die EU unser Leben wie eine Hintergrundmusik. Diese erklang so beständig und dezent, dass wir sie kaum mehr zur Kenntnis nahmen. Manchmal nervte die Union zwar mit ihren bürokratischen Kapriolen, ihrer blutleeren Sprache und ihrem Einheitsfimmel. Aber das machte weiter nichts aus, es gab die EU so selbstverständlich wie die Verkehrsnachrichten, das Wetter und die Luft, die wir atmen. Nun aber ist die EU auffällig geworden. Erstmals in ihrer Geschichte ist sie nicht nur von einer Krise erschüttert, sondern in ihrem schieren Bestand bedroht. Ihr Scheitern, ihr Zerbrechen, ihre mutwillige Selbstaufgabe oder gar Selbstzerstörung mag man nicht mehr ganz ausschließen. Es könnte dahin kommen, dass sich Europa zerlegt und seine Völker und Staaten wieder in ihre alten nationalen Gehäuse zurückkriechen oder dorthin zurückgeschleudert werden.

Eine Grundüberzeugung vieler, ja fast aller Europapolitiker war und ist, dass der Prozess der europäischen Integration ein unumkehrbarer sei muss. Dahinter stand die verständliche Angst einer Kriegsgeneration, die die Schrecken eines entfesselten Nationalismus erlebt hatte, vor einem Rückfall in nur noch einzelstaatliches politisches Denken. Es war und ist aber auch ein weniger nobles Motiv am Werk: die Überzeugung nämlich, man könne die europäische Gemeinschaft nur als *coup d'etat*, nur von oben verwirklichen. Das Volk, so die weitverbreitete Überzeugung, sei nicht fähig, den Segen des europäischen Einigungswerks zu verstehen und es dauerhaft, auch in Krisensituationen mitzutragen. Die europäische Einigung, eigentlich ein von gegenseitigem Vertrauen getragenes Unternehmen, war und ist zugleich zu seinem eigenen Schaden ein Projekt des Misstrauens. Aus diesem Misstrauen entsprang der feste Wille der – wenn man so will – europäischen politischen Klasse, Fakten zu schaffen, möglichst schnell und unwiderruflich. So bekam die europäische Einigung in ihrem Drang, wetterfeste Institutionen zu schaffen, einen autoritären Zug. Und den verhängnisvollen Drall, Integration um der Integration willen zu betreiben. Die Frage nach dem Sinn einzelner Maßnahmen wurde mit einem Tabu belegt, galt geradezu als unanständig. Wer fragte oder gar zweifelte, galt als Antieuropäer.

Das konnte eine Weile, aber nicht ewig gut gehen. Es ist eigentlich leicht einzusehen, dass die europäische Einigung dauerhaft nur dann eine Chance hat, wenn sie von den Völkern Europas wenigstens halbwegs akzeptiert wird. Mit den Völkern war also von Anfang an zu rechnen. Manche von ihnen stimmten einst einigermaßen emphatisch der europäischen Einigung zu. Etwa das (west-)deutsche und das italienische, denn in beiden Staaten bedeutete Europa auch die schnelle Abkehr von einer Vergangenheit, mit der sich kein aufrechter Mensch identifizieren konnte. Anderen Völkern erging es anders. Dem britischen etwa. Es konnte nach 1945 – trotz des Verwelkens des Empires – stolz sein auf seine lange Parlamentsgeschichte, auf seinen Beitrag zum Sieg über das nationalsozialistische Deutschland und auf seine politische Kultur der Mäßigung, die auch etwas mit der insularen Lage des Landes zu tun hat. Diesem Volk, für das die Souveränität des Parlaments ein sehr hoher Wert ist, musste die Überlistungsstrategie der Europapolitiker wider den Strich gehen. Gewiss, die Briten sind mit ihrer Extravaganz anderen europapolitisch oft auf die Nerven gegangen. Das ändert aber nichts daran, dass es ein fundamentaler Fehler der europäischen Gremien war, das lange angestaute Missfallen vieler Briten zu übersehen oder es zwar zu sehen, sich aber darüber hinwegzusetzen. Man hat in Brüssel die Zeichen an der Wand nicht erkannt.

Nur eine flexiblere, nicht mehr nach dem Gral der Vertiefung suchende Europäische Union hätte der Mehrheit der Briten attraktiv erscheinen können. Weil man in Brüssel (wie in den Regierungen vieler EU-Mitgliedstaaten) fest davon überzeugt war, dass die europäische Einigung keinen Rückwärtsgang haben darf und kann, konnte man sich bis zuletzt schlicht nicht vorstellen, was dann doch geschah: dass Großbritannien aus den heiligen Hallen der EU ins angeblich oder tatsächlich Freie austritt. Beide Seiten haben in Großbritannien während der Referendumskampagne maßlos und polemisch agiert – das Votum war keine Entscheidung kühler Köpfe. Und doch liegt ein Gutteil der Verantwortung für das britische Nein bei Brüssel und den europäischen Institutionen. In ganz Europa erklingt der Ruf nach einer beweglicheren, weniger auf Regulierung setzenden Europäischen Union. Rechte, fanatische und europafeindliche Populisten werden auch deswegen stark, weil die EU bisher nicht bereit ist, den rationalen Kern dieses Unbehagens ernst zu nehmen, Konsequenzen daraus zu ziehen und das europäische Einigungswerk etwas abzurüsten. So paradox es klingt: Sollte die Europäische Union auseinanderbrechen, dann wären dafür nicht zuletzt jene Europapolitiker und jene europäischen Institutionen verantwortlich, die der EU eine Ewigkeitsgarantie verschaffen wollten.

Den großen Kladderadatsch wird es nicht geben

So muss es nicht kommen, und so wird es nicht kommen. Doch selbst wenn es so käme, müsste das nicht zu dem großen Kladderadatsch führen, den so viele Durchhalteeuropäer befürchten und als Schreckensgemälde an die Wand malen, um ihrer Drohbotschaft Gewicht zu verleihen. Etwa Luxemburgs Außenminister Jean Asselborn: »Die Europäische Union«, sagte er, »kann auseinanderbrechen. Das kann unheimlich schnell gehen, wenn Abschottung statt Solidarität nach innen wie nach außen zur Regel wird [...]. Und dieser falsche Nationalismus kann zu einem richtigen Krieg führen.«[2] Nein, so muss es nicht kommen. Es ist nämlich keineswegs ausgemacht, dass die Furien eines aggressiven, bösartigen und kampfbereiten Nationalismus wieder Besitz von Europa ergreifen würden. Die Le Pens kommen und gehen. Sie sind ganz und gar Kräfte des Neins und deswegen außerstande, es mit Europa aufzunehmen und ihm ihren armseligen Stempel aufzudrücken. Die Alternative lautet nicht: mehr Europa oder Rückkehr des alten Nationalismus. Wir sollten uns das nicht einreden lassen. Das Ende der EU müsste keineswegs mit einem kontinentalen Siegeszug militanter Nationalismen zusammenfallen, wie so viele Europa-Begeisterte von Joschka Fischer bis Martin Schulz warnend behaupten. Viele Farben Grau wären viel wahrscheinlicher. Das Ende der EU könnte ganz unspektakulär ausfallen, ohne Klamauk, Pathos, Blut und Tränen. Wir könnten sogar damit leben. Eine Misere wäre es aber doch.

Käme es so weit, dann liefen die Völker und Staaten vermutlich einfach auseinander und zerstreuten sich – still, vielleicht gedrückt, doch vermutlich weder lärmend noch verzweifelt noch aggressiv. Denn in Europa geht nicht der Ungeist von 1933 um. Die europäische Einigung hat Europa grundlegend verändert und die Bürger des Kontinents in ihren Lebensgewohnheiten einander angenähert und sie miteinander vertraut gemacht. Das kann niemand mehr rückgängig machen. Wohl aber könnte es dahin kommen, dass sich alte Allianzen wiederbeleben, etwa eine der skandinavischen Staaten. Neue Allianzen entstünden, etwa eine der bisherigen osteuropäischen EU-Mitgliedstaaten oder derjenigen des Südens. Großbritannien etwa könnte noch stärker als bisher nach den USA und nach Kanada blicken oder sich womöglich enger an die skandinavischen Staaten binden. Kein Trennungsdrama käme auf den Spielplan. Eher ginge Europas Reise in Richtung Anomie:

schwache Ordnungen. Grenzen würden wieder mehr trennen als verbinden, das wäre aber nicht gänzlich unerträglich. Das Rendezvous zwischen Europas Osten und Europas Westen, das nun schon seit einem Vierteljahrhundert ansteht, käme wohl nicht mehr zustande. Der alte Nord-Süd-Streit, in dem es nicht nur um unterschiedliche Wirtschaftsweisen, sondern auch um unterschiedliche Vorstellungen vom Sinn des Lebens und vom Glück ging, wäre ergebnislos beendet, wort- und grußlos verließen die Kämpen vermutlich die Arena. Und um ein letztes von vielen weiteren Beispielen zu nennen: Deutschland und Frankreich, die als »Motoren« der europäischen Einigung galten, fielen zwar nicht in die alte Erbfeindschaft zurück, würden sich aber noch gleichgültiger werden, als sie es heute schon sind.

Das alles wäre vielleicht kein großes Unglück, mehr wäre aber möglich gewesen. Und selbst dann, wenn es hernach neue Formen von europäischen Bündnissen und Verträgen gäbe – die Idee der europäischen Einigung wäre erst einmal begraben. Auch für jene, die der EU herzlich abgeneigt sind, wäre ein schwerwiegender Verlust spürbar. Eine große Chance wäre vertan, das Gründungskapital der europäischen Einigung – das sich zu gleichen Teilen aus Interessen und Idealen zusammensetzte – verspielt. Eine zweite Chance bekäme ein derart breit und verzweigt angelegtes Unternehmen wie die europäische Einigung wohl nicht. Zumindest nicht in den nächsten Jahren. Halb mutwillig, halb zufällig wäre der einzigartige Versuch abgebrochen, einen Verbund von Staaten auf Freiwilligkeit, Recht und gegenseitige Anteilnahme zu gründen. Dieser war und ist so wertvoll, dass alles getan werden sollte, um einen knirschenden Halt auf freier Strecke zu verhindern.

Dass das Ende der EU denkbar geworden ist, hat mehrere Gründe. Es kommt einfach sehr viel zusammen, mehr als jemals zuvor. Die wichtigsten Stichworte lauten: Euro, Russland, Osterweiterung, Flüchtlingsfrage, die innere Verfasstheit der Europäischen Union und der Austritt der Briten (dem ein eigenes Kapitel, das dritte, gewidmet ist). Es hat sich im Laufe der vergangenen zwei Jahrzehnte viel angesammelt, teils kommen die

Probleme von außen, teils sind sie selbst verschuldet. Dass sie nicht in der Folge ihres Auftretens angegangen und gelöst wurden, hat zu einer bedrohlichen Problemkumulierung geführt.

Der Euro: Not kennt kein Gebot

Der Euro war von Anfang an eine Fehlkonstruktion.[3] Auch wenn es sich um verschüttete Milch handelt, muss doch darüber geredet werden. Als seine Einführung geplant wurde, sagten gewichtige Europapolitiker häufig, die europäische Währungs- und Wirtschaftsunion müsse Hand in Hand gehen mit der politischen Union. Manche stellten sogar klipp und klar fest, die Einführung der gemeinsamen Währung sei nur dann zu verantworten, wenn sie auf die politische Einigung folge und gewissermaßen deren »Krönung« sei. So etwa der damalige Bundesfinanzminister Gerhard Stoltenberg, in der Bundesregierung der ordnungspolitische Gegenspieler des Euro-Drückers Hans-Dietrich Genscher. In einer Stellungnahme zur Zukunft der währungspolitischen Zusammenarbeit in Europa schrieb er in gedrechselter Politikersprache, dennoch unmissverständlich: »Als auf Dauer angelegte und alle Unterschiede in der Wirtschafts- und Währungsentwicklung ausgleichende Solidargemeinschaft mit einer einheitlichen Währung [...] muss sie vor allem durch eine weitgehende politisch-institutionelle Umgestaltung der Gemeinschaft in Richtung einer umfassenden Union fundiert werden.«[4] Wohlgemerkt: fundiert, nicht ergänzt. Genau so, wie es einst in Italien, der Schweiz und in Deutschland geschah: erst die Einigung, dann die einheitliche Währung. In Deutschland dauerte es nach der Reichsgründung 1871 noch fünf Jahre, bis es eine gemeinsame Zentralbank gab. Und erst 38 Jahre später, im Jahre 1909, kam die gemeinsame Währung, die Reichsmark.[5]

Helmut Kohl und andere führende Europapolitiker sprachen klar, deutlich und entschieden von der Notwendigkeit, die gemeinsame Währung einzuführen – von der politischen Union sprachen sie, wenn überhaupt, nur sehr undeutlich. Was eigentlich mit dieser gemeint sei, wurde nie präzisiert. In allen Dokumenten, die der Prozess der Euro-Schöpfung hinterlassen hat, ist nahezu nichts darüber zu erfahren – die kleine Phrase und das große Schweigen. Das hat mit Ratlosigkeit zu tun und mit einer unglaublichen Wurstigkeit: Wird schon werden, irgendwie. Es hat aber auch viel mit dem Epochenbruch des Jahres 1989 und dem Umstand zu tun, dass die sogenannte deutsch-französische Achse vom Beginn der europäischen Einigung an zu einem quasi sakralen Wert verklärt wurde. Frankreichs Präsident François Mitterrand, wie de Gaulle ein Nationalnostalgiker, fürchtete, dass mit der Wiedervereinigung Deutschlands Stärke in Europa noch weiter zunehmen und die Kluft zu Frankreich noch tiefer werden würde. Wie fast allen französischen Nachkriegspolitikern vor ihm ging es auch Mitterrand darum, Deutschland durch Einbindung an die Leine zu legen. »Die D-Mark«, sagte Mitterrand, der die Verfügungsgewalt über die mit Atomwaffen ausgestattete *force de frappe* hatte, »ist Deutschlands Atombombe«.

In der Wirtschafts- und Währungsunion, hoffte er, würde es gelingen, diese Bombe zu entschärfen und zu verhindern, dass Deutschland seinen Kurs haushaltspolitischer Strenge ganz Europa aufzwingt. Und umgekehrt wusste Helmut Kohl, der den Euro ohnehin wollte, ganz genau, dass er ohne sein klares Ja zur Euroeinführung nie die Zustimmung des höchst zögerlichen Frankreichs zur deutschen Vereinigung bekommen hätte.

Zum Missgeschick der Euroeinführung gehört außerdem der Zufall, dass entscheidende Schachzüge genau in den zwei Monaten getan wurden, in denen die DDR ihren brüchigen Geist aufgab und die Wiedervereinigung unabweisbar auf die politische Tagesordnung kam: im November und Dezember 1989, als die DDR über Nacht zum offenen Staat wurde. Das war keine gemächliche Zeit, es waren Tage und Wochen, in denen es pressierte. Mitterrand wurde sehr deutlich. Wenn die Westintegration durch die deutsche Vereinigung stehen bleibe, sagte er der Niederschrift eines Gespräches zwischen ihm und Außenminister Genscher zufolge, bedeute das einen Rückschritt. Mehr noch: »Es sei sogar nicht ausgeschlossen, dass man dann in die Vorstellungswelt von 1913 zurückfalle.«[6] Das wollte natürlich niemand, Kohl schon gar nicht, dem das Nein zum Europa der Kriege über fast alles ging. Schnell war er dazu bereit, seine ohnehin schwach ausgeprägten ordnungspolitischen Reserven über Bord zu werfen. *Keine strategische Vision, sondern ein tagespolitischer Deal stand an der Wiege des Euro.* Kein Wunder, dass Deutschland vor der Einführung des Euro stabilitätspolitische Bedenken pflichtschuldig zu Protokoll gab, dann aber Kompromisslösungen zustimmte, mit denen diese Bedenken leichtfertig hintangestellt wurden.

Doch auch unabhängig davon war der Euro ein misslungenes Konstrukt. Man kann es sich heute kaum noch vorstellen, dass die Notwendigkeit seiner Einführung auch damit begründet wurde, diese werde quasi automatisch einen gemeinsamen Wirtschaftsraum der Eurozone schaffen. Mehr noch, man glaubte, wie in den einschlägigen Entwürfen nachzulesen ist, ernsthaft daran, dass mit der Einführung des Euro die bisher bestehenden und zum Teil krassen wirtschaftlichen Disparitäten der Mitgliedstaaten mit Zauberhand eingeebnet würden und die Eurozone zu einer Sphäre allgemeinen Wohlstands würde. Der Euro war als wirkliches Zahlungsmittel noch nicht eingeführt, da trompete der Europäische Rat im März 2000: »Der Euro ist erfolgreich eingeführt worden und bringt den erwarteten Nutzen für die europäische Wirtschaft mit sich.«[7] Das grenzt, blickt man zurück, an magisches Denken und beweist einmal mehr, dass auch sehr kluge Menschen sehr danebenliegen können. Als das Eurobargeld gerade einmal 129 Tage, also etwas mehr als vier Monate, in Umlauf war, wurde am 9. Mai 2002 – dem Europatag – in Aachen der Internationale Karlspreis für Verdienste um Europa und die europäische Einigung verliehen. Der Preis ging an eine ganz besondere Persönlichkeit: den Euro, dem das verleihende Direktorium freizügig bescheinigte, schon als Heranwachsender Ungeheures vollbracht zu haben. Die Begründung ist ausgesprochen vollmundig: »Wie kein anderer Integrationsschritt zuvor wird [nicht: könnte, was vielleicht angemessener gewesen wäre, t. s.] die neue Währung, der EURO, die Identifikation mit Europa befördern. Der EURO leistet damit einen entscheidenden, epochemachenden Beitrag zum Zusammenwachsen der Völkerfamilie. […] Der EURO ist die überzeugendste, pragmatischste [!] Lösung auf dem Weg zur europäischen Gemeinsamkeit seit 1200 Jahren. Mit der Verleihung des Internationalen Karlspreises im Jahre 2002 tragen wir der Überzeugung Rechnung, dass gerade aus dem EURO ein völlig neues Gefühl der Zusammengehörigkeit in der Union erwachsen wird. […] Und wer künftig von Frankreich nach Griechenland, von Österreich nach Finnland, von Luxemburg nach Portugal, von Belgien nach Irland, von Spanien in die Niederlande und von Deutschland nach Italien reist, der wird durch den EURO ein ›Stück Heimat‹ auch jenseits der nationalen Grenzen erleben.«[8]

Eine neue Heimat, die sich als brüchig erweisen sollte. Selbst wenn man nachsichtig darüber hinwegsieht, dass in Feierstunden nun einmal Schmus verbreitet wird: Das war schon ein starkes Stück. Die Preisverleiher haben sich mit ihrer Großspurigkeit ziemlich blamiert. Und es ist kein gutes Zeichen, dass sie nie zu einem Wort des Bedauerns fanden. Der Euro wurde *politisch erzwungen*, und es bekamen ihn Länder, die ihn nie hätten bekommen dürfen – nicht nur das arme Griechenland, das heute als alleiniger Sünder gilt. Auch Italien etwa, dessen Haushaltsdefizit 1995 bei 7,7 Prozent lag, also fast fünf Prozent über der vertraglich vorgesehenen Obergrenze. Bundesbank wie Finanzministerium plädierten gegen die Aufnahme des Landes – worauf Frankreich drohte, dann gar nicht erst an der Währungsunion teilzunehmen. Also bekam auch Italien den Euro – ein weiteres Beispiel dafür, dass *politische* Opportunität sich durchsetzte.

Vor allem aber hat der Euro das schiere Gegenteil von dem erreicht, was er den hochfliegenden Plänen der Gründer der Wirtschafts- und Währungsunion zufolge bewirken sollte. Er hat die Volkswirtschaften der Länder der Eurozone nicht einander angeglichen oder auch nur angenähert. Er hat die Gräben tiefer, das Gefälle schroffer gemacht. Er hat die Länder des Olivengürtels *(olive belt)* – die so hübsche wie böse Charakterisierung kommt aus Großbritannien – mit der leichten Verfügbarkeit schnellen Geldes dazu verführt, fröhlich auf Pump zu leben und das saure Brot der Reformen gar nicht erst anzurühren. Griechenland erlebte von 2000 bis 2008 eine durchschnittliche Steigerung der Reallöhne um 39,6 Prozent[9] – denen keine auch nur annährend entsprechende Steigerung der Produktivität gegenüberstand. Der Euro hat den Staaten des »Südens« Zeit gestohlen, hat sie noch weiter abgehängt. Und er hat die Staaten des »Nordens« in die doppelt ungemütliche Rolle des potenziellen Dauertransferzahlers gezwungen: Bei den Empfängerländern südlich der Alpen gelten sie als hartherzige Modernisierungsdiktaturen, ja fast als Protektoratsmächte, bei der eigenen Bevölkerung stehen sie im Verdacht, wie Hallodris mit dem Staatshaushalt – also dem von den Bürgern erwirtschafteten Geld – umzugehen. Viel paradoxer, viel schlimmer hätte das Euro-Abenteuer kaum enden können. Es hat die europäische Einigung nicht vorangetrieben, es hat Europa mit dem finanzpolitischen Beil gespalten. Der Euro, der die Völker zusammenführen sollte, hat stattdessen eine elende »Spirale des Unmuts, der Missgunst und der gegenseitigen Schuldvorwürfe«[10] in Gang gesetzt.

Es wird Auswege aus diesem Dilemma geben. Sie werden nicht so schlüssig und scharf umrissen sein wie die Alternativen, die schlaue Wirtschafts- und Finanzwissenschaftler seit Jahren an ihren Reißbrettern entwerfen. Sie werden mühsam und oft wenig eindeutig sein. Den angerichteten Schaden, der das Vertrauenskapital drastisch hat schrumpfen lassen, können sie allenfalls langfristig beheben. Eine misslungene Währungsunion lässt sich nicht einfach neu gründen. Wie im wirklichen Leben gilt auch hier: Fehler fallen ins Gewicht, Fehler zählen. Es ist schwerer, sie zu revidieren als sie zu vermeiden.

Es kommt noch schlimmer. Die Dynamik, die der Euro und das Bemühen, ihn um jeden Preis zu retten, in Gang setzten, hat die Verlässlichkeit des europäischen Regelwerks schwer beschädigt. Es fing schon ganz früh, nämlich 1988, an, als von deutscher Vereinigung und dem neuerlichen Bedürfnis, Deutschland zu zähmen, noch keine Rede war. 1988 setzte der Europäische Rat auf seiner Tagung in Hannover eine Kommission ein, die Prinzipien für die Entwicklung eines europäischen Währungsraums und ein Statut für die Errichtung einer Europäischen Zentralbank festsetzen sollte. Vorsitzender der Kommission wurde nicht, wie ursprünglich gedacht, Karl Otto Pöhl, der Präsident der Deutschen Bundesbank, ein scheuer Mann von ordnungspolitischer Schärfe. Den Vorsitz erhielt vielmehr der Präsident der EU-Kommission, der Franzose Jacques Delors: ein, wie man sagt, undogmatischer Sozialist, mit dem Helmut Kohl gut konnte, der sich während seiner gesamten Kanzlerschaft ja auch nicht gerade als ein ordnungspolitischer Überzeugungstäter erwiesen hat. Delors' Kommission wurde nun unter kräftiger Mitwirkung des Vorsitzenden nicht etwa damit betraut, die Frage zu klären, *ob* die Gemeinschaft aus überzeugenden Gründen zu einer Europäischen Wirtschafts- und Währungsunion (EWWU) weiterentwickelt werden soll. Sie bekam vielmehr von vorneherein den alleinigen Auftrag, die gestellte Frage positiv zu beantworten.

Im Dokument zum Abschluss der Tagung in Hannover heißt es: »Der Europäische Rat erinnert daran, dass die Mitgliedstaaten [...] bestätigt haben, dass sie eine schrittweise Verwirklichung der Wirtschafts- und Währungsunion anstreben. Sie beschlossen, [...] die Mittel zur Herbeiführung dieser Union zu prüfen. Im Hinblick darauf haben sie vereinbart, einem Ausschuss die Aufgabe zu übertragen, die konkreten Etappen zur Verwirklichung dieser Union zu prüfen und vorzuschlagen.«[11] Nicht die Sinnhaftigkeit der Union, sondern die Etappen ihrer Verwirklichung sollten geprüft werden. Es ging also von Beginn an nur um das *Wie*. Ein gutes Beispiel für das, was die Sozialwissenschaftler Pfadabhängigkeit nennen und was in der europäischen Politik fast den Rang eines ehernen Gesetzes einnimmt: Ein einmal eingeschlagener Weg wird verfolgt, koste es, was es wolle. Damit begibt sich die Gemeinschaft der Lernfähigkeit, sie setzt sich gewissermaßen Scheuklappen auf. Leichthin missachteten die EU-Verantwortlichen alle Stimmen, die den Euro für verfrüht erklärten. Und wer glaubte, hinter der Einführung einer gemeinsamen Währung zur Unzeit sei eine überrumpelnde List der Vernunft am Werk, der hat sich geirrt: Die List verfing offensichtlich nicht.

»Scheitert der Euro, dann scheitert Europa«, befand Bundeskanzlerin Angela Merkel in ihrer Regierungserklärung vom 19. Mai 2010.[12] Der zutiefst fatalistische Satz, der Ratlosigkeit in eisernen Durchhaltewillen ummünzt, könnte als Überschrift über dem gesamten Verlauf der Eurokrise stehen. Wie noch nie zuvor in der Union setzte sich nun ein einseitiger Marschbefehl durch, der nicht mehr hinterfragt werden durfte. Das manövrierte die nationalen Parlamente, so sie denn den Eurorettungsmaßnahmen zustimmen mussten, an den Rand der Bedeutungslosigkeit. Die Rettung um der Rettung willen wurde zum ehernen Gesetz. Zu Recht sagt Peter Graf Kielmansegg: »Unter dem Schock der Krise hat sich die europäische Staatenföderation eine Verfassung gegeben, deren ungeschriebener Basissatz lautet: Not kennt kein Gebot. Das europäische Projekt ist wichtiger als die Rechtssätze, in denen es Gestalt gewonnen hat.«[13] Mit gutem Grund kritisieren die Euroskeptiker das Verfahren der Eurorettung als ziemlich undemokratisch. Selten hat man in demokratischen Zeiten eine solche schroffe Selbstermächtigung der Politik erlebt – die schnell in die von der Politik gestützte Selbstermächtigung der Europäischen Zentralbank (EZB) und seines gegenwärtigen Präsidenten Mario Draghi mündete.

In einer Rede, die Draghi am 26. Juli 2012 in London auf der Global Investment Conference hielt, kündigte der Mann mit den unergründlichen Gesichtszügen eines Renaissancefürsten die Entscheidung für einen abenteuerlichen Weg der Eurorettung an. Er sagte: »The European Central Bank is ready to do whatever it takes to preserve the Euro.« (Was auch immer es kosten und erfordern wird, die EZB wird alles tun, um den Euro zu erhalten.)[14] Man hört förmlich, wie Draghi diese Ungeheuerlichkeit mit nahezu tonloser Stimme und einem dünnen Lächeln in die Welt setzt. *Whatever it takes*: In diesem stolzen Statement ist die Abdankung, ja die Entmachtung der Politik enthalten. Und der Grundstein gelegt für eine zügellose Geldschöpfungspolitik, die in der Festung EZB betrieben wird. Um die Fehler der Euroeinführung zu korrigieren oder zu beheben, wurden – wissentlich oder nicht – noch größere Fehler begangen. So wurde der Euro zur Atombombe, deren Drohung die Völker und Staaten Europas ausgesetzt sind. Selten hat eine eigentlich gute Idee ein derart schlimmes Ende genommen. Mit gutem Grund fällt das Urteil des Historikers Andreas Rödder knapp und scharf aus: »Die Wirtschafts- und Währungsunion hat sich, selbst wenn der Euro gerettet wird, mit ihren ökonomischen, institutionellen und politisch-kulturellen Problemen als Fehlkonstruktion erwiesen.«[15] Politik kann viel bewirken, die Geschichte der europäischen Einigung ist ein stolzer Beweis dafür. Wirtschaftliche Grundregeln kann sie dehnen und auch eine Zeit lang suspendieren. Auf Dauer außer Kraft setzen kann sie sie nicht. So zahlen wir in einer verbeulten Währung, deren Zukunft noch längst nicht gesichert ist. Und müssen zumindest in Erwägung ziehen, ob die Briten nicht recht hatten mit ihrer Entscheidung, auf das neue Stück Heimat namens Euro zu verzichten.

Mit Putin kam die Geopolitik zurück

Eine zweite – nicht unmittelbare – Existenzbedrohung der europäischen Einigung kommt von außen: von Russland. Man kann gut begründet darüber streiten, ob die Staaten Europas und die USA in den späten Jelzin- und den frühen Putin-Jahren hinreichend sorgfältig und achtsam mit dem tönernen Koloss Russland umgegangen sind. Vermutlich wurde nicht so viel Energie auf die Einbindung verwandt, wie notwendig und angemessen gewesen wäre, um das Land und seine Führung zu einer vorbehaltlosen Partnerschaft und einer alle wesentlichen Bereiche umfassenden Vertragsgemeinschaft zu bewegen. Sicher ist aber, dass sich Russlands Herrscher Putin irgendwann zielstrebig und kühlen Herzens entschlossen hat, mit der Politik der Verständigung und der Annäherung radikal zu brechen. Er ist zur klassischen Machtpolitik zurückgekehrt, wie sie in Europa seit dem Ende des Zweiten Weltkriegs nicht mehr betrieben worden ist.

Welchen gravierenden, schockartig wirkenden Einschnitt das bedeutet, machen die Reaktionen eines großen Russlandkenners und -liebhabers deutlich, der das Land seit Jahrzehnten erkundet, beschrieben und manchmal fast besungen hat: Karl Schlögel. Vor 1989 hatte er den Epochenbruch geahnt und aus den Gesellschaften der Sowjetunion herausgelesen. Nach 1989 sah er einen Aufbruch des vom Eise befreiten Russlands kommen. Trotz allen Autoritarismus, der blieb, trotz aller Rückschläge hielt er mit Leidenschaft daran fest, dass das große Russland zu neuen Ufern aufgebrochen sei. Geradc deswegen hat ihn das neue Russland, das Putin allmählich geformt hat, so schockiert: »Für mich ist es eine sehr gravierende Zäsur. Ich fühle mich zurückgeworfen. Russland ist nun wieder da als das Land, das Angst verbreitet. Diese Verachtung und Anmaßung und Arroganz – darauf war ich nicht gefasst.«[16] Sein Forschungsgegenstand Russland sei, so schreibt er, aufs Engste mit dem eigenen, persönlichen Leben verbunden gewesen, »fast möchte man es eine Bezauberung, eine Verstrickung«[17] nennen. Putins Annexion der Krim habe ihm, bildlich gesprochen, den Boden weggezogen, auf dem er sicher zu stehen glaubte. Plötzlich gehe es um alles: »um das, woran man ein Leben lang gearbeitet hat, weil man sich gleichsam verwundet fühlt«. Es bleibe ein »Gefühl grenzenloser Ohnmacht«.

Europa wurde, salopp gesagt, kalt erwischt. Ein Paradoxon: Obwohl es nach dem Holocaust keinen Grund mehr geben kann, an die unwiderrufliche Kraft zivilisatorischer Übereinkünfte, Regeln und Gewohnheiten zu glauben, ist ebendieser Glaube in Europa in den Nachkriegsjahrzehnten allmählich erwachsen und hat eine große Selbstverständlichkeit gewonnen. Jahrzehntelang machten die eisernen Regeln des Kalten Krieges Grenzverschiebungen in Europa unmöglich. Man hatte sich daran gewöhnt. Und als in der Folge von 1989 auf dem Balkan neu-alte ethnische Konflikte aufbrachen, galten sie als Ausnahme an der Peripherie Europas. Wir blieben im Grunde bei der trügerischen Überzeugung, die Zeit gewaltsamer Grenzveränderungen sei vorbei und dies stelle den Normalzustand im Verhältnis der Staaten zueinander dar. Und wir glaubten, es würde immer so bleiben. Zu diesem Glauben trug die erfolgreiche europäische Einigung ganz entscheidend bei. Denn sie lieferte ja den anschaulichen Beweis dafür, dass Staaten und Völker dazu in der Lage sein können, ihre gegenseitigen Beziehungen in ein festes, von allen geachtetes Regelwerk einzubinden und – bei allen Interessenkonflikten, die weiterhin kraftvoll ausgetragen wurden – die Macht der Kanonen durch die des Rechts zu ersetzen. Die europäische Einigung machte deutlich, dass Kants Idee vom ewigen Frieden mehr als der Spleen eines alternden Königsberger Träumers war. Unsere Vorfahren reisten zumeist als Soldaten durch Europa. Wenn sie Grenzen überschritten, verhieß das in der Regel nichts Gutes. Wenn wir heute – Grenzen nehmen wir dabei kaum mehr wahr – durch Europa reisen, können wir spüren, erleben und genießen, dass der alte Kontinent des ewigen Haders zum Kontinent des Friedens geworden ist.

Doch der Friede herrscht nur bis zu dem Zeitpunkt, an dem jemand ihn bricht. Genau das hat Putin durch die Rückkehr zum scharfen Freund-Feind-Denken, durch die innere Verrohung seines Landes und zuletzt durch die Annexion der Krim und die Staatszersetzung im Donezbecken getan. Er hat drastisch vor Augen geführt, dass wir Europäer in einer Region der Welt leben, die mancher – mit billiger und törichter Verächtlichkeit – eine Komfortzone nennt. Der Komfort hat uns vermutlich dazu verleitet, mit dem Ernstfall und der Rückkehr brutaler Machtpolitik nicht mehr zu rechnen. Das ist zwar verständlich, war aber nach dem Verlauf, den das 20. Jahrhundert in seiner ersten Hälfte genommen hatte, ziemlich naiv. Offensichtlich hat das Erschrecken darüber zu Lähmung und Starre geführt. Es wäre ja denkbar gewesen, dass Europa in doppelter Weise offensiv auf die Putin'sche Rebrutalisierung der Politik reagiert hätte. Es hätte schnell zu einer *gemeinsamen*, unter allen EU-Mitgliedstaaten abgestimmten Haltung gegenüber Russland finden können. Und es hätte die Bedrohung der Unverletzlichkeit von Grenzen und damit auch des Friedens entschlossen dazu nützen können, den eigenen inneren Zusammenhalt noch einmal ausdrücklich zu bekräftigen und zu stärken. Die EU hätte also die kostbare Verfassung Europas gerade im Moment der Bedrohung ganz besonders hochhalten und festigen können.

Beides wurde versäumt. Als die Existenz der – trotz Majdan nahezu unreformierbaren – Ukraine akut bedroht war, schien es Europa nicht zu geben. Zwar reisten im kritischsten Moment, als das Regime des Präsidenten Janukowitsch unter dem Druck des Majdan dem Offenbarungseid entgegenschlitterte, drei europäische Außenminister – der polnische, der deutsche und der französische – im Februar 2014 nach Kiew und wirkten, insbesondere durch die leidenschaftliche Intervention des polnischen Außenministers Radosław Sikorski, positiv auf das Geschehen ein. Aber die Europäische Union als Einheit, als gebündelte Kraft war nicht präsent. Sie fand zu keiner gemeinsamen Stimme. Drei alte Nationalstaaten – Deutschland, Frankreich und ein wenig auch Polen – ergriffen Initiativen. In Brüssel, mit anderen Dingen beschäftigt, schwieg man lange und unternahm kaum ernsthafte Versuche, die in der Tat sehr divergierenden außenpolitischen Vorstellungen der EU abzuwägen und miteinander in Einklang zu bringen. Die damalige Außenbeauftragte der EU, Catherine Ashton, hielt sich eher zurück. Doch wann, wenn nicht damals, wäre der geeignete Moment gewesen, um endlich zu einer gemeinsamen Außenpolitik der EU zu finden, die in der Welt nicht als Sammelsurium strategischer Fetzen, sondern als Wurf zur Kenntnis genommen würde? Der Augenblick verstrich, wieder einmal war der EU das Hemd der internen Befindlichkeiten und Querelen näher als die Jacke außenpolitischer Klarheit. Und der deutsche Außenminister, der das ihm heilige Erbe der sozialdemokratischen Ostpolitik nicht beschädigt sehen will, sendet seither in einem so unverständlichen wie empörenden Alleingang allzu versöhnliche Signale nach Moskau.

Was eigentlich eine Stärke der EU und ihrer Institutionen ist, wurde diesmal zu ihrer Schwäche: dass sie nicht so schnell aus der Ruhe zu bringen sind. Der Bestand der Europäischen Union, die an die Ukraine grenzt, war ja durch Putins Machtmanöver unmittelbar nicht bedroht. Deswegen begriff man in der EU nicht, welche indirekte, aber gleichwohl existenzielle Bedrohung von seiner Machtdemonstration ausgeht. Putin versucht den Völkern Europas zu demonstrieren, dass es auch ohne Vertrag, ohne Recht, ohne das Hüten von Regeln geht. Durchaus in der Nachfolge totalitärer Herrscher des 20. Jahrhunderts, das vielleicht doch länger war, als wir glaubten, versucht er zu zeigen, dass es Wichtigeres, Vitaleres, Echteres gibt als das Recht. Zu einer Rechtsgemeinschaft, so seine vielerorts in Europa auch mit begieriger Zustimmung vernommene Botschaft, finden sich die Schwachen, die sich nicht selbst helfen können, zusammen, die Dekadenten, die durch Friedensprämien Verzärtelten.

Moderne Gesellschaften sind komplex, unübersichtlich, scheinbar steuerungslos. Jeder, der hier lebt, ist für die Schaffung und die Gültigkeit seine Werte gewissermaßen selbst verantwortlich. Gerade weil das so schwierig ist, lebt in solchen Gesellschaften der Wunsch nach Einfachheit, Sicherheit, nach der Herr-Knecht-Idylle und nicht zuletzt nach dem starken Mann als untergründiger Strom mächtig fort. Putin versteht es, diese Saite zum Schwingen zu bringen. Er sendet in den Westen und wird dort empfangen. Das wäre ein guter Anlass für ein verstärktes Bemühen, den zivilisatorischen Wert zu bekräftigen, den die europäische Einigung auszeichnet. Schaut man aber auf die in immer schnellerer Folge stattfindenden EU-Gipfel, auf den Brüsseler, Straßburger und Luxemburger EU-Alltag und darauf, wie die nationalen Regierungen und Parteien auf die bedrohlichen Zeichen an der Wand reagieren, so wird man schnell der Illusion beraubt, Europa verstehe es, sich selbst und seine Leistungen der vergangenen Jahrzehnte wertzuschätzen. Zwar wäre eine geistige oder gar politische Neubegründung der EU, die mancher fordert, auch angesichts des jähen Einbruchs von Macht- und Geopolitik in den europäischen Garten nicht nötig gewesen. Denn schon so, wie sie ist, ist die EU, die ramponierte, wertvoll. Eines Bemühens um Selbstvergewisserung wäre der historische Moment aber wert gewesen. Es gilt auch hier: Was du besitzt, kannst du nur bewahren, wenn du es immer wieder neu erwirbst.

Noch Fremde im neuen Club: Mittel- und Osteuropa

Nicht zuletzt diese Nachlässigkeit hat zu einem dritten Problem beigetragen, das die europäische Einigung beträchtlich ins Holpern bringt. Zum Nord-Süd-Graben, der eine Folge der unachtsamen Euroeinführung ist, kommt eine weitere Kluft hinzu, die sich seit einiger Zeit zwischen den »alten« EU-Staaten und denen Ost- und Mitteleuropas auftut. Diese Kluft ist neu, hat aber eine lange Vorgeschichte. Dass sie sich ausgerechnet jetzt wieder auftut, ist ganz besonders schmerzhaft und widersinnig. Denn nichts wollten die Völker, die nach 1989 endlich dem sowjetischen Zwangsverband entkommen konnten, sehnlicher als den Anschluss an den europäischen Westen. *Go west* war die allen gemeinsame Devise. Sicher ist ihnen, zu Anfang zumindest, nicht klar gewesen, auf welches Abenteuer, auf welchen Höllenritt sie sich da einlassen würden, in dessen Verlauf so viele bisherige Sicherheiten und Gewissheiten fast über Nacht entwertet und zunichtegemacht wurden.

Indes, der Drang nach Westen war überstark. Zum einen, weil die ost- und mitteleuropäischen Völker bisher ohne eigenes Verschulden von jenem Wohlstand ausgeschlossen gewesen waren, der westlich der Oder-Neiße-Linie schon nach wenigen Jahrzehnten des Aufschwungs als Selbstverständlichkeit galt. Sie hatten ein übermächtiges Bedürfnis nach schneller nachholender Teilhabe. Und als europäische Verlierer der Nachkriegsepoche waren sie mit gutem Grund der Meinung, dass sie damit mehr als recht hatten. Die armen Verwandten der europäischen Einigung sahen die Staaten des Westens, denen sie es unbedingt gleichtun wollten, in einer Bringschuld und übten kräftig Druck aus. In den Verhandlungen über ihren Beitritt zur europäischen Gemeinschaft brachten sie – mit unterschiedlicher Lautstärke – immer wieder das Argument vor, die EU-Hilfen, die sie in Anspruch nahmen, seien nicht mehr als fällige Wiedergutmachung für entgangene Chancen und daher nicht an Bedingungen zu knüpfen.

Auch spürten sie vermutlich, dass sie – wenn man so will – unwillentlich und unwissentlich bei der europäischen Einigung mitgeholfen hatten, ohne selbst davon zu profitieren. Als im Sommer 1945 die Oder-Neiße-Linie gezogen war, wurde Westeuropa zu einem vergleichsweise überschaubaren und in gewisser Weise homogenen Raum. Jedenfalls war es von der östlichen Problemzone abgeschnitten, man könnte auch sagen: Es wurde davon nicht mehr behelligt. Eine europäische Einigung im heutigen Raum der EU wäre ungleich schwieriger gewesen als der Weg, der 1957 mit den sechs Gründungsstaaten begann. Mehr noch: 1945 war zwar ein Jahr der Befreiung, der im Osten Europas jedoch eine neue, dauerhafte Unfreiheit auf dem Fuß folgte. Von der Sowjetunion, die sich die kleinen Staaten Mittel- und Osteuropas entweder einverleibte oder sie zu Satelliten machte, ging eine handfeste Bedrohung Westeuropas aus. Und diese Bedrohung legte es den Staaten Westeuropas zusätzlich nahe, Gemeinsamkeiten zu suchen und sich zusammenzuschließen. Um es bildlich zu sagen: Weil von Osten her ein so rauer, eisiger Wind blies, verspürten die Regierungen und Völker Westeuropas, wenn auch in unterschiedlicher Intensität, das Bedürfnis, eng aneinanderzurücken und das kleine Haus Europa wohnlich einzurichten. Das Glück Westeuropas war das Gegenstück zum Unglück Ost- und Mitteleuropas. Auch weil die Tür zu war, konnte die europäische Einigung gedeihen. Gerade Gesellschaften, die – wie die westeuropäischen nach 1945 – wund und sich ihrer Zukunft nicht sicher sind, können ein Gegenbild jenseits ihrer Grenzen gut gebrauchen: um sich abstoßen, um Gemeinsamkeit finden zu können.

Doch schwang in dem Nachholbegehren der mittel- und osteuropäischen Staaten, das in grellem Materialismus erstrahlte, auch Ideelles mit. Durch die rücksichtslose Anbindung an die Sowjetunion waren die Menschen Ost- und Mitteleuropas ja ihrer eigenen Geschichte, ihrer eigenen Entwicklungsmöglichkeiten beraubt gewesen. Ihr Weg in die Moderne war brutal beendet worden. Für fast ein halbes Jahrhundert und teilweise noch länger blieben sie abgeschlossen und stillgestellt. Zwar erwecken, um zwei herausragende Beispiele zu nennen, Ungarn oder Polen heute stark den Eindruck, ihren Regierungen sei wenig an der liberalen Demokratie gelegen. Das bedeutet aber keineswegs, dass der lange Traum von der Freiheit nicht weit mehr gewesen wäre (und noch ist) als ein verkapptes materielles Begehren. Wenn Westeuropa als das Gelobte Land angesehen wurde, ging es dabei nicht nur um Milch und Honig.

Sehr schnell suchten die meisten Staaten Mittel- und Osteuropas Anschluss an die Europäische Union; den ersten Antrag formulierte 1994 Ungarn. Man wollte sich militärisch unter den Schutzschirm der Nato stellen und sich politisch in die EU einbinden. Seitdem die Regierungen einiger ost- und mitteleuropäischer EU-Staaten recht eigenwillig mit dem Regelwerk von Demokratie und EU umgehen – siehe etwa den Konflikt um das Verfassungsgericht in Polen –, mehren sich die Stimmen jener, die der Meinung sind, die Ostausdehnung der EU sei ein Fehler gewesen, zumindest aber viel zu überstürzt bewerkstelligt worden. In Wahrheit hatte die Europäische Union gar keine andere Wahl, als sich dem Beitrittswunsch zu öffnen und die Ostausdehnung zügig zu betreiben. Eine Lehre aus den für Osteuropa so bitteren Zeiten zwischen den zwei Weltkriegen und der sowjetischen Okkupation war unabweisbar: Nie wieder darf es dazu kommen, dass die Staaten dieser Region zwischen Russland und Westeuropa eingeklemmt, zerrieben oder annektiert werden.

Dem damaligen französischen Staatspräsident François Mitterrand schmeckte die Ostausdehnung der EU nicht. Stattdessen schlug er eine Konföderation zwischen der Europäischen Union und den Staaten Mittel- und Osteuropas vor. Mitterrand ging es dabei nicht so sehr um das Wohl dieser Staaten, sein Motiv war vor allem ein französisch-machtpolitisches. Nicht ganz zu Unrecht befürchtete er, die Ostausdehnung der EU werde Deutschland noch stärker machen und Frankreich politisch und wirtschaftlich weiter schwächen. Dennoch war die Konföderationsidee vielleicht gar nicht schlecht. Im Lichte der seit der Vergrößerung der EU auf (noch) 28 Mitgliedstaaten gemachten Erfahrungen hätte es durchaus sinnvoll sein können, man hätte weniger auf das Konzept der Einverleibung gesetzt, durch das die Union zwar immer größer, aber auch immer unbeweglicher geworden ist. Lockere Formen der Assoziation könnten in Zukunft durchaus eine Alternative sein, durch die Europa wieder beweglicher, flexibler und anpassungsfähiger würde. In den Neunzigerjahren, in denen die Ostausdehnung der EU auf den Weg kam, war das aber noch nicht vorstellbar – die europäische Einigung ging damals noch ungebrochen den Weg des Weiter-so. Auch im Schutzinteresse der betroffenen Völker und Staaten war deren Aufnahme in die Gemeinschaft zwingend. Dafür gab es eindrückliches Anschauungsmaterial. Denn die schweren Konflikte auf dem Balkan nach der Auflösung Jugoslawiens, die 1999 in den Kosovo-Krieg mündeten, führten allen Friedensfreunden drastisch vor Augen, dass das Ende des Sozialismus nicht notwendig zu Demokratie und offener Gesellschaft führen muss.

Zu den Paradoxien dieses Prozesses gehört es, dass der Wunsch nach schnellem Anschluss an Westeuropa die Völker Osteuropas teilweise wieder auf Distanz zu Westeuropa und der Union gebracht hat. Die Osterweiterung der EU war ja kein Geschenk. Wer in die Union wollte, musste bestimmte Anforderungen erfüllen, die Kopenhagener Kriterien. Deren Kernsätze lauten: »Als Voraussetzung für die Mitgliedschaft muss der Beitrittskandidat eine institutionelle Garantie für demokratische und rechtsstaatliche Ordnung, für die Wahrung der Menschenrechte sowie die Achtung und den Schutz von Minderheiten verwirklicht haben; sie erfordert ferner eine funktionsfähige Marktwirtschaft sowie die Fähigkeit, dem Wettbewerbsdruck und den Marktkräften innerhalb der Union standzuhalten.«[18] Die Kriterien sollen sicherstellen, dass Neumitglieder der EU auch in den Club passen, sich an die Regeln halten und nicht zu Kostgängern werden. Dass sie den Kriterien zufolge in der Lage sein müssen, dem Wettbewerbsdruck und den Marktkräften »standzuhalten«, belegt unmissverständlich, dass den potenziellen Neumitgliedern Schmerzhaftes abverlangt wird. Obendrein müssen sie den – inzwischen gewaltigen – Rechtsbestand der Gemeinschaft akzeptieren, den *acquis communautaire*, der 2016 auf 15 000 Rechtstexte angewachsen ist.

Man hat in Westeuropa keine angemessene Vorstellung davon, was die Kopenhagener Kriterien den Anwärterstaaten abverlangten. Wie aus dem Nichts mussten Unrechtsstaaten in Rechtsstaaten mit allen dazu nötigen Garantien umgebaut, umgemodelt werden. Wie aus dem Nichts mussten Demokratien hochgezogen werden, ohne dass es in Ländern wie Polen, Ungarn, Rumänien oder Litauen Eliten gegeben hätte, die über praktische Erfahrungen mit der Verfassung der Freiheit verfügten. Aus den Trümmern verrotteter Staatswirtschaften mussten im Eiltempo Strukturen geschaffen werden, die der Marktwirtschaft zumindest nahekamen – und anders als die Bürger der implodierten DDR mussten sich die Menschen in Mittel- und Osteuropa vor allem selbst helfen. Das war eine Schockerfahrung gewaltigen Ausmaßes, sie entwertete Lebensläufe, zerstörte die zwar schalen, aber eben doch vorhandenen Sicherheiten und führte vorübergehend zu beträchtlichem Elend, ganz besonders in Rumänien und Bulgarien. Aber auch in Polen, dem heute wirtschaftlich erfolgreichsten Staat im Reigen der neuen EU-Mitglieder. Dort brach 1990 das Wirtschaftswachstum um 11,6 Prozent ein und die Realeinkommen sanken um fast 25 Prozent, die Arbeitslosigkeit schnellte in die Höhe.[19] Die Menschen Mittel- und Osteuropas mussten erfahren, dass der Weg gen Westen sehr steinig war. Mehr noch: Je länger sie ihn beschritten, desto deutlicher spürten sie, dass der Abstand zu Westeuropa zwar kleiner wurde, bis auf den heutigen Tag aber nicht verschwunden ist. Auch deswegen nicht, weil sie in ihrer Mehrheit schon vor 1945 ärmer waren als ihre Zeitgenossen in den Ländern Westeuropas. Die jähe Erkenntnis, dass noch lange ein beträchtlicher Unterschied zwischen West und Ost bleiben wird, schürte Groll und das Gefühl, am Ende doch fremd im neuen Club zu bleiben.

Zumal allmählich ein weiteres Paradoxon Gestalt annahm. Die Staaten Mittel- und Osteuropas waren nach und nach einer Gemeinschaft beigetreten, die zwar aus Nationalstaaten besteht, aber eindeutig Ziele verfolgt, die weit über den Nationalstaat hinausreichen. Die Vergemeinschaftung war mehr als eine ideelle Wortgirlande, sie war und ist ernst gemeint. Wer der Gemeinschaft beitritt, gibt Teile von Souveränität ab oder »teilt« sie, wie es im Besänftigungs- und Vernebelungsidiom der Europäischen Union heißt. Helmut Kohl hat das 1988 so formuliert: Es sei notwendig, sagte er, »dass die europäischen Länder Teile ihrer Souveränität allmählich auf die Gemeinschaft überleiten. Sie geben diese Souveränität damit nicht auf – wie mancher irrtümlich meint. Es geht vielmehr darum, sie zu bündeln, damit sie überhaupt noch wirksam ausgeübt werden kann.«[20] Kein Weg führt daran vorbei, dass die Mitgliedschaft in der Gemeinschaft die nationale Souveränität mindert oder – mit dem schlauen Kohl zu reden – auf die Gemeinschaft »überleitet«. Die Neumitglieder der EU haben dem zugestimmt. Der Weg in den Westen war ihnen in diesem Augenblick wichtiger als die eigene Nation. Dann aber bemerkten sie mit einigem Erschrecken, dass sie sich mit dem Beitritt zur EU ein beträchtliches Problem eingehandelt hatten. Als sie in den Jahren nach 1989 dem Schwitzkasten und dem Gefängnis der Sowjetunion entkommen waren, nahmen die Völker und die Eliten Mittel- und Osteuropas mit vitaler, fast könnte man sagen: kreatürlicher Selbstverständlichkeit an, nun würden sie endlich ihre je eigene nationale Geschichte fortsetzen können, die vor allem durch das Deutsche Reich und die Sowjetunion abgebrochen, zerstört oder eingefroren worden war. Sie wollten wieder in ihre alten nationalen Narrative eintreten und sie mit jener Begeisterung fortentwickeln, mit der sich die jungen Nationalbewegungen des 19. Jahrhunderts ihre Nationalgeschichte sowie deren Mythen und Sagen erfunden und einander erzählt hatten. Und sie taten es: Vier der elf mittel- und osteuropäischen Mitgliedstaaten der EU – Kroatien, Slowenien, Tschechien und die Slowakei – gab es vor 1989 noch gar nicht als souveräne Staaten. Und das gilt auch für drei der fünf gegenwärtigen Beitrittskandidaten – für Mazedonien, Montenegro und Serbien.

Nicht erst mit dem zwar zu erwartenden, dann aber doch jähen Hochschnellen der Flüchtlingsfrage im Jahre 2015 wurde deutlich, dass diese neue nationale Seligkeit in einem Spannungsverhältnis, ja im Widerspruch zu einem wichtigen Teil des Selbstverständnisses der Europäischen Union steht. EU bedeutet – zumindest im Prinzip – Bindung, Selbstbindung, Verpflichtung und vor allem den Willen, *die Probleme eines anderen Mitgliedstaates als die eigenen anzuerkennen*. In der EU sein bedeutet, nicht mehr unumschränkt Herr im eigenen Haus zu bleiben. Genau das wollten die Völker Mittel- und Osteuropas nach 1989 aber endlich sein. Im Laufe der Jahre, in denen sie von der Union durchaus in die Pflicht genommen wurden, bauten sich in einigen dieser Staaten zunehmend Enttäuschung und dann Zorn auf. In doppelter Hinsicht erschien ihnen die Gemeinschaft, der sie doch unbedingt angehören wollten, als ein Zwang ausübender Verband. Zum einen forderte sie ihnen beträchtliche politische, wirtschaftliche, rechtspolitische und – etwa im Umgang mit Homosexuellen – kulturelle Anpassungsleistungen ab. Und zum anderen schien die Gemeinschaft diese Staaten zu nötigen, doch bitte eher zügig als allmählich ihr nationales Schneckenhaus zu verlassen, das Nationale tiefer zu hängen und sich stärker für die Union zu engagieren. Man gehört der EU zwar an, nimmt sie aber zunehmend als Zucht- und Enteignungsmacht wahr. Man ist in der EU, geht aber auf Distanz zu ihr. Dem europäischen Nord-Süd-Konflikt ist ein Ost-West-

Konflikt an die Seite getreten. Das lockert den Zusammenhalt noch mehr. Und einige Mitgliedstaaten Mittel- und Osteuropas wirken kräftig darauf hin, das EU-Band zu lockern.

Die Massenflucht: Zerlegt der Kontinent sich selbst?

Als sei die Situation noch nicht verkantet genug, hat zuletzt noch die Flüchtlingsfrage Europa zeitweise an den Rand des Offenbarungseids getrieben. Wann, wenn nicht jetzt wäre es zwingend gewesen, die europäische Gemeinschaft tatsächlich zu gemeinsamer Aktion zu einen? Doch ausgerechnet in diesem Moment schien sich die Union in ihre nationalen Einzelteile zu zerlegen und als Akteurin auszufallen. Zeitweise verzichteten die Regierungen einiger EU-Staaten sogar darauf, wenigstens noch rhetorisch die europäische Gemeinsamkeit zu beschwören. Obwohl doch jedes Kind erkennen konnte, dass mit nationalen Antworten dieses offenkundig gesamteuropäische Ereignis nicht zu bewältigen sein würde, setzte sich in der EU über ein paar Monate im Herbst und Winter 2015 hinweg eine sture Diskursverweigerung durch, die bis vor Kurzem niemand für möglich gehalten hätte. Der deutschen Bundeskanzlerin, die in den Medien des Olivengürtels eben noch als hartherzige Austeritätskommandeuse dargestellt worden war, wurde nun als Willkommensextremistin verhöhnt, die ihre strenge Nüchternheit durch grenzenlose Gefühligkeit ersetzt habe und damit das Schicksal Europas wie das ihres eigenen Landes mutwillig aufs Spiel setze. Es war dabei viel Schadenfreude derer am Werk, die endlich einmal ausgerechnet Deutschland in Bedrängnis sehen durften. Und es zahlten sich die Konflikte aus, von denen eben die Rede war: Nord-Süd, Ost-West. Für einen Augenblick schien sich in Europa die Überzeugung durchzusetzen, es sei am besten, wenn jeder Staat sich wieder ausschließlich, wenigstens aber hauptsächlich um sich selbst kümmert.

Europa schien nicht in der Lage zu sein, den Strom der Flüchtlinge, der nun einmal auf den Kontinent zukam, zu kanalisieren. Es war, als hätte dieser Strom die Kraft, die Europäische Union aufzuspalten und ihr damit die Existenzgrundlage zu rauben. Europa schien fast wieder dort zu stehen, wo es sich vor dem Beginn des Einigungsprozesses befunden hatte. So weit ist es nicht gekommen – aber erstmals seit Langem war es wieder vorstellbar, dass in der großen Rechtsgemeinschaft EU der Buchstabe der Verträge plötzlich nicht mehr gilt, dass jeder macht, was er will, und die Kraft des europäischen Zusammenhalts, die man bisher für eine feste Größe gehalten hatte, nachlässt und verlischt. Die Europäische Union war nahe daran, sich selbst zu dementieren. Putin konnte sich bestätigt fühlen.

Drei unkluge Reaktionen auf die Krise

Dank all dieser Malaisen befindet sich die Europäische Union in einer denkbar schlechten Verfassung. Und es wird noch schlimmer dadurch, dass die EU in den vergangenen zwei Jahrzehnten trotz aller institutionellen Reformen, die sie großspurig in die Welt gesetzt hat, nicht schlanker, flexibler, wendiger, sondern schwerer, unbeweglicher und starrer geworden ist. Was tun? Hier kommt das Fahrrad ohne Bremsen wieder ins Spiel. In dreierlei Gestalt treten derzeit die Fahrradtheoretiker auf.

Die ersten treiben es am tollsten. Sie sind unerschütterlich in ihrem beängstigenden Durchhalteoptimismus. Vielleicht, weil sie sich zu sehr in geschlossenen Zirkeln bewegen, glauben sie noch immer ernsthaft, man müsse einfach weitermachen wie bisher. Nur mit einem Unterschied: Das Tempo müsste noch einmal angehoben werden, die Integrationsbohrungen müssten noch tiefer gehen. Mehr vom Gleichen ist die Devise: Dosierung steigern. Es ist rätselhaft, warum erwachsene Menschen so etwas glauben können. Denn offensichtlich hat ja die bisherige Art, die EU zu gestalten, zumindest zur gegenwärtigen Krise mit beigetragen. Vermutlich hoffen diese Mehr-Europa-Europäer, man könne aktionistisch die Widerstände gegen weitere Integrationsschritte überrennen, mundtot machen und nicht mehr revidierbare Fakten schaffen. Etliche Europapolitiker, darunter auch Helmut Kohl, haben das mehr oder minder deutlich auch so ausgesprochen. Es ist erstaunlich, dass diese Durchhaltefraktion nicht im Mindesten sieht, dass sie mit ihrem Aktionismus dem Europaprojekt einen Bärendienst erweist.

Einer der führenden Repräsentanten dieser Spezies ist Elmar Brok, CDU und Europäische Volkspartei (EVP), der seit 1980 dem Europäischen Parlament angehört. Er verkörpert auf fast karikaturhafte Weise den Typus des umtriebigen, bienenfleißigen, in den Details bewanderten und stets auf europäischer Werbetour befindlichen Europapolitikers, der dennoch in einer Art rasendem Stillstand verharrt. Begegnet er Zweifel, gar Widerspruch, kann er schnell ungnädig werden. Kritische Fragen zu Europa versteht er als Majestätsbeleidigung. Regelmäßig bekommt das Publikum von ihm mit Inbrunst vorgetragene Phrasen dieser Art zu hören: »Europa ist eine Wertegemeinschaft.« Oder: »Die deutsch-französische Partnerschaft bleibt der Motor der Europapolitik.« Oder: »Die Europäische Union ist eine Schicksalsgemeinschaft, weil die Europäer aufeinander angewiesen sind.« Vor allem aber immer und immer wieder: »Die Lehre aus der Krise ist: Wir brauchen mehr Europa.«[21] Eine Botschaft, die er mit den bekannten Versatzstücken garniert – vom Frieden bis zu Europas Stellung in der Welt. Mit den Bürgern spricht er wie mit Unmündigen, denen nur begrenzt Nachsicht gebührt. Das ist keine gute Werbung für Europa. Das Dauertrommeln für die vertiefte europäische Integration hat einen aggressiven Unterton: keine frohe Botschaft, sondern eine Drohbotschaft. In diesem Denken gibt es nur zwei Reiche: den Himmel der Integration und die Hölle der Desintegration, in der nun das gesamte britische Volk schmort. Das kommt nicht so gut an, weil das Publikum ja weiß, dass die Welt ein wenig komplizierter ist.

In der zweiten Gruppe der Fahrradliebhaber weiß man, dass es mit Weiter-so nicht getan ist. Man setzt dem eine Art neuen Missionarismus entgegen. Man fordert den großen Aufbruch, den großen Neustart. Auch hier: nun aber erst recht. So etwa die Historiker Brendan Simms und Benjamin Zeeb, die in ihrer Schrift »Europa am Abgrund. Plädoyer für die Vereinigten Staaten von Europa« einen großen politischen Willensakt, einen europäischen Tigersprung propagieren. Ganz anders, im Ergebnis aber noch intensiver gründungsbewegt argumentiert Ulrike Guérot in »Warum Europa eine Republik werden muss! Eine politische Utopie«. Sie trauert der EU, die sie für todgeweiht hält, keine Träne nach, fordert »eine schöne neue gesellschaftliche Utopie« und beschwört die »Epiphanie Europas«.[22] Nicht ganz zu Unrecht setzen die Aufbruchsoptimisten und -dramatiker darauf, dass Krisenschocks aufrütteln und ungeahnte neue Kräfte freisetzen können. Sie übersehen jedoch, dass hinter jeder Krise eine noch tiefere Krise lauern und das Ganze in einem Auflösungs-, Zerfalls- oder gar Zerstörungsprozess enden kann. Die Krise hat auch ein böses Gesicht. Die alte Dialcktik, der zufolge der Gefahr das Rettende notwendigerweise auf dem Fuß folgt, ist schon zu oft blamiert worden, um sie noch bedenkenlos bemühen zu können. Sie gehört ins heilsgeschichtliche Museum. Die gegenwärtige Krise der Europäischen Union ist gewiss nicht dazu angetan, große Aufbruchsenergie freizusetzen. Dafür ist sie zu schwerwiegend und vielgliedrig. Und es wird auch deswegen nicht dazu kommen, weil in mehr als einem halben Jahrhundert europäischer Einigung das Pathos- und Aufrüttlungskapital restlos aufgebraucht ist. Die große Mehrheit der Bürger Europas hat zwar wenig gegen die EU, würde auf solches Aufbruchstheater aber missmutig, gleichgültig und sehr befremdet reagieren. Wer jetzt den europäischen *Big Bang* fordert, katapultiert sich aus der Wirklichkeit und begibt sich der Möglichkeit, sie zu beeinflussen. Wenn wir denn in einer europäischen Gründerzeit leben, dann in einer mit tunlichst bescheidenen Zielen. Die radikalen Neugründer haben keine Chance.

Anders als eine dritte Gruppe von Fahrradtheoretikern, die bescheidenen und geläuterten Durchhalteeuropäer. Unter ihnen sind viele, die einst das ganz große Europarad drehen wollten, Joschka Fischer etwa mit dem Vorschlag, der Europäischen Union eine mehr oder minder endgültige Gestalt zu geben. Auf all die schwierigen Fragen, vor denen die Gemeinschaft stehe, gebe es, sagte Fischer vor vielen Jahren, »eine ganz einfache Antwort: den Übergang vom Staatenverbund der Union hin zur vollen Parlamentarisierung in einer Europäischen Föderation, die Robert Schuman bereits vor 50 Jahren gefordert hat. Und das heißt nichts Geringeres als ein europäisches Parlament und eine ebensolche Regierung, die tatsächlich die gesetzgebende und die exekutive Gewalt innerhalb der Föderation ausüben. Diese Föderation wird sich auf einen Verfassungsvertrag zu gründen haben.«[23] Der Reigen dieser Versuche war groß angelegt, die Namen schöner und geschichtsträchtiger europäischer Städte bezeichnen die Stationen. Vom Vertrag von Maastricht (1992) über den von Amsterdam (1997), den von Nizza (2001) und schließlich den von Lissabon (2009) gingen die Staats- und Regierungschefs Europas, assistiert von einem Heer kundiger und findiger Fachleute, daran, der Union eine wetterfeste Form zu verpassen, ihr Regelwerk zu harmonisieren, ihr eine verbindliche Verfassung zu geben und damit der Staatwerdung Europas einen wichtigen Schritt näherzukommen. Es wird viel guter Wille dabei am Werk gewesen sein, doch den Europaschöpfern entging eine ganze Weile lang, dass sie da an einem Gebäude zimmerten, das eine große Zahl von EU-Bürgern nicht interessierte, das ihnen fremd blieb oder das sie für ein Monstrum hielten.

Ein Monstrum war es, anders als die zornigen Radikalkritiker der EU meinen, keineswegs. In der Logik der bisherigen europäischen Einigung war das Ganze durchaus vernünftig entworfen. Die EU-Kreationisten, die noch nichts von dem kommenden Unheil ahnten und ungebrochen fortschrittsgläubig waren, taten ihr Bestes, um die Teile des überaus komplizierten Mobiles EU in die Balance zu bringen. Dass sie mit einer Europaeuphorie der EU-Bürger nicht rechnen konnten, das wussten sie wohl. Sie setzten aber darauf, dass diese auch weiterhin mit der europäischen Einigung als einem Elitenprojekt einverstanden sein würden. Gewissermaßen ganz mit sich selbst beschäftigt, übersahen sie dabei, dass dieses Mobile vielen Bürgern nicht gefiel, dass es sie ängstigte. Ihnen galt es nicht als elegant, sondern eben doch als ein Monstrum. Sichtbar wurde das durch die Quittung, die in Form zweier nationaler Referenden kam. Erst lehnten die Franzosen am 29. Mai 2005 den ratifizierten Verfassungsvertrag von Lissabon mit einer Mehrheit von 54,7 Prozent der abgegebenen Stimmen ab. Nur drei Tage später fiel das Nein der Niederländer mit 61,5 Prozent noch weit deutlicher aus. Das war ein denkbar schwerer Schlag für die Europaschöpfer. Denn immerhin zwei der sechs Gründungsnationen der europäischen Einigung hatten nun einen Knüppel ins Räderwerk der Union geworfen. Und zwar zwei durchaus exemplarische: das zentralistische, dem freien Markt gegenüber höchst skeptische Frankreich und die damals liberalen, zum Angelsächsischen hin orientierten Niederlande, die zudem von Anfang an gegen einen überbürokratisierten Superstaat Europa opponierten. Größer hätte der Bogen der Ablehnung kaum sein können.

1957 waren in Rom die Gründungsverträge der europäischen Einigung feierlich unterzeichnet worden. Drei Jahrzehnte lang blieben sie danach unverändert, und auch die Zahl der Mitgliedstaaten nahm nur langsam zu. Mehr als anderthalb Jahrzehnte nach Rom kamen Großbritannien, Dänemark und Irland hinzu, 1981 mit Griechenland der zweite Staat des Olivengürtels, 1986 folgten Spanien und Portugal – übrigens gegen beträchtlichen Widerstand Griechenlands, das sich die Zustimmung zum Beitritt der beiden südlichen Konkurrenten teuer bezahlen ließ. In den drei Jahrzehnten seit ihrer Gründung verdoppelte sich die Zahl der Mitgliedstaaten damit von sechs auf zwölf. Die Zahl der EU-Bürger nahm von etwa 195 Millionen auf etwa 320 Millionen zu – eine Steigerung um knapp 40 Prozent. Das war ein beträchtliches, aber auch ein gemächliches Wachstum. Heute umfasst die Europäische Union (noch) 28 Mitgliedstaaten, und es gibt (noch) 508 Millionen EU-Bürger. 28 Mitgliedstaaten und 28 (jetzt 27) EU-Kommissare: Die Heterogenität der Union hat beträchtlich zugenommen.

Dieses Wachstum bewirkte allmählich, dass auch den Durchhalteeuropäern, die fest ans *the bigger, the better* geglaubt hatten, mulmig wurde. Im Laufe von nicht einmal einem Jahrzehnt wurde die Europäische Union von Verwerfungen bisher unbekannter Wucht erschüttert: Die Eurokrise eröffnete den Reigen, den bisherigen Schlusspunkt setzte das europäische Flüchtlingsdrama. Immer größere Teile der EU-Bevölkerungen begannen, am Segen der europäischen Einigung zu zweifeln. Das führte peu à peu zu einer Abrüstung der EU-Rhetorik. Man sprach nicht mehr von den ganz großen Zielen, sondern von den nächsten Schritten. Man übte sich im Trippeln und versucht nun, das europäische Institutionengefüge halbwegs unbeschadet über die Runden zu bringen. Die Mehr-Europa-Fraktion – die immer noch viel größer ist, als man es angesichts der europäischen Zeitläufte vermutet – hat auf eine andere Gangart umgeschaltet. Keine Zeit für Utopien und Gründungsillusionen. Stattdessen, heißt es jetzt, gilt es die Bestände zu halten, zu bewahren. Vielleicht, so hört man von manchem in der EU-Kommission, kommen einmal wieder bessere Zeiten, in denen es dann möglich wäre, den großen EU-Motor erneut kraftvoll anzuwerfen. Bis dahin aber bleibe nur eines: den Status quo sichern. Der Philosoph Hans Joas berichtet, ein bedeutender deutscher Sozialwissenschaftler habe ihm gesagt: »Was wir in Europa jetzt brauchen, ist ein demokratischer Putsch.«[24] Abgesehen davon, dass sich Demokratie und Putsch doch eher ausschließen – der gute Mann übersieht etwas nicht ganz Unwichtiges: Ein solcher Putsch würde die Zustimmung zur europäischen Einigung nur noch weiter mindern.

Doch derlei hört man aus den realistischen Winkeln der Mehr-Europa-Fraktion heute nicht mehr. Dort würde man gerne wollen, traut sich aber nicht mehr. Wenn es nur ginge, würde man liebend gerne den alten Weg weitergehen. Die neuen Realisten wollen ja nicht verlangsamen, ein bis zwei Gänge herunterschalten oder gar eine Pause des Nachdenkens einlegen. Sie wollen, dass es mit Europa im Großen und Ganzen so weitergeht wie bisher. Durch die ganze Geschichte der europäischen Einigung zieht sich eine geradezu panische, aber nicht wirklich begründete Furcht. Die Furcht, Stillstand führe unvermeidlich zu Tod und Untergang. Vom ersten Kommissionspräsidenten Walter Hallstein über den großen EU-Beschleuniger Jacques Delors bis zu Martin Schulz, dem rastlosen Langzeitpräsidenten des Europäischen Parlaments, waren viele der führenden EU-Politiker von stürmischem Geist bewegt. Sie waren rastlose Planer, Vortragsreisende, Prediger, Auf- und Umbauer, sie entwarfen und verwarfen Ideen, Konzeptionen und Verträge, das Dementi des Gestern durch das Heute war ihnen ein immerwährender Grund von Freude. Es konnte gar nicht schnell und radikal genug umgewälzt werden. Eigentlich meint diese Spezies von Europapolitikern immer noch, sie hätten immer richtig gelegen. Doch nun haben sie dem großen Plan, den schon Bertolt Brecht verspottet hatte, abgeschworen. Ohne auch nur im Mindesten ihre politische Methode überdacht zu haben, wollen sie einfach mit ihrem Projekt überwintern. Wer sich heute angesichts etlicher Krisen und vieler zentrifugaler Kräfte, welche die Gemeinschaft auseinandersprengen, der Rettung der Europäischen Union verschreibt, der will sie meist nur bewahren. Es kommt aber darauf an, sie zu verändern. Dieses Mal nicht revolutionär, sondern in Richtung *devolution*.

Ein Phönix aus der Asche: Die Römischen Verträge

Gerade jetzt sollten wir keine Angst davor haben. Zwar ist das Wetterleuchten am Himmel der EU dieses Mal besonders grell, das britische Referendum war der erste Donnerhall. Aber die ganze kurvenreiche Geschichte der europäischen Einigung lehrt doch auch, dass der ängstliche Umgang mit Krisen immer der falsche Weg ist. Die europäische Einigung hält immerhin schon mehr als doppelt so lang an wie die furchtbare Epoche, die durch die Jahre 1914 und 1945, durch den Beginn des Ersten Weltkriegs und das Ende des noch barbarischeren Zweiten Weltkriegs, eingerahmt wird. Diese einzigartige Einigungsgeschichte ist voller Erfolge, voll von Querelen, voll von idealistisch verbrämter Machtpolitik und voll von den Wonnen endloser, langweiliger Friedensalltage. Die europäische Einigung hat sich dabei nie ebenmäßig bewegt, sie ist kein ruhig dahinfließender, sondern ein an Widerständen reicher Strom. Man kann sagen: Die Krise ist ihr Lebenselixier. Und ihr Normalzustand, von Anfang an. So gesehen, verliert die gegenwärtige Krise etwas von ihrem existenzgefährdenden Charakter.

Noch ehe sie richtig begonnen hatte, schien die europäische Eintracht im Jahre 1954 schon gescheitert zu sein. Zu Beginn stand kein Friedenswerk im eigentlichen Sinne, sondern der Versuch, das westliche Europa nach dem Koreakrieg und der Verfestigung der Fronten des Kalten Krieges verteidigungspolitisch zu einen. Doch die geplante und schon ausgehandelte Europäische Verteidigungsgemeinschaft (EVG) kam nicht zustande. Frankreich, das noch entschiedener als Großbritannien dem Fetisch einer größtmöglichen Souveränität huldigte (und leider noch immer huldigt), verweigerte am Ende die Zustimmung. 1954 lehnte die Französische Nationalversammlung mit 319 zu 264 Stimmen den Beitritt zur projektierten EVG ab. Die Gegner des Vertrags erhoben sich von ihren Sitzen und stimmten respektive die Marseillaise oder die Internationale an. Konrad Adenauer war tief deprimiert, viele glaubten, nun sei der Beweis erbracht, dass Europa nicht einmal nach dem furchtbaren Zweiten Weltkrieg und angesichts der Gefahren der Blockkonfrontation zwischen Ost und West die Kraft haben würde, zueinander und zu gemeinsamem Handeln zu finden. Alles schien vorbei zu sein.

Doch nicht einmal zwei Jahre später war der Phönix aus der Asche wieder aufgestiegen. Und das geschah auf eine Weise, die für die europäische Einigung charakteristisch werden sollte: Sie wich zurück – und nahm einen Umweg. Der verteidigungspolitische Anlauf führte ins Leere, und so versuchte man es dieses Mal wirtschaftspolitisch. Auf Initiative der Beneluxländer, also dreier kleiner Staaten, kamen Anfang Juni 1955 die Außenminister der späteren sechs Gründungsstaaten der Europäischen Wirtschaftsgemeinschaft (EWG) in Messina und Taormina auf Sizilien zusammen und verfassten nach schleppendem Beginn drei Tage später die »Resolution von Messina«, in der die Grundzüge der EWG entworfen wurden. Noch in seinen Memoiren bringt Paul-Henri Spaak, einer der Begründer der europäischen Einigung, die Erinnerung an diesen Moment ins Schwärmen: »Die Sonne ging auf, und ihre ersten Strahlen vergoldeten die Spitze des Ätna, als wir uns müde, jedoch glücklich zu Bett begaben. Große Entscheidungen waren getroffen worden.«[25] Nach langem Verhandeln unterzeichneten schließlich die Staats- und Regierungschefs von Frankreich, Deutschland, Italien und den Beneluxstaaten am 25. März 1957 auf dem Kapitol in Rom die Römischen Verträge, mit denen die EWG begründet und zugleich die Atomenergiebehörde Euratom geschaffen wurde. Die Ziele waren weit gesteckt (und es dauerte Jahrzehnte, bis sie erreicht waren): Zollunion, Abbau interner Handelshemmnisse und – da gleitet das Wirtschaftliche ins Gesellschaftliche und Ideelle über – die Schaffung eines gemeinsamen Markts, im dem nicht nur Waren und Kapital, sondern auch Dienstleistungen und Personen – also wirkliche Menschen – frei zirkulieren würden.

Obwohl das Volksfest, das nach der Unterzeichnung um das Kapitol herum und auf der Piazza Venezia geplant war, wegen eines sintflutartigen Gewitters buchstäblich ins Wasser fiel, wurde der Vertrag, der ebenso mit List wie mit Idealismus ausgehandelt worden war, ein großer Erfolg. Noch einmal Paul-Henri Spaak: »Die Glocken von Rom läuteten mit aller Macht zum Gruß für die Geburt des neuen Europa. Meine Erregung, meine Freude und meine Hoffnungen waren eins. Ich hielt eine gefühlvolle Rede.«[26] Bald folgten freilich weitere Krisen und Hemmnisse. Immer wieder stockte es, immer wieder fand man zu einer neuen »relance Européenne«, wie es im Fachjargon bald hieß. Die sogenannte »Eurosklerose« der Siebzigerjahre fand ebenso ein Ende, wie der gut gemeinte, vollkommen planwirtschaftliche Wahnsinn der europäischen Agrarpolitik allmählich halbwegs eingehegt und entschärft werden konnte.

Das Durchwursteln, das *muddling through,* ist nicht die schlechteste Kunst der Union. Gewiss, elegant sieht das nicht aus. Die europäische Einigung ist aber auch kein Schönheitswettbewerb.

Im Würgeeisen der immer engeren Union

Und doch wird der so erfolgreiche Pragmatismus der Gemeinschaft, der Vorpreschen erlaubt und Zurückweichen nicht als Feigheit stigmatisiert, von Anfang an von einem Prinzip gebieterisch überwölbt, das zu einer verhängnisvollen Dynamik geführt hat. Schon im ersten Satz der Präambel des Vertrags zur Gründung der Europäischen Wirtschaftsgemeinschaft legen Seine Majestät der König der Belgier, der Präsident der Bundesrepublik Deutschland, der Präsident der Französischen Republik, der Präsident der Italienischen Republik, Ihre Königliche Hoheit die Großherzogin von Luxemburg und Ihre Majestät die Königin der Niederlande wie in Stein gemeißelt den Weg und das Ziel fest, dem der Vertrag gewidmet ist. Man beschließe ihn, so die ersten Worte, »in dem festen Willen, die Grundlagen für einen immer engeren Zusammenschluss der europäischen Völker zu schaffen«. Dabei ist es bis heute geblieben. Nie wurde die Wendung offiziell in Zweifel gezogen oder gar zurückgenommen. Noch in der Präambel des Vertrags von Lissabon (2009) findet sie sich leicht verändert (und um eine ausweislich des weiteren EU-Geschehens leider nicht ganz ernst gemeinte Relativierung ergänzt) wieder: »entschlossen, den Prozess der Schaffung einer immer engeren Union der Völker Europas, in der die Entscheidungen entsprechend dem Subsidiaritätsprinzip möglichst bürgernah getroffen werden, weiterzuführen«.

Der immer engere Zusammenschluss, die immer engere Union, *the ever closer union*: Sich auf diese Magna Carta mit einer gewissen Ewigkeitsgarantie festzulegen, das war eine Ursünde der europäischen Einigung. Sie fiel sich damit gewissermaßen selbst in den Rücken. Denn das historisch nahezu Einmalige an ihr liegt ja darin, dass sich Staaten und Völker *freiwillig* zusammentun. Sie bilden einen freiwilligen Zusammenschluss, weil sie das wollen, weil sie das für gut und friedens- wie wohlstandsfördernd halten. Wohl binden sie sich aneinander. Aber diese Bindungen sollten, gerade weil sie halten sollen, locker und lose sein. Die Staaten, die dazugehören wollen, dürfen nicht aneinandergekettet werden. Das verstieße erstens gegen das unverzichtbare Prinzip der Freiwilligkeit und gegen das nicht minder wichtige Prinzip, dass Entscheidungen revidierbar, dass Bindungen wieder auflösbar sein müssen. Ohne diese Prinzipien unterschiede sich die europäische Einigung nicht wirklich von der Zwangs- und Gewaltmethode, die im Verhältnis der Staaten untereinander so oft die verhängnisvolle Regel gewesen war. Die Europäische Union der Zukunft wäre am besten eine freie Assoziation. Davon ist sie heute noch weit entfernt. Aber das kann und wird sich ändern, aus freien Stücken und unter dem Druck der Verhältnisse. Der Umgang der Europäischen Union mit den Briten, die einen Schritt zur Seite getan haben, könnte und sollte die Premiere dieser neuen europäischen Gangart werden.

Wer beklagt, dass die Völker Europas derzeit nicht in der Lage sind, die seit 1957 geforderte immer engere Union zu schaffen, der hat schon verloren. Wir könnten sie wohl schaffen – doch wir sollten sie nicht schaffen wollen. Sie hätte etwas Illiberales, sie wäre wie ein Würgeeisen. Akzeptierte man als Ziel die immer engere Union, ließe man sich auf eine klebrige Moralisierung der europäischen Politik ein. Denn dann gälte: Was zur immer größeren Bindung beiträgt, ist gut und anständig, was zu größerer Lockerheit führt, ist schlecht und unanständig. Das Nein, der Ausstieg, die Kritik wären tabuisiert. Einer der schlechteren Züge der Europäischen Union träte noch schärfer hervor. Es würde noch deutlicher, dass die Mitgliedstaaten und die Institutionen der EU trotz des Streits, den sie ständig untereinander austragen, keine Streit- und Konfliktunion, sondern eine permanente große Koalition bilden. Seit es die Gemeinschaft gibt, ist sie auf der Suche nach letzter Gewissheit, nach festem Boden unter den Füßen, nach einer endgültigen Form. Dieser eschatologische Drang passt nicht zur Welt, wie sie nun einmal ist und bleiben wird: ein schwankender Ort der Unsicherheit. Will die Europäische Union Bestand haben, sollte sie sich auf dieses Schwanken einstellen und mit ihm rechnen. Um mit ihm umgehen zu können, müsste sie wieder flexibel, experimentell und fehlerfreundlich werden. Sie sollte das Schaukeln lernen.

Was daraus folgt

Die europäische Union ist, wie wir gesehen haben, im Laufe nur weniger Jahre auf mehrfache Weise in eine schwere Krise geraten:

Das Wunder des Euro ist ausgeblieben. Er hat Europa wirtschaftlich nicht vorangebracht. Von Anfang an war es eine Fehlentscheidung, die Währungseinheit *vor* der politischen Einigung zu schaffen. Der Euro hat die Staaten der Eurozone, insbesondere die ärmeren, zurückgeworfen. Seine Krise hat politisch und demokratisch höchst fragwürdige Rettungsmanöver ausgelöst. Es ist nicht wahrscheinlich, dass die Politik des Eurorettens um jeden Preis Erfolg haben wird.

Die friedensverwöhnte Europäische Union wurde darüber hinaus von Putins Rückkehr zur Geopolitik, von seiner Politik des Rechtsbruchs und der Grenzverletzung kalt erwischt. Der EU ist es nicht gelungen, darauf gemeinsam zu reagieren. Sie hat es versäumt, sich in dieser für Nachkriegseuropa völlig neuen und bedrohlichen Situation ihrer Stärke zu vergewissern.

Die Europäische Union hat zudem ihre Ostausdehnung mental und institutionell nicht verkraftet, weder im Westen noch im Osten.

Die Massenflucht nach Europa hat die Europäische Union an den Rand des Offenbarungseids gebracht. Ein Europa neuer Grenzen und Grenzzäune zeichnete sich ab. Allen Bemühungen zum Trotz ist es über Monate hinweg nicht gelungen, eine *europäische* Antwort auf die Massenflucht zu finden.

 Und der Abschied Großbritanniens aus der Europäischen

Union hat erstmals schwarz auf weiß und schmerzlich dokumentiert, dass die Skepsis gegenüber der Gemeinschaft nicht im Zustand des Grummelns bleiben muss, dass das bisher eigentlich Undenkbare, der Exit, durchaus eine Möglichkeit ist. Für die Briten, und nicht nur für sie.

Zwei Auswege sind denkbar. Einer besteht darin, dass die Akteure der Europäischen Union den – bisher fehlenden – *politischen Willen* entwickeln, die gemachten Fehler zügig zu korrigieren. Beim anderen geht es darum, *das Gefüge der Union umzubauen*, damit sie schneller und angemessener auf neue Herausforderungen reagieren kann. Im Idealfall würden beide Wege gleichzeitig beschritten. Denn es mangelt sowohl an politischem Willen wie effektiven Strukturen in der EU. Allerdings fehlen derzeit die Voraussetzungen, beides gleichzeitig zu tun. Der institutionelle Umbau – neue Verträge, neue Regeln, neue Aufgabenverteilungen zwischen europäischen und nationalen Organen – ist 30 Jahre lang intensiv betrieben worden und hat ein erschöpftes Europa und ausgelaugte Europapolitiker zurückgelassen.

Wohl aber kann die Europäische Union zu einem gemeinsamen politischen Willen finden. Statt sich hinter institutionellen Unzulänglichkeiten zu verstecken, können die Akteure der Europäischen Union die Kumulation von Problemen zum Anlass nehmen, um sich im Rahmen der bestehenden Verträge auf Schwerpunkte zu einigen und die Reichweite der Gemeinsamkeiten festzulegen.

In allen fünf oben skizzierten Fällen kann die Europäische Union Fehler korrigieren, ohne sich in neue lähmende Auseinandersetzungen um Vertragsänderungen oder gar neue Verträge zu verstricken:

Es wäre hilfreich, wenn die Heerscharen von Fachleuten, die mit der Eurorettung befasst sind, sich mit gleicher Leidenschaft und Beharrlichkeit Szenarien widmeten, wie ein Land die Eurozone vorübergehend verlassen kann, um ihr womöglich später wieder beizutreten. Die Arbeit daran kann jederzeit aufgenommen werden.

Nichts außer Selbstvergessenheit und Binnenorientierung hindert die Europäische Union daran, sich angesichts Russlands neuer Machtpolitik auf eine gemeinsame Haltung – die es virtuell ja durchaus gibt – zu verständigen und diese dann entschlossen nach außen zu tragen.

Nichts außer Binnenorientierung und der mangelnde Wille, der Ostausdehnung der EU auch mentale Weiterungen folgen zu lassen, hindert die Europäische Union daran, angesichts der kleinen nationalstaatlichen Renaissancen in Mittel- und Osteuropa noch einmal ein Grundprinzip der europäischen Einigung in den Mittelpunkt ihrer Tätigkeit und Beratungen zu stellen: dass die europäische Gemeinschaft dann besonders gut funktioniert, wenn die teilnehmenden Nationen Souveränität abgeben – und zwar im eigenen Interesse.

Nichts außer dem fehlenden Willen zu einer gemeinsamen Flüchtlings- und Asylpolitik, nichts außer dem fehlenden Willen, in einer gemeinsamen europäischen Reaktion auf die Massenflucht nach Europa das Existenzrecht und die Stärke Europas unter Beweis zu stellen, hindert die Europäische Union daran, in dieser größten Herausforderung ihrer Geschichte Statur und Größe zu beweisen – und sich nicht vor den Augen der Weltöffentlichkeit selbst zu zerlegen und als politische Kraft zu verabschieden.

Nichts außer der auf ein einziges Gleis festgelegten Sturheit vieler Europapolitiker hindert die EU daran, ohne beleidigte Gesten und ohne Rachegefühle auf den Austritt Großbritanniens zu reagieren. Und stattdessen zügig im Geiste einer neuen Flexibilität neue Formen der Assoziierung an die EU und in der EU zu entwickeln.

First things first. Die Agenda darf nicht mehr vor allem vom Lauf der Ereignisse, die gerade stattfinden, diktiert werden, denen die EU dann hinterherstolpert. Schwerpunkte sollen gesetzt werden. Nicht viele, sondern einige mit Bedacht ausgewählte. Nicht die größenwahnsinnigen von gestern, sondern bescheidenere, aber – wie die eben genannten – gleichwohl anspruchsvolle. Und diese Schwerpunkte sollten sodann dauerhaft und unter ständiger Information und Einbeziehung der Öffentlichkeit bearbeitet werden. In dem Sinne soll die EU weniger ein vor sich hin schnurrender Apparat sein, sondern mehr Projekt und Labor werden.

Doch: Europa ist eine Weltmacht. Gewiss, das Wort hat keinen guten Klang. Man assoziiert Großmachts- und Großmannsdenken und unbedingte Herrschaftsansprüche, die nicht mehr in die modernen Zeiten wechselseitiger Abhängigkeiten passen. Das aber ist hier nicht gemeint, wenn von Europa als Weltmacht die Rede ist. Erstens sind die Zeiten unwiderruflich vorbei, in denen Europa so etwas wie der Mittelpunkt und der Kraftquell der Weltgeschichte war. Und zweitens hat die Geschichte der vergangenen zwei Jahrhunderte nachdrücklich erwiesen, dass die Abkehr von der Gleichgewichtspolitik und die Versuche, hegemoniale, allen anderen militärisch und wirtschaftlich überlegene Mächte zu schaffen, regelmäßig zu Unfrieden, Kriegen, Verwüstungen, zivilisatorischen Rückschlägen und vielen Toten geführt haben. Und nicht nur das: Schon die Idee der Hegemonie passt nicht in die Traditionslinien der westlichen Kultur, in der die Idee der Gleichheit und der gleichen Rechte aller unverzichtbar ist. Europa als Weltmacht: Hegemonie kann damit nicht gemeint sein.

Freilich auch nicht Europa als moralische Weltmacht. Mit dieser Idee haben in Deutschland, aber nicht nur in Deutschland etliche Intellektuelle geliebäugelt, als sich die USA auf das Abenteuer einließen, den irakischen Diktator Saddam Hussein zu stürzen. Es wäre nach aller Barbarei, die von Europa und insbesondere Deutschland ausging, eine freche Anmaßung, Europa zum Hort des friedlichen Weges zu erhöhen und in einen Gegensatz zu den auf die Waffen vertrauenden USA zu setzen. Gerade ein Europa, das Friedensmacht sein will, kann nicht darauf verzichten, auch militärisch stark und vereint zu sein.

Weltmacht Europa bedeutet etwas anderes. Es bedeutet den Vorrang des Rechts und den unbedingten Willen, die Zukunft auf Verträge zu bauen. Europa hat sich seit den späten Vierzigerjahren des vergangenen Jahrhunderts, ohne dass das sein

Verdienst gewesen wäre, für diese Methode entschieden. Denn nichts anderes stellt der lange und kurvenreiche Weg der europäischen Einigung dar. Mit ihm hat sich Europa nachhaltig vom Hauruckdenken und von den trüben Phantasien verabschiedet, mit einem Schlag könne die Welt zu einem besseren Ort gemacht werden. Es hat sich auf den komplizierten Weg des beharrlichen Aushandelns begeben. Das beweist auch jenes gewaltige Konvolut, das für viele EU-Gegner als schlagender Beweis für die bürokratische Überregulierung der Gemeinschaft gilt: der *acquis communautaire*, der Rechtsbestand der Europäischen Union, der inzwischen 97 000 Seiten umfasst. So bizarr er in manchem Detail sein mag, er zeugt doch von der grundsätzlichen Bereitschaft der Europäer, sich mittels eines Regelwerks aneinanderzubinden.

Es gibt immer die Verlockung des einfachen Wegs, gerade in schwierigen Zeiten. Das nutzen die schrecklichen Simplifikatoren wie Marine Le Pen oder Donald Trump nicht ohne Erfolg aus. Sie glänzen in ihrer unzeitgemäßen Hybris und ihrem grandiosen Narzissmus. Man muss sich nur vor Augen führen, welches Unheil sie anrichten würden, kämen sie mit ihren schlichten, gefährlichen und oft wahnhaften Ideen zum Zuge, um sofort zu erkennen, welchen ungeheuren zivilisatorischen Fortschritt die friedliche, auf Ausgleich abzielende Methode der europäischen Einigung darstellt. Die Europäische Union beweist: Der lange Weg, der komplizierte, an Umwegen reiche Weg ist der bessere Weg.

Aber noch nicht genug. Denn über allem nachvollziehbarem Bemühen, die Abkommen und Absprachen wetterfest und verbindlich zu machen, hat man in der EU vergessen, dass diese nicht alles regeln dürfen, dass sie bei aller Verbindlichkeit im Kern auch flexibel bleiben müssen. Auch deswegen ist Großbritannien – vorerst – von Bord gegangen. Will die Europäische Union Vertrauen und Terrain zurückgewinnen, sollte sie sich daranmachen, einer liberalen Vertragstheorie zu folgen, in der Verträge zwar fest binden, aber auch entschieden Freiheit lassen müssen.

2. Kapitel

Glanz und Elend der Einigung: Ein Zwischenspiel

COREPERELEREGFL: Die unnötige babylonische Sprachverwirrung

Es gehört zur Misere der EU, dass sie es nicht versteht, mit ihren Pfunden zu wuchern. Dass sie beständig dazu neigt, sich selbst in den Rücken zu fallen, sich zu dementieren. Sie bewegt sich gewissermaßen nicht auf der Höhe ihrer selbst. Sie verschleiert und verbirgt ihr erasmisches Wesen, macht sich opak und setzt den europäischen Bürger hilflos einem Meer von Abstraktionen aus. Es mag in den Fünfzigerjahren des vergangenen Jahrhunderts eine Zeit gegeben haben, in der Europas Einiger den festen Willen hatten, den Kontinent, der noch im Wiederaufbau war, als kulturelle, gesellschaftliche und politische Einheit in seiner Vielfalt spürbar zu machen. Doch das ist eine Weile her. Der besorgte Zeitgenosse wird heute den Eindruck nicht los, als gingen die Macher der europäischen Einigung nicht besonders sorgsam mit dem Erreichten um. Man kann es auch so formulieren: Allen gestelzten Beteuerungen zum Trotz, Europa »dem Bürger nahezubringen«, scheint es den meisten von ihnen herzlich egal zu sein, wie die EU beim Endabnehmer ankommt.

Am Anfang war bekanntlich das Wort, und das kann so und so ausfallen. Europas Einiger sind eigentlich immer schlecht mit ihm umgegangen. Wenn die Sprache ins Spiel kommt, wird Europa harzig und abweisend. Kennen Sie COREPER? Oder ELER und EGFL? PHARE? Das alles sind eher nützliche als schädliche Einrichtungen und Maßnahmen der EU. COREPER ist ein Akronym, es steht für **Co**mité des **re**présentants **per**manents und wird daher französisch ausgesprochen: COREPÉR. Auf Deutsch: Ausschuss der Ständigen Vertreter der Mitgliedstaaten, kurz AstV. Der ist wichtig, denn er bringt die EU zum Laufen. Er setzt sich aus den Ständigen Vertretern der Mitgliedstaaten der Europäischen Union oder deren Stellvertretern zusammen, bereitet die Arbeit des Rates der Europäischen Union vor, arbeitet die Tagesordnung der Ratssitzungen aus, bereitet Entscheidungsvorlagen vor und pflegt die Verbindungen des Rates mit anderen europäischen Institutionen, etwa dem Europäischen Parlament. Um den Rat zu entlasten, kann der Ausschuss bei Themen, die wenig strittig sind, eigenständig über Rechtsakte entscheiden. Als wäre das noch nicht genug, kennt er obendrein zwei Arbeitsebenen: AStV I befasst sich vor allem mit wirtschaftlichen Fragen: Binnenmarkt, Industrie, Energie, Telekom, Forschung. AStV II versammelt die Ständigen Vertreter, die sich vor allem mit politisch sensiblen Fragen beschäftigen, etwa der Gemeinsamen Außen- und Sicherheitspolitik (GASP), der polizeilichen und justiziellen Zusammenarbeit in Strafsachen und Haushaltsfragen der Europäischen Union.[1]

Hinter dem Akronym COREPER verbirgt sich also ein Heer fleißiger, findiger und versierter Fachleute. Ihr Wirken ist vermutlich segensreich, aber wir kennen sie noch viel weniger als die Beamten der Finanzverwaltung um die Ecke. Das gibt ihrer Tätigkeit etwas Geheimnisvolles, wir wissen nicht, dass es sie überhaupt gibt. Und erst recht haben wir keine Ahnung davon, was sie da Tag für Tag tun. Das aber sind die Trauben, aus denen man Misstrauen, Verdächtigungen und am Ende Verschwörungstheorien keltern kann. Der durch ganz Europa wandernde Verdacht, die Europäische Union tue zwar so, als sei sie für die Menschen da, tatsächlich aber verfolge sie – gänzlich »abgehoben« – rücksichtslos ihre eigenen Ziele: Er nährt sich auch davon, dass die EU so ungeheuer kompliziert ist, dass man ihre Funktionsweise selbst einem aufgeschlossenen Zeitgenossen kaum schlicht und schlüssig erklären kann. Und dass die

Verantwortlichen der EU leider so furchtbar wenig unternehmen, um an diesem Zustand etwas zu ändern. Der Verdacht ist unabweisbar, dass sie den gemeinen EU-Bürger schlicht für zu unbedarft halten, das europäische Wunderwerk zu verstehen. So wie sie ist, zieht die EU die Prediger des Verdrusses an wie das Licht die Motten.

Gewiss, in den Institutionen der EU häufen und kreuzen sich die Sprachen, alles muss übersetzt werden. Es gibt nun einmal keine gemeinsame europäische Sprache, und es wird sie noch sehr lange nicht geben. Daher bleibt der Europäischen Union nur ein uneleganter Umgang mit der Sprache – ein Dilemma so lange wie man den Mut nicht aufbringt, das Englische zur verbindlichen, einheitlichen Sprache in allen Institutionen der Gemeinschaft zu machen. Aber es mangelt offensichtlich am Willen, Worte und Begriffe zu finden, unter denen sich auch der bayerische Bauer in seinem Tal, der polnische Elektriker in Birmingham und der griechische Fischer auf Samos etwas vorstellen kann. ELER: Das ist der Europäische Landwirtschaftsfonds für die Entwicklung des ländlichen Raums und EGFL der Europäische Garantiefonds für die Landwirtschaft, während mit PHARE keineswegs Europas westlichster Leuchtturm auf dem portugiesischen Cabo de São Vicente gemeint ist. Es handelt sich vielmehr wieder um ein Akronym. Hier steht es für **P**oland and **H**ungary: **A**id for **R**estructuring of the **E**conomies – eines von drei Instrumenten, die bis zum Jahre 2007 dazu da waren, die zum EU-Beitritt bereiten Länder Mittel- und Osteuropas zu unterstützen.

Die Beispiele ließen sich nahezu endlos fortsetzen: von AA (Assoziierungsabkommen) und ADDE (Allianz für Direkte Demokratie in Europa) bis ZJIP (Zusammenarbeit in der Innen- und Justizpolitik) und ZP (Zusatzprotokoll). Nicht zu vergessen, nur – unvollständig – den Buchstaben E betreffend: EEF (Europäischer Entwicklungsfonds), EFF (Europäischer Fischereifonds), ESF (Europäischer Sozialfonds), ESM (Europäischer Stabilitätsmechanismus) und EuGH (Europäischer Gerichtshof). Der Drang, immer neue Abkürzungen zu finden, scheint so stark zu sein, dass ihm auch jene erliegen, die der Europäischen Union doch mehr Transparenz und Sinnlichkeit verschaffen wollen – wie etwa die Damen und Herren von ADDE (siehe oben). Man könnte sich des Langen und Breiten über dieses Abkürzungsunwesen, über die Berge von Sprachmüll lustig machen, die der Prozess der europäischen Einigung regelmäßig auftürmt. Doch in Wahrheit ist es ziemlich traurig. Sinn hat das Ganze ja. Denn für das Heer der europabildenden Fachleute, die sich tagtäglich in wechselnden Zusammensetzungen an wechselnden Orten Europas treffen, macht es die Sache einfach. Sie sind im Dickicht der Abkürzungen zu Hause, sie müssen sich diese Hieroglyphen nur kurz zuwerfen, um sogleich im Bilde zu sein.

Das Elend besteht darin, dass sie damit auch schon zufrieden sind. Sie bilden, im Namen eines höheren europäischen Ziels, einen *closed shop*. Das mag angesichts der Vertracktheit der europäischen Dinge nur schwer anders möglich sein. Die Fachleute müssten sich aber zumindest um Abhilfe bemühen. Ihre Leidenschaft dürfte nicht nur in das raffinierteste Gesetz und die unangreifbarste Regel fließen. Sie – oder welche europäischen Agenturen auch immer – müssten mit gleicher Leidenschaft bemüht sein, den ratlos vor dem gewaltigen EU-Gebäude stehenden Bürgern wieder und wieder zu erklären, um was es da geht. Gewiss, ein derart komplexes Gebilde wie die sich ständig wandelnde Europäische Union kann in gewisser Weise nur ein Elitenunternehmen sein. Ein gewisses Maß an Geheimdiplomatie tut ihm daher gut. Diese ist sogar eine Stärke der europäischen Einigung. Denn die Institutionen der EU nehmen sich im Prinzip die Zeit, im Alltag zwischen den Gipfeln und Großereignissen in ihrem geschlossenen, aber multinationalen, vielleicht gar multikulturellen Raum ihre Entscheidungsfindung ohne allzu großen öffentlichen Druck und ohne große öffentliche Anteilnahme zu betreiben.

Jürgen Habermas mag das nicht. In der Überzeugung, es gebe ein europäisches Volk, könne es zumindest in absehbaren Zeiten geben, plädiert er seit Langem für die volle Parlamentarisierung der Europäischen Union: mehr Volk, weniger Eliten. Er schrieb 2011: »Der europäische Einigungsprozess, der immer schon über die Köpfe der Bevölkerung hinweg betrieben worden ist, steckt heute in der Sackgasse, weil er nicht weitergehen kann, ohne vom bisher üblichen administrativen Modus auf eine stärkere Beteiligung der Bevölkerung umgestellt zu werden.«[2] Und Martin Schulz mag es auch nicht. Besucht man die Homepage des Präsidenten des Europäischen Parlaments, der sich zäh seinen Platz an den europäischen Gipfeltischen erkämpft hat, dann stößt man zuerst für einige Sekunden auf diesen sicher nicht die ganze Wahrheit abbildenden und daher sprachlich etwas wackeligen Satz, der neben dem nachdenklichen Konterfei des rastlosen Europäers steht: »Dieses Parlament ist das Herz der Demokratie auf Ebene der EU.«[3] Schulz, der Einmischer, warnt gerne, die Politik der Europäischen Union laufe Gefahr, ins 19. Jahrhunderts zurückzuführen: »Faktisch wird Europa von einem permanenten Wiener Kongress geführt.«[4] Er übergeht dabei, dass die europäische Einigung von Anfang an auch den Weg der Kabinettspolitik beschritten hat, und zwar durchaus erfolgreich. Jürgen Habermas und Martin Schulz zum Trotz: Ein bisschen Metternich kann die europäische Einigung ganz gut vertragen. Dieser war schließlich nicht der unerbittliche Reaktionär, als der er so oft gesehen wird. In beträchtlichem Maße ist ihm die fein austarierte *europäische* Friedensordnung des Wiener Kongresses von 1815 zu verdanken, die immerhin mehrere Jahrzehnte lang Bestand hatte. Metternich war nüchtern genug, um in den aufkommenden Bewegungen nationaler Begeisterung, die auf ethnisch möglichst »reine« Staaten mit absoluter (Volks-)Souveränität zielten, keinen Fortschritt, sondern eine große Gefahr für den Frieden zu sehen.[5] Die weitere Geschichte gab ihm recht.

Heute aber, im Zeitalter der Demokratie und vor allem eines weit ausgreifenden Generalverdachts gegen eine angeblich eigenmächtige und bürgervergessene Politik, können es sich auch die verantwortungsvollsten Europafachleute einfach nicht mehr erlauben, unverblümte Geheimrats- und Kabinettspolitik zu betreiben. Sie müssen sich *erklären*, immer und immer wieder. Sie stehen in einer kommunikativen Bringschuld, weniger umständlich formuliert: Sie täten gut daran, ebenso viel Zeit aufs Erläutern ihrer Tätigkeit wie auf ihre Regelwerke und ihre Vorlagen zu verwenden. Mehr noch, sie müssten ihren ausgefuchsten Beamtenelan auch darauf verwenden, den Institutionen und Verfahren der Europäischen Union wenigstens verständliche, vielleicht sogar kraftvolle, schöne Namen zu geben. Es ist zum Beispiel ein Jammer, dass man in der Europäischen Union bis heute keinen passenden, beim Zuhörer Verständnis auslösenden Begriff für eine fundamentale Besonderheit der europäischen Einigung gefunden hat: für ihre Eigenschaft, mehr und etwas anderes als ein Staat im herkömmlichen Sinne zu sein. Zwei Beispiele sollen das belegen. Für die Methode der Zusammenarbeit souveräner Staaten verwendet man den Begriff »intergouvernemental«, der – im Deutschen jedenfalls – ein Zungenbrecher bleiben muss und, wenn überhaupt, keine angenehmen Assoziationen auslöst: Man denkt eher an den Zahnarzt oder lärmende Handwerker als an ein schiedliches Miteinander von Staaten. Und dann einer der Königsbegriffe der europäischen Einigung: »supranational«. Das Wort soll ein großes Ziel umreißen, tut das aber nur negativ (und das gilt auch für die Ersatzbegriffe »transnational« und »postnational«). Es überwindet das Nationale gerade nicht, sondern kettet das Neue – feste Assoziation, aber ohne herkömmliche Staatlichkeit – an etwas Altes, die Nation. Schon 1957 hat sich der Ordnungspolitiker Wilhelm Röpke, einer der »Väter« der Sozialen Marktwirtschaft, darüber sarkastisch lustig gemacht: Er warnte vor einem »kontinentalen Supranationalismus«, der die politische Macht nur von der nationalen auf die europäische Ebene verlege.[6] Bei dieser Worte- und Begriffsschlamperei sollte es so wenig wie beim COREPER-Abrakadabra bleiben.

Auch vertrüge die Europäische Union gut ein bisschen Witz, Humor und Esprit. Da wäre von Aristide Briand (1862–1932) zu lernen, einem frühen Politiker der europäischen Einigung. Der aus dem westfranzösischen Nantes stammende Briand, der aus einfachen Verhältnissen kam, begann als radikaler Sozialist und blieb zeit seines Lebens ein linker Republikaner. Elfmal war er Ministerpräsident seines Landes und mehrfach Außenminister. Er erwarb sich Verdienste (und handelte sich scharfe Kritik ein), als er 1905 im streng laizistischen Frankreich für eine liberale Trennung von Staat und Kirche eintrat, durch die der staatliche Machtanspruch vor dem kirchlichen Bereich Halt machen sollte. Nach dem Ersten Weltkrieg, der die ganze Misere einer auf Diplomatie und Gespräch verzichtenden Politik schauerlich aufgezeigt hatte, unterstützte er den Völkerbund sowie internationale Friedensbemühungen und setzte sich dafür ein, die für Deutschland harten Bestimmungen des Versailler Friedensvertrags zu mildern. Zusammen mit dem deutschen Außenminister Gustav Stresemann schuf er die 1925 geschlossenen Verträge von Locarno, wofür beiden der Friedensnobelpreis verliehen wurde. 1930 veröffentlichte Briand die Denkschrift »L'organisation d'un régime d'union fédérale européenne« (Die Organisierung einer föderalen europäischen Ordnung), in der er für eine *lockere* Assoziation der teilnehmenden europäischen Staaten plädierte. Es wurde nichts daraus, die Staaten Europas, Deutschland voran, marschierten damals in eine ganz andere Richtung. Erst nach dem nächsten Weltkrieg wurde Briand wieder vernommen und als ein Ahnherr der europäischen Einigung geehrt.

Irgendwann schrieb er ein kleines Gedicht. Man weiß nicht, wann, und man kennt auch nicht den Ort der ersten Veröffentlichung. Denkbar ist, dass es Briand während zäher politischer Verhandlungen zur Ablenkung und zur Verbesserung der Laune hinwarf. Das Gedicht häuft lauter Nationalklischees aufeinander und tut das so hemmungslos, dass am Ende das Dementi aller Klischees steht. Die unausgesprochene, aber nicht zu überhörende Botschaft: Wenn ihr wollt, dann könnt ihr zusammen und miteinander auskommen. Das titellose Gedicht[7] lautet:

Ein Russe – ein Intellektueller
Zwei Russen – ein Ballett
Drei Russen – die Revolution

Ein Italiener – eine Mandoline
Zwei Italiener – die Mafia
Drei Italiener – die Niederlage

Ein Deutscher – ein Pedant
Zwei Deutsche – eine Kneipe
Drei Deutsche – der Krieg

Ein Franzose – ein Schwätzer
Zwei Franzosen – ein Paar
Drei Franzosen – eine Konferenz

Ein Engländer – ein Schwachkopf
Zwei Engländer – ein Match
Drei Engländer – die größte Nation der Welt

Ein Amerikaner – ein Cocktail
Zwei Amerikaner – zwei Cocktails
Drei Amerikaner – drei Cocktails.

Wenn man den leicht antiamerikanischen Soupçon am Ende abzieht, dann springt hier eine Zuversicht ins Auge, die dem heutigen EU-Personal abgeht. Dieses ist in hohem Maße korrekt, hat den Geist der Antidiskriminierung – einer der harzigsten Siege der EU – in vollen Zügen inhaliert und will stets auf ganz sicher gehen. Keine Unwägbarkeiten, keine losen Enden, kein Verharren im Vorletzten. Alles soll stets bis ins letzte Tüpfelchen geregelt sein. So trägt das ohne Zweifel gutwillige und kompetente Personal der EU selbst dazu bei, die Union als eine Veranstaltung ordnungsfanatischer, lebensfremder und menschenfeindlicher Bürokraten erscheinen zu lassen, die sich geradezu panisch vom wirklichen Leben abschirmen.

Brüssel I: Die schlanke und polyglotte Bürokratie

Es gibt Sätze, die haften bleiben wie Pech. Ein solcher Satz stammt von Günter Verheugen, der als EU-Kommissar für die europäische Osterweiterungsrunde des Jahres 2004 verantwortlich war, die er mit großem Elan betrieb. Am Ende seiner Amtszeit als Industriekommissar zog er eine bürokratiekritische Bilanz: »Mein eigener Stab sagt, 80 bis 90 Prozent seiner Arbeitszeit dient der internen Koordinierung. Man könnte überspitzt sagen, wir verbringen einen Großteil unserer Zeit damit, Probleme zu lösen, die es nicht gäbe, wenn es uns nicht gäbe.«[8] Der Satz muss denen, die das Experiment der europäischen Einigung abbrechen wollen, wie Musik in den Ohren klingen, kommt er doch von einem, der an hoher Stelle selbst Teil des Gefüges der EU war und es wissen muss. Die eingängige Wendung trifft den Sachverhalt aber nur halb. Denn sie ist gleichermaßen richtig und falsch.

Sicher trifft es zu, dass die Europäische Union in ihrer jetzigen Verfasstheit einen deutlichen Hang zum bürokratischen Überschuss, dass sie einen Regulierungsfimmel hat. Man muss gar nicht erst das Problem der Gurkenkrümmung oder das der zu normenden Ölkännchen in Restaurants bemühen, um zu wissen, dass die EU – wohlwollend formuliert – dazu neigt, zu viel des Guten zu tun. Jedoch handelt es sich dabei erst einmal nicht um ein spezifisch europäisches Problem, sondern um einen Wesenszug, der jeglicher modernen Bürokratie – wörtlich: Büroherrschaft – eigen ist. Dazu braucht es nicht die Europäische Union, da genügen jeder Nationalstaat und seine Verwaltungen. Siehe Italien: Verglichen mit dem horrenden Leerlauf, der in Italiens Amtsstuben noch immer vorherrscht und der das Beschaffen einfachster Bescheinigungen zu einem auszehrenden Hindernislauf macht, ist »Brüssel« ein schlanker, wendiger und effektiver Apparat. Bürokratie ist nun einmal von ihrem Wesen her darauf angelegt, nach allgemeingültigen Prozeduren zu verfahren. Das muss zur Verrechtlichung führen und dazu, dass schnell zu viel über einen Kamm geschoren wird. Der Einzelne, der Einzelfall, die Beweglichkeit und die Geschwindigkeit der Entscheidungsfindung leiden darunter, *that's modern life*. Der Bürger braucht die langsam und unerbittlich mahlenden Mühlen der Bürokratie, über die er sich hernach empören kann. Darin hat Max Weber schon recht: Die unverzichtbaren Eigenschaften jeder guten Bürokratie – etwa: Amt und Person müssen getrennt werden, das Verwaltungshandeln ist an Regeln gebunden und unpersönlich, alle Vorgänge müssen schriftlich und aktenkundig stattfinden – sichern eine langsame Effektivität, machen das Verwaltungshandeln aber zu einer gänzlich unauratischen Tätigkeit. In jeder Amtsstube kann man das beobachten. Wer über das »bürokratische Monster« Europäische Union schimpft, muss konsequenterweise auch über die angeblich so heimeligen nationalen Amtsstuben schimpfen.

Mehr noch: Er sollte zur Kenntnis nehmen, dass die Europäische Union keineswegs den aufgeblähten Beamtenapparat unterhält, über den die wildesten Gerüchte in Umlauf sind. Insgesamt arbeiten etwa 60 000 Menschen für die EU, davon mehr als die Hälfte für die Kommission. Sie sind (noch) für etwa 508 Millionen Bürger zuständig, auf einen EU-Beamten oder -Angestellten kommen also etwa 10 000 Bürger.[9] Zum Vergleich: Die Stadt München beschäftigt bei 1,5 Millionen Einwohnern etwa 32 000 Menschen; Hamburg, das Stadt und Bundesland ist, 75 000. In Berlin schließlich gibt es bei drei Millionen Einwohnern 104 000 Vollzeitstellen in der öffentlichen Verwaltung (rechnete man die Teilzeitjobs hinzu, läge die Zahl noch höher).[10] In Berlin stehen also einem öffentlich Angestellten statistisch nur 33,6 Bürger entgegen. Die Rede von der krakenartigen Herrschaft einer »Eurokratie« ist dummes Zeug. Der Apparat der EU, in dem 24 Sprachen gesprochen werden, ist schlank. Es ist eine schöne historische Pointe, dass das Herz der Europäischen Union in Brüssel schlägt, einer Stadt, die schon lange vor der Ankunft der EU-Bürokratie multilingual war. Und die das prächtige Zentrum eines seltsamen, späten und notorisch in sich zerstrittenen Staates ist.[11]

Die Art und Weise, wie Brüssel weit stärker als Straßburg oder gar Luxemburg zur eigentlichen Hauptstadt der Europäischen Union wurde, illustriert sehr schön einige Prinzipien der europäischen Einigung, die von Anfang an galten und weiter gelten sollten. Als 1957 mit der Unterzeichnung der Römischen Verträge das Europa der sechs Gründungsstaaten entstand, war allen Teilnehmern klar, dass die »Hauptstadt« in keinem der drei großen Staaten liegen dürfe. Und zwar aus zwei Gründen, die wieder einmal ideelles und machtpolitisches Kalkül verbinden. Erstens war vollkommen klar, dass kleine Staaten dasselbe politische Gewicht wie große haben sollten: Nur die Gleichberechtigung aller würde eine freie Assoziation glaubwürdig machen. Und zweitens waren die drei großen Staaten, Frankreich voran, sehr darauf bedacht, dass nicht ein großer Staat den Zuschlag bekommt und dadurch an Stärke noch zunimmt. Eine Mischung also aus Friedfertigkeit und *containment*. Außerdem waren die sprachliche Vielfalt und die auch dem Kolonialismus zu verdankende Vielfalt Brüssels Argumente für die Stadt an der Senne. Allerdings gab es, bis zum Amsterdamer Vertrag von 1997, nie eine förmliche Entscheidung für den Standort Brüssel. Wie so vieles auf dem Weg der europäischen Einigung ergab sie sich eher. Nicht zu vergessen die Weltausstellung von 1958 mit dem Atomium als Wahrzeichen – die zu einer großen europäischen Attraktion wurde und vielleicht die letzte Weltausstellung war, die noch ganz vom freudigen Geist des Fortschritts getragen war.

Nimmt man »Brüssel« in Augenschein, dann findet man EU-kritische Vorurteile zunächst keineswegs bestätigt. Es hat viel mit den 24 Sprachen und damit zu tun, dass im Brüsseler Apparat ganz Europa mit seinen unterschiedlichen Erfahrungen, Kulturen und Wahrnehmungsweisen zusammenkommt. Um kulturalistische Klischees zu bemühen: Der Malteser und die Finnin, die Lettin und der Portugiese, sie haben sich etwas zu erzählen. In die Vorlagen, die sie erarbeiten, fließen vielfältigere Erfahrungen ein als in Vorlagen, die in Reutlinger oder Naumburger Amtsstuben verfertigt werden. Es geht in Brüssel vergleichsweise polyglott und multikulturell zu. Das EU-Brüssel ist ein eigener, in gewisser Weise exterritorialer Ort, man ist dort nicht in dem Maße durch Herkunftsbindungen eingeengt wie »zu Hause«. Brüssel könnte ein Vorgriff auf ein Europa jenseits der Nationalstaaten sein. Man ist freier. Auch das weckt in den einzelnen Mitgliedstaaten Missmut und Missgunst. Die »Brüsseler« werden wahrgenommen, als seien sie auf einer permanenten Klassenfahrt: freie Vögel.

Brüssel II: Hort der Arroganz

Der Schriftsteller Robert Menasse hat vor einiger Zeit nach ein paar Wochen Aufenthalt in Brüssel das Hohelied auf das Herzstück der europäischen Verwaltung gesungen: »Die Kommission ist eine offene und transparente Institution.«[12] Da ist er zwar auf das Bild hereingefallen, das man in der Kommission gerne von sich selbst entwirft. Aber wahr ist doch, dass hier nicht unbedingt jene Erdenschwere vorherrscht, die wir aus nationalen Verwaltungen kennen. Um das würdigen zu können, muss man etwas von der Vorstellung abrücken, politische und administrative Institutionen seien nur dann gut und zu verantwortlichem Handeln fähig, wenn sie traditions- und herkunftsgeprägt sind, wenn sie inmitten einer langen Geschichte wurzeln. Das kann – siehe die Verwaltungen fast aller europäischer Staaten – eine bedrückende Last sein, ein *Reset* täte da manchmal gut. So gesehen, hat das EU-Brüssel beträchtliche Vorteile aufzuweisen. Es schadet nicht, dass es synthetisch, dass es – halb offene Gesellschaft, halb Geheimbund – hybrid ist. Die Europäische Union steht zwar in Kontinuität mit vielen europäischen Traditionen des Vertragswesens, der Bündnisse, der Staatenbünde – sie ergibt sich aber nicht harmonisch aus diesen Traditionen. Sie ist kein Staat, den ein Volk oder – stellvertretend für das Volk – eine Elite heiß und seit Langem herbeigesehnt hätten. Sosehr sie eine gute und überzeugende Schlussfolgerung aus den europäischen Verwerfungen der vergangenen zwei Jahrhunderte darstellt, so bedeutet sie auch Bruch und Neuanfang. Es zählt zu ihren Vorteilen, dass sie nicht »gewachsen«, sondern ein Konstrukt ist. Die Brüsseler Beamtenschaft bildet das ganz gut ab.

Doch trägt das Hybride der Europäischen Union auch ein weniger freundliches Gesicht. Wer in Brüssel ist, ist weit weg von zu Hause. Schneller als die nationalen laufen die europäischen Verwaltungen Gefahr, Bodenhaftung und Bodenkenntnis zu verlieren. Schnell werden sie noch stärker und hemmungsloser selbstbezogen. Und wie jeder Bürokratie ist ihnen notwendig der Hang eigen, nach stets größeren Kompetenzen zu streben und zu greifen: Mehr ist da immer besser. Versuche, Bürokratien zu verschlanken oder zurückzubauen, scheitern immer wieder an deren schier grenzenloser Fähigkeit, sich selbst zu behaupten und einzuigeln. Da hat Günter Verheugen schon recht: Wenn 80 bis 90 Prozent der Energien nach innen gehen, entsteht dadurch ein mächtiger Motor der Selbstbehauptung. Erschwerend kommt hinzu, dass die nach strengen Proporzregeln komponierte EU-Bürokratie eine viel größere Eigenständigkeit besitzt als nationale Bürokratien. Beamten in deutschen Ministerien, so eine oft kolportierte Pointe, sei es egal, wer unter ihnen Minister ist. Erst recht gilt das für Brüssel. Nicht nur, weil die Kommissare kommen und gehen, die Beamten aber bleiben, sondern auch, weil die Kommissare bisher nur eine äußerst begrenzte Kompetenz, etwa bei Personalentscheidungen, haben. Vor allem aber, weil der Brüsseler Beamte nicht einer Regierung unterstellt ist, sondern auf übernationaler Ebene für ein Gebilde tätig ist, das keinen Staat darstellt und dem – das ist ja das historisch Neue an der Europäischen Union – die klare Definition fehlt. Das eröffnet dem Brüsseler Beamten die Möglichkeit, das Feld seiner Kompetenzen kraftvoll und listig weiter auszudehnen – eine Möglichkeit, um die ihn die Beamten in Helsinki, Prag, Berlin und Rom sicher beneiden. Schon die europäische Sachlogik trägt dazu bei, dass Brüsseler Beamte ganz selbstverständlich bemüht sind, möglichst viele Entscheidungen an sich zu ziehen.

Auch das hat in Brüssel einen ganz besonderen Korpsgeist erblühen lassen, den man in der EU-Verwaltung auf Schritt und Tritt spürt. Es handelt sich nicht um den altertümlichen Korpsgeist einer Beamtenschaft, der es genügt, die Oberhand zu behalten und die Dinge aussitzen zu können. Es herrscht in Brüssel eher ein progressiver, tätiger, fast revolutionärer Korpsgeist. Hier wird nicht gebremst, sondern angetrieben. Man fühlt sich als Avantgarde. Und verhält sich, wie sich Avantgarden nun einmal verhalten: Man bespöttelt und verachtet die erdigen Bedenkenträger, die Zurückgebliebenen in ihren antiquierten nationalen Behausungen, die ja tatsächlich nicht immer die Hellsten und am besten Ausgebildeten sind. Die Brüsseler EU-Bürokratie kann, so sympathisch sie auch zu sein vermag, von schneidender und verächtlicher Arroganz sein. Dann schadet ihr, dass sie nicht national oder anderweitig geerdet ist. In ihren Biotopen wächst leicht die Überzeugung, man sei mit besserer Einsicht ausgestattet und habe das Recht, gar die Pflicht, sich im Namen des großen europäischen Ganzen über Zweifel hinwegzusetzen. In nicht wenigen Brüsseler Winkeln sieht man im Hinters-Licht-Führen eine Kunst, in der es zu brillieren gilt.

Verstärkt wird das noch durch eine Tendenz, die der europäischen Gemeinschaft zwar nicht angeboren, die aber im Laufe der Jahrzehnte immer stärker, ja prägend geworden ist. Obwohl keine Europa-Rede ohne das Bekenntnis zur Vielfalt des Kontinents auskommt, wohnt der EU doch längst ein großer Hang zur Vereinheitlichung inne. Die Gremien der EU beherrschen meisterhaft die Kunst, sich immer neue Felder der Regelung zu erschließen. Und zwar nicht nur da, wo es – Beispiel Medikamente – sinnvoll ist. Oft genug wird geregelt um der Regelung willen. Alles nicht Geregelte erscheint dann als eine Wüste, die mit neuen Vorschriften und Gesetzen zum Blühen gebracht werden muss. Verfassungen sind gut, wenn sie knapp bleiben. Das gilt für alle Regelwerke: Weniger ist mehr. Ein Hauptübel der heutigen Europäischen Union besteht darin, dass sie davon kaum etwas wissen will. Und auch damit das Ihre dazu beigetragen hat, die EU in Misskredit zu bringen. Übrigens nicht zuletzt bei den Briten, die so regelungsskeptisch sind, dass sie – ohne in Chaos oder Diktatur zu versinken – nicht einmal eine geschriebene Verfassung haben.

Und schließlich gibt eben doch die Brüsseler *bubble*. Darin leben die Ritter der europäischen Artusrunde, der übrigens – die Anti-Europa-Parteien abgezogen – Mitglieder unterschiedslos aller Parteien angehören. In ihrem Bubbletum haben sie *keinerlei* politische Differenzen untereinander: die Blase als ganz große Dauerkoalition. Es ist ein geschlossener Club. Wer die Grundannahmen – etwa die Überzeugung, die »immer tiefere Union« sei ein Gebot der Heilsgeschichte – auch nur bezweifelt, hat hier nicht einmal mehr am Katzentisch Platz. Er fällt mit seinem Bedenken automatisch dem Reich der Finsternis anheim. Dass es »draußen im Lande«, wie man früher sagte, Bedenken gegen »mehr Europa« gibt, hält man in der Blase für ein böswilliges Gerücht, das *die* Medien und so böswillige wie beschränkte nationale Politiker in Umlauf gebracht haben. Clubs dieser Art, etwa die »Union of European Federalists«, der Elmar Brok präsidiert, folgen oft gar keiner konkreten, in Einzelschritte übertragbaren Zielsetzung. Sie sehen, ohne dass sie das zugeben würden, ihre Aufgabe allein darin, das Grundgeräusch nicht abbrechen zu lassen, Europa an sich mit Wucht und ohne Toleranz zu predigen. Es handelt sich um surreale Organisationen, Zusammenschlüsse und Tafelrunden, die sich ausschließlich darin ergehen, sich selbst zu verstärken und damit Bedeutung zu simulieren – und endlich auch zu bekommen. Einer, der dies Geschehen aus der Nähe beobachtet, hat es gleichnishaft so charakterisiert: Zwölf Jünger sitzen um einen Tisch, auf dem ein beliebiger Gegenstand – ein Hammer, eine Säge – liegt. Jeder Jünger nimmt den Gegenstand ehrfurchtsvoll in die Hand, dreht und wendet ihn achtsam, legt ihn sorgsam zurück. Dann steigen Flammen aus seinem Kopf – siehe, er ist vom europäischen Geist beseelt. Eine Karikatur, gewiss, aber eine, die der Wirklichkeit recht nahekommt. Dieses Europa ist ein Europa zum Abgewöhnen. Vor solchen Europarettern muss man Europa retten.

Aber wie? Im Grunde recht einfach: Indem die einzelnen Mitgliedstaaten – ganz ohne Vertragsänderungen – die Europapolitik wirklich ernst nehmen und ganz vorne auf die Agenda setzen – auch und gerade auf die personalpolitische Agenda. Man müsste nur an der richtigen Stelle ansetzen, nicht in erster Linie beim Europäischen Parlament, sondern an der politischen Spitze, bei der Kommission. Diese ist heute – halb noch virtuell, halb schon tatsächlich – das wichtigste Organ der europäischen Einigung. Und sie wird an Bedeutung noch zunehmen.

Aber würde es nicht besser zu den langen europäischen Erfahrungen mit dem Parlament, die in England ihren Ausgang nahmen, passen, die Europäische Union dadurch zu stärken, dass das Parlament ein größeres Gewicht bekommt? Nicht unbedingt. Denn das Europäische Parlament, auch ein Hybrid, unterscheidet sich in einem Punkt entschieden von den bekannten nationalen Parlamenten. *Es repräsentiert kein Staatsvolk*. Das Band, das Wähler und Abgeordnete aneinanderknüpft, ist windungsreicher und brüchiger als bei anderen Parlamenten. Das Parlament »aufzuwerten«, wie es so schön heißt, führt nicht unbedingt zu mehr Demokratie, mehr Transparenz und wachsendem Bürgerkonsens. Auch deswegen nicht, weil Europa in der Vergangenheit noch nie ein Wahlkampfthema war, auch nicht in den Wahlkämpfen vor Europawahlen. Und wenn Europa dann doch einmal zu einem solchen geworden ist, dann auf negative Weise, also dadurch, dass Europagegner die EU zum Skandalisierungsthema machten. Seit 1979, seit fast vier Jahrzehnten, werden die Abgeordneten des Europäischen Parlaments direkt gewählt. Doch in keinem der acht Wahlkämpfe, die seitdem stattfanden, haben europäische Themen wirklich eine Rolle gespielt. Zu Recht fragt Peter Graf Kielmansegg rhetorisch: »Welche Frage europäischer Politik oder auch nur europäischer Gesetzgebung wäre bisher durch die Wahlen zum Europäischen Parlament entschieden worden? In manchen Mitgliedstaaten, gerade auch in Deutschland, sind die Europawahlen unter dem Gesichtspunkt der Politiksteuerung bedeutungslose Rituale, weil der Wähler niemals zwischen verschiedenen europapolitischen Positionen wählen konnte. Die Parteien präsentierten sich in diesem Ritual regelmäßig als eine europapolitische Einheitsfront.«[13]

Auf geradezu komische und höchst hintersinnige Weise wurde das im Europawahlkampf 2014 und direkt danach deutlich – obwohl es damals doch gerade darum ging, Europa als ein Streitthema, als ein Thema schmackhaft zu machen, bei dem die Bürger wirklich eine Wahl haben. Erstmals stellten die beiden großen europäischen Parteienfamilien, die Europäische Volkspartei (EVP) und die Sozialdemokratische Partei Europas (SPE), Spitzenkandidaten auf. Vor allem Martin Schulz, der durchaus auch persönlich sehr ambitionierte Präsident des Europäischen Parlaments, betrieb das Unterfangen mit großer Ausdauer. Der Sozialdemokrat und mit ihm viele Mehr-Europa-Freunde verbanden damit einige Hoffnungen. Einmal eine politisch-philosophische: Gäbe es Spitzenkandidaten, bekäme die Europapolitik endlich ein »Gesicht«, es würden nicht mehr nur die Riegen nahezu unbekannter Kandidaten ins Parlament expediert. Das würde, so die Erwartung, die europäische Temperatur aus ihrem kühlen Keller treiben, würde Spannung ins Geschäft bringen. Alles Agonale erhöht ja die Aufmerksamkeit und bindet Publikum. Zweitens sahen Martin Schulz und andere im Aufstellen von Spitzenkandidaten einen Schritt in Richtung auf mehr europäische Demokratie. Denn der siegreiche Spitzenkandidat wäre der natürliche, durch keine Kabinettspolitik mehr zu verhindernde Anwärter auf das Amt des Kommissionspräsidenten, der dann logischerweise nicht mehr ernannt, sondern allein durch das Europäische Parlament – »Aufwertung«! – gewählt würde. Und schließlich verband Martin Schulz mit dem Vorschlag sicher auch die Hoffnung, er werde am Ende dank seines für einen Europapolitiker überdurchschnittlichen Bekanntheitsgrades den Sieg über seinen Gegenkandidaten Jean-Claude Juncker von der EVP davontragen. Doch Schulz gewann nicht. Und ganz in Kontinuität mit der herkömmlichen europapolitischen Einheitsfront teilten sich Juncker und Schulz die Ämter des Kommissions- und des Parlamentspräsidenten: große Koalition. Von Arena, Agora und neuer Streitkultur kaum eine Spur.

Das Bemühen, Schwung in die Europawahl 2014 zu bringen, hat fast nichts an einer alten Erfahrung ändern können: Die Bürger haben sich bei der Wahl des Europäischen Parlaments regelmäßig nur über ihre eigene nationale Regierung geäußert und deren Politik belohnt oder bestraft. Wobei Letzteres häufiger vorkam – auch deswegen, weil die Mehrheit der Wähler in der Europawahl eine Möglichkeit sah, einerseits ihr Mütchen zu kühlen, das andererseits aber folgenlos tun zu können. Und was für die Wahl zum Europäischen Parlament gilt, gilt erst recht für die nationalen Wahlen. Die Wahlkämpfe verlaufen auch hier fast ohne Ausnahme so, als gäbe es die Europäische Union überhaupt nicht. Und wenn sie doch einmal zum nationalen Thema wird, dann fast nur negativ. Also »Brüssel«, Eurokratie, Monster, Regelungswahn – und, vor allem in Deutschland, die Unterstellung, die EU sei im Grunde nur eine Maschine der Umverteilung von den reichen auf die weniger reichen und die armen Länder. Mit Akten guten Willens wird man dem mangelnden Interesse vieler EU-Bürger an den europäischen Institutionen kaum beikommen können. Und schon gar nicht wird man sie dazu verführen können, mit größerer Neugier auf das Europäische Parlament als das angebliche Schlüsselorgan der demokratischen Gestaltwerdung Europas zu blicken. Das muss mindestens so lange höchst problematisch bleiben, wie die Europäische Union mit dem grundlegenden Prinzip der Subsidiarität so schlampig, verächtlich und letztlich feindlich umgeht, wie das heute noch üblich ist. Ein starkes Europäisches Parlament täte dann gut, wenn klar getrennt wäre zwischen dem, was Sache Europas ist, und dem, was Sache der nationalen Parlamente und Regierungen ist. Bis dahin ist es aber noch ein weiter Weg. Wäre die Kehrseite der Aufwertung des Europäischen Parlaments die Abwertung der einzelstaatlichen Parlamente zu Akklamationsorganen, dann wäre das ein gefährlicher, Europas Vielfalt bedrohender Pyrrhussieg.

So mancher will im Europäischen Parlament ein vorausgreifendes, antizipatorisches Repräsentationsorgan eines europäischen Bundesvolks sehen. Daraus kann jedoch auf längere Zeit nichts werden.[14] Denn dieses Bundesvolk gibt es nicht. Irgendwann vielleicht schon. Aber niemand sollte so tun, als stünde das kurz bevor. Erzwingen und erlisten lässt es sich jedenfalls nicht. Die Staats- und Regierungschefs der EU, also Europas Nationen, wollen inzwischen verhindern, dass auch in Zukunft Spitzenkandidaten für die Wahl zum Europäischen Parlament aufgestellt werden. Dafür gibt es, wie gezeigt, einige gute Gründe. Fatal wäre es aber, wenn die Staats- und Regierungschefs das nur anstreben, weil sie ihre Macht ausdehnen und der weiteren Vergemeinschaftung Steine in den Weg legen wollen.

Das Europäische Parlament soll einen festen und herausgehobenen Platz in der Architektur der Europäischen Union haben. Es ist aber sehr die Frage, ob es klug und richtig ist, die Notwendigkeit der Stärkung des Europäischen Parlaments mit dem viel beschworenen Demokratiedefizit der EU zu begründen. Zwar scheint noch immer jeder quasi automatisch im Recht zu sein, der nach mehr und vollkommenerer Demokratie ruft. Das ist ein Erbe und Nachhall des Rufs nach möglichst umfassender Volkssouveränität, der seit Rousseau sehr laut erschallt. Es war darin immer auch der Verdacht enthalten, jede vermittelte, jede »nur« repräsentative Demokratie bedeute eine Verfälschung des Volkswillens, der im Prinzip ganz unmittelbar zum Zuge kommen müsse. Dieses Verständnis von Demokratie hatte eine Neigung, undemokratisch zu werden. Denn es kam ohne Avantgarden, die privilegiert den »eigentlichen« Willen des Volkes kennen und dann rücksichtlos zur Geltung bringen, nicht aus. Es führte eher zu den Bolschewiki als zur pluralistischen Gesellschaft. Mehr Demokratie: Das versteht sich keineswegs von selbst, es ist in hohem Maße erklärungs- und begründungspflichtig.

Soll Demokratie nicht rohe Volksherrschaft sein, braucht sie verschlungene Vermittlungswege. Je verschlungener, je unübersichtlicher, desto besser. Der Souverän kommt gewissermaßen nur dann wirklich zu Wort, wenn er nicht *unmittelbar* zu Wort kommt. Das passt gut zum Modus der Europäischen Union. Es ist schon nicht einfach, in nationalen Parlamenten den Volkswillen zu keltern. Wer wagt schon zu beurteilen, ob die Abstimmungen im Deutschen Bundestag zur Eurorettung wirklich im Interesse des deutschen Volkes waren? Um wie viel schwieriger muss es im Europäischen Parlament sein, die *volonté générale* von (noch) 28 Staaten zu ermitteln, die – bis auf Weiteres – keinen gemeinsamen Erfahrungs- und Erlebnisraum und daher mit Sicherheit auch keinen gemeinsamen politischen Raum bilden? Man kann nicht so tun, als sei das Europäische Parlament die einzig und letztgültig legitime Vertretung der Völker Europas. Es ist, zumindest noch, ein Gremium, in dem die Mitgliedstaaten der EU zwar um Gemeinsamkeiten ringen, in dem die Abgeordneten aber immer noch als Repräsentanten ihrer Nation, nicht der Gemeinschaft zusammensitzen und in schwer überschaubaren Parteienbündnissen zusammengebunden sind.

Solange das so ist, braucht die EU nicht mehr Demokratie. Die Europäische Union und ihre Vorläufer sind keine Volksschöpfung. Ja nicht einmal Konstrukte, hinter denen ein wirklich starker Wille der Völker gestanden hätte. Es war richtig, dass die EU kabinettspolitisch herbeifinassiert worden ist. Nicht das geringste Verdienst der Schöpfer der europäischen Einigung ist es, dass sie sich trauten, die Waage zu halten zwischen dem Postulat demokratischer Beteiligung und dem entschiedenen Willen, auf jeden Fall eine übernationale Ordnung zu schaffen. Auf im strengen Sinne demokratischem Wege wäre die Europäische Union nie zustande gekommen. Deswegen sollten die beteiligungsgierigen Abgeordneten des Europäischen Parlaments ihren Ruf nach mehr Demokratie in der EU tunlichst herunterdimmen. Denn sie verkörpern noch längst nicht so etwas wie einen europäischen *demos*, einen von »unten kommenden« europäischen Willen. Sie bleiben bis auf Weiteres ein zusammengewürfelter Haufen. Ist dieser in der Lage, Gemeinsames zu entwickeln: umso besser. Wenn er das schafft, hat das aber nicht mit (mehr) Demokratie, sondern damit zu tun, dass er es versteht, Interessen gut zu bündeln.

In ihrem Grundriss changiert die Europäische Union zwischen Kabinettspolitik und Souveränitätsdenken im herkömmlichen Sinne. Die raumgreifende und unerbittliche Idee der Demokratie auf sie zu übertragen hieße, die Union zu überfordern. Daher passt es gut zur europäischen Einigung, dass sie ein Demokratiedefizit hat. Anders formuliert: dass sie nicht im Stahlgewitter der Völker steht.

Nur die Besten sind gut genug

Ein besserer Weg, der Europapolitik Aufmerksamkeit zu verschaffen und das Interesse der Bürger an ihr zu wecken, wäre es, der EU-Kommission mehr Profil zu geben. Nicht durch neue Regeln, sondern – ganz im Rahmen dessen, was heute schon möglich ist – durch größere Sorgfalt bei der Auswahl der Kommissare und der Zusammensetzung der Kommission. Bisher war sie, nicht sonderlich polemisch formuliert, so etwas wie ein Abfallprodukt. Jeder der ursprünglich sechs und heute 28, bald vielleicht 27 Mitgliedstaaten bestimmte »seinen« Kommissar nach der Logik und den je aktuellen Gegebenheiten seiner nationalen Politik. Zwar kommt es durchaus – und zwar in zunehmendem Maße – vor, dass bei der Auswahl die Europaaffinität und -kenntnis der Kandidaten eine Rolle spielen. Aber das ist es bisher nicht, worauf es vor allem ankommt. Es sind zumeist ganz europaferne Gründe, die zu den Entscheidungen führen. Der Kandidat, der am Ende ausgewählt wird, ist gewissermaßen die Resultante aus einem jeweiligen nationalen politischen Kräfteparallelogramm. Zwar gilt längst nicht mehr die alte Regel: Hast du noch einen Opa, dann schick' ihn nach Europa. Aber noch immer ist es nicht die erste Garnitur, die nach Brüssel geschickt wird und die nach Brüssel will. In der Regel fällt die Entscheidung nicht für die am besten Geeigneten und Qualifizierten. Donald Tusk etwa, ein guter Ratspräsident, kam in dieses Amt erst, als er den Zenit seiner politischen Karriere in Polen überschritten hatte.

Die Kriterien sind andere. Mal gibt es einen verdienten Politiker, der aber leider die vergangene Landtagswahl verloren hat, zu versorgen. Mal resultiert die Wahl aus dem Proporz innerhalb der Regierungskoalition. Oder es gilt, einen Politiker durch die Abschiebung nach Europa daran zu hindern, Machtansprüche – auf einen Parteivorsitz oder gar das Amt des Regierungschefs – wirkungsvoll anzumelden. 2010 wurde der Schwabe Günther Oettinger in der Kommission Barroso II Kommissar für Energie. Der Ministerpräsident von Baden-Württemberg war zuvor nie durch ein besonderes Interesse an der europäischen Einigung aufgefallen. Eher dadurch, dass ihm einige politische Fehlgriffe unterliefen (zum Beispiel eine Trauerrede auf Hans Filbinger, in der er behauptete, dieser sei kein Nationalsozialist gewesen). Er konnte sich dadurch aus der Schusslinie der öffentlichen Kritik ziehen und sich vor seinen innerparteilichen Gegnern retten, dass ihn Bundeskanzlerin Angela Merkel Ende 2009 als EU-Kommissar vorschlug, vermutlich in der Annahme, er werde in dieser Funktion ihr getreuer Gefolgsmann werden. Gegen Deals und Manöver dieser Art kann man kaum grundsätzlich etwas einwenden, Politik funktioniert nun einmal so, zu beträchtlichen Teilen jedenfalls. Doch in der europäischen Personalpolitik geschieht das entschieden zu häufig, viel häufiger als bei nationalen Regierungsbildungen. Gewiss, es gibt kein Bundeskabinett und kein Kabinett eines beliebigen EU-Mitgliedstaates, in dem nicht auch Minister sitzen, die Versorgungsfälle oder nach Länder- und Parteiflügelproporz zu ihrem Amt gekommen sind. Aber die Eignung spielt eine zumindest ebenso große Rolle. Man stelle sich nur vor, die Bundesregierung würde nach dem Prinzip der EU-Kommission zusammengesetzt. Das hieße, jedes einzelne der 16 Bundesländer müsste im Kabinett mit einem Minister vertreten sein – undenkbar. Eine solche landsmannschaftliche Regierung würde zu Recht als verzopftes Kabarettkabinett verspottet.

 Es wäre den Staats- und Regierungschefs sowie den Regierungen der EU-Mitgliedstaaten ein Leichtes, von dem bisherigen verächtlichen Verfahren, die Kommissare zu bestimmen, Abschied zu nehmen. Sie müssten nur auf ein paar Scharaden und die versorgende Unterbringung verdienter oder gefährlich gewordener Politiker verzichten. Sie müssten bloß den politischen *Willen* haben, nur die Besten nach Brüssel (und übrigens auch ins Europäische Parlament) zu entsenden. Um damit zu zeigen, dass ihnen Europa wichtig ist. Und um die Bürger durch eine farbige, pralle Zusammensetzung der Kommission für Europa zu interessieren und zu beweisen, dass die Europäische Union nur in den besten Händen gut aufgehoben ist. Es sollte zum Beispiel etwas ganz Normales werden, dass eine Regierungschefin oder ein herausgehobener Minister in der Blüte seiner Schaffenskraft nach Brüssel wechselt. Warum hat Angela Merkel nie versucht, Präsidentin der EU-Kommission zu werden? Warum waren sich Nicolas Sarkozy und François Hollande zu schade für Brüssel? Warum wollte Viktor Orbán – ja, auch er hätte etwas beizutragen – nie EU-Kommissar werden? Warum Tony Blair oder David Cameron so wenig wie Matteo Renzi oder Alexis Tsipras oder Robert Fico? Bei einigen bekäme man zu hören, sie würden noch in ihrem Land gebraucht. Das genau ist die europäische Misere. Die wichtigen Leute werden wo auch immer gebraucht, nur nicht für die Europapolitik. Es gilt, diese Rangfolge umzukehren. Das bräche zwar mit vielen Gewohnheiten, wäre aber ohne Kosten und ohne institutionelle EU-Reformen von heute auf morgen möglich. Wir müssten es nur wollen.

Ein zartes Pflänzchen wächst ja auch schon. In der zweiten von dem Portugiesen José Manuel Barroso geleiteten EU-Kommission, die von 2010 bis 2014 im Amt war, saßen zwei ehemalige Ministerpräsidenten: Barroso selbst und Siim Kallas, 2002/03 Ministerpräsident Estlands. Da ist die EU-Kommission heute schon bedeutend weiter. Nicht mehr zwei, sondern vier Kommissare waren in ihren Ländern Regierungschefs gewesen: Kommissionspräsident Jean-Claude Juncker, fast 18 Jahre lang Premierminister von Luxemburg; Jyrki Katainen, 2011–2014 finnischer Ministerpräsident und nun als einer der Vizepräsidenten der Kommission zuständig für Beschäftigung, Wachstum, Investitionen und Wettbewerbsfähigkeit; Valdis Dombrovskis, 2009–2013 lettischer Ministerpräsident und heute als einer der Vizepräsidenten der Kommission zuständig für Euro und sozialen Dialog; und Andrus Ansip, 2005–2014 Ministerpräsident von Estland und heute als einer der Vizepräsidenten der Kommission mit dem digitalen Binnenmarkt befasst.

Immerhin, eine Steigerung der Ministerpräsidentenquote um 100 Prozent. Mehr noch: Der gegenwärtigen Kommission gehören – angefangen beim ersten Vizepräsidenten, dem Niederländer Frans Timmermans – mehrere kraftvolle Persönlichkeiten an, die sich vom herkömmlichen Europaapparatschik wohltuend abheben und die mit Europa etwas anderes im Sinn haben als »mehr Europa«. Dass – eine Neuerung Timmermans' – heute jedes neue Vorhaben, das eine der Generaldirektionen auf den Weg bringen will, von mehreren Kommissaren geprüft und dann zustimmend oder abschlägig beschieden wird, hat immerhin zu einer Reduzierung neuer Vorhaben um mehr als 70 Prozent geführt: Weniger ist mehr.

Doch keiner der ehemaligen Ministerpräsidenten in der Kommission kommt aus einem bevölkerungsreichen und großen Mitgliedsland. Nur einer, Juncker, repräsentiert ein – freilich winziges – Gründungsland der europäischen Einigung. Das nördlichste EU-Land und zwei baltische EU-Staaten sind vertreten. Die Mitte und der Süden fehlen. Ebenso die großen Sprachen Europas. Noch deutlicher wird das Missverhältnis, wenn man in die Zahlen geht. Die Staaten der vier ehemaligen Ministerpräsidenten haben zusammen etwas mehr als neun Millionen Einwohner. Das ist ein Anteil von knapp 1,8 Prozent der insgesamt (noch) 508 Millionen EU-Bürger. Ein Anzeichen dafür, dass manche kleinere und kleine Staaten die Europäische Union vielleicht ernster nehmen als die großen. Und sicher ein schlagender Beweis dafür, dass die großen Mitgliedstaaten in der Regel immer noch schludrig sowie ohne Ernst und Leidenschaft mit der europäischen Einigung umgehen.

 Das könnte, wie gesagt, leicht und weitgehend kostenneutral

geändert werden. Die EU steckt in einer schweren Krise, und viele glauben, aus dieser könne Europa nur durch einen gewaltigen Kraftakt, der einer Neugründung gleichkäme, herausfinden. Dieser aber sei gegenwärtig unmöglich, daher müsse wohl alles beim Alten bleiben. Muss es nicht. Die Kommission könnte leicht mit etwas Glanz und Strahlkraft ausgestattet werden. Das Schöne an der Europäischen Union zeigt sich auch hier: Sie muss nicht neu geschaffen, neu begründet werden. Sie muss nur das tun, was ohne große Mühe möglich ist und was ihren Regularien wie ihrer grundlegenden Philosophie zufolge ohnehin vorgesehen ist.

Was daraus folgt

Die Europäische Union erklärt sich nicht, sie macht sich nicht verständlich. Schon die Namen ihrer Organisationen sind für die überwältigende Mehrzahl der EU-Bürger Abrakadabra. Dieses Geheimratsverhalten passt nicht ins Zeitalter der Demokratie. Die EU steht in einer kommunikativen Bringschuld. Die kann sie – nahezu kostenneutral – einlösen, wenn sie nur will.

Der Apparat der Europäischen Union ist nicht aufgebläht, sondern schlank. Er verfügt über eine polyglotte Schar von Beamten und Fachleuten, die Veränderungen gegenüber oft aufgeschlossener sind als ihre nationalen Kollegen. Das ist eine Stärke der Europäischen Union. Aber auch ihr Problem. Brüsseler Beamte sind noch fähiger als nationale Beamte, möglichst viele Kompetenzen an sich zu ziehen. Der EU ist deswegen ein Hang zur Überregulierung eingebaut. Und weil Brüsseler Beamte keinem Regierungschef unterstellt sind, schränken sie die Entscheidungsmacht der *politisch* Verantwortlichen – etwa der Kommission – beträchtlich sein. Das kann nicht so bleiben, denn die EU soll ein politisches Gebilde, keine Beamtenpfründe sein. Die Kommission muss das Sagen haben, sie muss ermächtigt werden.

Dieser Prozess kann ohne institutionelle Veränderungen in Gang gesetzt werden. Es beginnt mit der Auswahl des Personals. Solange noch jeder der Mitgliedstaaten einen Kommissar stellt, gilt es, mit viel größerer Sorgfalt als bisher das Personal auszuwählen. Nicht das Proporzverfahren, sondern die Suche nach den Besten muss die Findungsmethode werden. Die Zahl der politischen Köpfe in der Kommission muss deutlich zunehmen. Die Kommission soll erste Liga sein. Europa bringt sich in Misskredit, wenn sich seine nationalen Größen und Regierungschefs zu schade für die Brüsseler Bühne sind. Auch das kann heute schon ohne Vertragsmodifikationen geändert werden. Man muss sich nur darauf einigen, es zu wollen.

Dabei wird es aber nicht bleiben können. Die Europäische Union ist zwar kein Staat. Will die Kommission ein in ganz Europa sichtbares Gremium werden, dann muss sie ihren paritätischen Repräsentativcharakter abstreifen. Sie wird etwas mehr europäische Regierung und etwas kooperativer werden müssen. Mehr Kabinett als Club oder Kollegium. Dazu müssen Kompetenzen in der Kommission noch entschiedener als bisher gebündelt und hierarchisiert werden – auch das ist ohne Vertragsänderung möglich.

Der bessere Weg könnte es sein, das verzopfte Prinzip aufzugeben, dass jeder Mitgliedstaat einen Kommissar entsendet. Das wäre vor dem Hintergrund der heutigen EU-Mentalitäten eine wahre Revolution. Denn es bräche mit einem Prinzip, an dem in den vergangenen Jahrzehnten zwar immer wieder gerüttelt worden ist, das aber als heilig galt: an dem Prinzip, dass jeder Staat – egal ob groß, klein oder winzig – gleich zählt. Diese notwendige Revolution setzt zweierlei voraus: eine Veränderung der Verträge, was eine sehr schwierige Aufgabe ist. Und einen haltbaren Konsens, der ein neues Vertrauen zwischen den Mitgliedstaaten schafft und eisern am respektvollen Umgang mit den kleineren und kleinen Staaten festhält. Dies wird die schwierigste Aufgabe werden.

3. Kapitel

Kein Land ist eine Insel. Werden sich die Briten wirklich vom Kontinent abwenden?

Mind the gap

Wenn ein Zug der Londoner U-Bahn eine Station erreicht, ruft im Moment, in dem sich die Türen öffnen, aus dem Lautsprecher eine weibliche Stimme: »Mind the gap between the train and the platform.« (Achten Sie auf den Abstand zwischen dem Zug und dem Bahnsteig.) Der Abstand beträgt etwa 20 bis 30 Zentimeter. Der *gap* zwischen Großbritannien und dem Kontinent ist beträchtlich größer, und es scheint, als habe die Entscheidung der Briten, die Europäische Union zu verlassen, mit unerwarteter Drastik verdeutlicht, dass dieser Abstand noch sehr viel ausgeprägter ist, als selbst Pessimisten bisher vermutet hatten. Die Briten haben sich, wenn auch nur mit knapper Mehrheit, von der EU abgewandt, zu der sie noch nie eine sehr innige Beziehung unterhalten hatten.

Das britische »No« vom 23. Juni 2016 stellt einen schweren Schlag für die europäische Einigung dar. Aber auch, ganz konkret, für die Briten und andere Europäer. Es wird nun – so oder so – schwierig werden im Verhältnis zwischen Insel und Kontinent. Es wird zu wirtschaftlichen Verrenkungen und wahrscheinlich auch Schäden kommen, für beide Seiten. Mag sein, dass man sich fremder wird und noch weiter auseinanderrückt. Für Irland mit einer zukünftigen EU-Außengrenze mitten auf der Insel könnte es schwer werden, schon dräut auch eine – proeuropäische – Sezession Schottlands. In Großbritannien hat das Votum, das ältere britische Wähler entschieden haben, den in allen modernen Gesellschaften schwelenden Konflikt zwischen Jungen und Alten neu und auf hässliche Weise befeuert. Es könnte sein, dass die Entscheidung der Briten für ein wieder unbeschränkt souveränes »Little England« die Kluft zwischen Stadt und Land, zwischen dem multikulturellen Teil und dem *parochial*, dem provinziellen Teil, noch breiter macht. Es ist nicht mehr auszuschließen, dass die zwischen Pro- und Anti-EU-Haltung hin- und hergerissene Labour Party an dieser Frage auseinanderbricht und damit die mehr als hundertjährige Geschichte einer großen Partei endet. Und es ist auch nicht ausgeschlossen (obgleich nicht wahrscheinlich), dass das britische Nein zur EU auch in anderen Staaten Europas jenen Mut zum Referendum macht, die in der Europäischen Union ein Völkergefängnis sehen. Und dass dann am Ende die faktische Auflösung der EU steht. Zum ersten Mal hätte damit ein europäischer *demos* kraftvoll seine Existenz bewiesen – in der Negation.

All das kann geschehen. Es muss aber nicht geschehen, und es ist nicht einmal wahrscheinlich, dass es so kommen wird. Denn anders, als die noch immer nicht einsichtig werdenden Durchhalte-Europäer behaupten, ist der Austritt der Briten aus dem Club erst einmal keine Katastrophe. Als solche empfinden ihn vor allem jene, die die Europäische Union heilsgeschichtlich überhöhen, sie sakralisieren und jeden Auszug aus ihren heiligen Hallen für ein Schwerverbrechen halten. Wie bereits Grönland im Jahr 1985, haben nun die Briten, die in der EU etwas mehr ins Gewicht fielen, von einer alten Clubregel Gebrauch gemacht: Wo man eintreten kann, da kann man auch wieder austreten. Das ist – obschon es in der britischen Leave-oder-Remain-Kampagne oft außerordentlich wüst und aggressiv zuging – kein Liebesentzug, sondern eine politische Entscheidung, die zu respektieren ist. Und aus der man lernen kann und sollte. Will man verstehen, wie es zum britischen Exit-Wunsch kam, muss man sich die neuere und dann auch die ältere Geschichte der britisch-kontinentalen Verwicklung vergegenwärtigen. Die britischen Motive, die EU verlassen zu wollen, haben eine lange Vorgeschichte. Diese fällt weit mehr ins Gewicht als die britisch-kontinentalen Fingerhakeleien der vergangenen drei Jahrzehnte.

Reif für die Insel?

Die europäische Einigung war nie ein Projekt, für das Briten hätten schwärmen oder auch nur glauben können, ohne es hätten sie keine Zukunft. Von den – wenn man so will – drei großen europäischen Siegermächten des Zweiten Weltkriegs war nur die britische wirklich ein Sieger. Nur sie hatte – im Gegensatz zu Frankreich und Polen – *als Staat* entscheidend zur Niederlage von NS-Deutschland beigetragen. Frankreich war bestenfalls ein halber Sieger, und Polen konnte, vom Deutschen Reich besetzt und zerschlagen, zwar in Gestalt der Exilarmee im Verbund mit der britischen Armee zum Sieg beitragen, aber eben nicht selbst als Staat. Die Idee der europäischen Einigung passte gut zu Westeuropa, jedoch weniger gut zu Großbritannien. Westeuropa war verwüstet, auch moralisch, und das betraf vor allem, aber nicht nur Deutschland. Ein gemeinsamer Neubeginn, der die lange Geschichte des Staatenstreits und die kürzere des Nationalismus hinter sich lassen sollte, leuchtete ein, fast möchte man sagen: unmittelbar. Zukunft: Das konnte hier nur Neustart, nur Bruch sein. Eine politische Form dafür war das europäische Projekt. Die Briten dagegen, auch sie vom Krieg entkräftet, aber nicht erschüttert, brauchten keinen Bruch. Sie konnten sich bestätigt fühlen, sie sahen sich in guter Kontinuität mit ihrer eigenen Geschichte. Es gab für sie kaum einen vernünftigen und schon gar keinen emotionalen Grund, sich auf den Kontinent zuzubewegen.

Als Winston Churchill am 19. September 1946 an der Zürcher Universität seine schnell berühmt gewordene Rede hielt, in der er zur Gründung einer Art Vereinigter Staaten von Europa aufrief, machte er zugleich unmissverständlich die Kluft deutlich, die Großbritannien auch weiterhin vom Kontinent trennen [illegible]gann mit einer ernsten Captatio benevolentiae: »Ich [illegible]ute über Europas Tragödie zu Ihnen sprechen. Dieser [illegible]tinent, der alles in allem die schönsten und kultivier[illegible]egenden der Welt umfasst und ein gemäßigtes, ausgegli[illegible]nes Klima genießt, ist die Heimat aller großen Muttervölker *(parent races)* der westlichen Welt.« Das alles, fuhr Churchill fort, sei durch »teutonisches Machtstreben« und »eine Reihe nationalistischer Streitigkeiten« fast zerstört worden – Rettung sei aber möglich. Und so entwarf der ehemalige und zukünftige Premierminister eine Vision, die jedem Mehr-Europa-Politiker noch heute wie Manna anmuten muss: »Welches ist dieses Heilmittel? Es ist die Neuschöpfung der europäischen Völkerfamilie, oder doch so viel davon, wie möglich ist, indem wir ihr eine Struktur geben, in welcher sie in Frieden, in Sicherheit und in Freiheit bestehen kann. Wir müssen eine Art Vereinigte Staaten von Europa errichten. Nur auf diese Weise werden Hunderte von Millionen sich abmühender Menschen in die Lage versetzt, jene einfachen Freuden und Hoffnungen wieder zu erhalten, die das Leben lebenswert machen.«[1]

Die Zuhörer waren ergriffen. So ergriffen, dass fast niemand von ihnen auffiel, dass Churchill sein Großbritannien keineswegs als Teil dieser Art von Vereinigten Staaten sah. Denn seine generöse Rede endete so: »Bei all diesen dringenden Aufgaben müssen Frankreich und Deutschland zusammen die Führung übernehmen. Großbritannien, das britische Commonwealth, das mächtige Amerika und, so hoffe ich wenigstens, Sowjetrussland – denn dann wäre tatsächlich alles gut – sollen Freunde und Förderer des neuen Europa sein und dessen Recht, zu leben und zu leuchten, beschützen. Darum sage ich Ihnen: Lassen Sie Europa entstehen!«[2] Das war zwar nicht unbedingt von oben herab gesagt, einen paternalistischen Zug hatte es aber schon. Wie Churchill wäre es damals auch kaum einem seiner Landsleute eingefallen, sich mit den Kontinentaleuropäern gemein zu machen. Die Briten brauchten den europäischen Weg nicht.

Später beschritten sie ihn doch, von der Not getrieben. Sie taten das aber nüchtern, ohne jede Beimengung jener visionären Schwärmerei, die auf dem Kontinent von Anfang an das gefühlige Pendant zum sachlichen Geschäft der europäischen Einigung war. Reine Nützlichkeitserwägungen brachten die Briten dazu, ihre Meinung zu ändern. Zum einen wurde in den 15 Jahren nach dem britischen Sieg im Zweiten Weltkrieg allmählich die Einsicht unabweisbar, dass das Britische Empire bröckelte. 1922, zur Zeit seiner größten Ausdehnung, lebten 458 Millionen Menschen im Empire, nun ging die Zahl drastisch zurück. Das riesige Indien erreichte die Unabhängigkeit, auch in anderen Teilen des Empires waren die antikolonialen Bewegungen erfolgreich: lauter Abschiede. Und in der Suezkrise 1956 musste das Vereinigte Königreich auf demütigende Weise erfahren, dass es nicht mehr Weltmacht war und militärisch nur noch im Verbund mit den USA international Gewicht hatte.

Zum anderen brachte die Europäische Freihandelsassoziation (EFTA), der Großbritannien seit 1960 als Gründungsmitglied angehörte, dem stagnierenden Land nicht den gewünschten wirtschaftlichen Aufschwung. Die Europäische Wirtschaftsgemeinschaft (EWG) war – damals – erfolgreicher. Das führte zum Meinungsumschwung in der britischen Regierung. 1961 erklärte der konservative Premierminister Harold Macmillan im Unterhaus, das Land habe um seines wirtschaftlichen Überlebens willen im Grunde keine andere Wahl mehr, als einen Antrag auf Aufnahme in die EWG zu stellen. Kaum war das geschehen, mussten die Briten auch schon ihre erste negative Erfahrung mit der europäischen Gemeinschaft machen. Frankreichs Staatspräsident de Gaulle, der für ein Frankreich nur den Platz der einzigen Führungsnation in der Gemeinschaft sah, blockierte mit seinem Veto über Jahre hinweg den Beitritt Großbritanniens. Des Landes, das anderthalb Jahrhunderte zuvor entscheidend geholfen hatte, Frankreich von seinem ruinösen Herrscher Napoleon zu befreien. Und das im folgenden Wiener Kongress aus Vernunft wie aus Achtung vor der französischen Nation auf jede Revanche verzichtet hatte.

Obwohl 1975 eine deutliche Mehrheit von 67 Prozent in

einem Referendum dem zwei Jahre zuvor erfolgten Beitritt zur EWG zustimmte, war der europäische Weg anfangs höchst umstritten. Stolz und Kalkül waren im Spiel. Es widerstrebte dem insularen Selbstbewusstsein, als Mitglied einem kontinentalen Bündnis angehören zu sollen. Sich einmischen, aber apart zu bleiben: Das hatte eine lange und zumeist erfolgreiche Tradition in Großbritannien, von der sich das Land keineswegs verabschieden wollte. Zumal die EWG ein Gebilde war, das mit dem Geist des Vereinigten Königreichs kaum vereinbar zu sein schien. Mit britischen Augen war klar zu erkennen, worauf die europäische Einigung hinauslaufen sollte und würde: auf eine Staatwerdung, auf einen neuen Superstaat. Das war das Letzte, was man auf der Insel wollen konnte. Großbritannien sollte in der europäischen Gemeinschaft nicht aufgehen – diese sollte vielmehr dem Land nur nützlich sein. Den Freihandel zu fördern und zu entfalten, das war für die Briten der nahezu einzige Sinn, den sie in der EWG sahen. Die europäische Gemeinschaft sollte in erster Linie als eine große Freihandelszone fungieren.

Die Briten haben daraus nie ein Geheimnis gemacht. Ob Tory oder Labour: Alle britischen Premierminister haben sich hier ganz eindeutig geäußert. Man kann das gut ihren Europareden entnehmen. James Callaghan 1977: Erhalt der Souveränität der nationalen Regierungen und der nationalen Parlamente, stärkere Kontrolle der Tätigkeit der Gemeinschaft. John Major 1993: Es sei an den Nationen, Europa zu bauen, und nicht an Europa, die Nationalstaaten zu ersetzen; die Gemeinschaft brauche mehr Flexibilität. Tony Blair 2003: Die Gemeinschaft müsse eine *union of nations* sein, kein europäischer Superstaat. Es gehe vor allem um die Verbesserung der Wettbewerbsfähigkeit und den Ausbau des Binnenmarktes. David Cameron 2013: Mehr Flexibilität sei nötig, und jedem EU-Staat müsse es freistehen, an weiteren Integrationsschritten teilzunehmen oder nicht, ohne deshalb benachteiligt zu werden.[3]

Am grundsätzlichsten von all diesen Reden fiel die aus, die Margaret Thatcher 1988 in Brügge hielt. Thatcher, die einst aktiv in der Kampagne für den EU-Beitritt gekämpft hatte, galt damals auf dem Kontinent weithin als Europaskeptikerin, wenn nicht gar Feindin der europäischen Einigung. Ihre Brügger Rede erzählt eine andere Geschichte. Margaret Thatcher lehnte nicht die europäische Einigung ab, wohl aber den anmaßenden Anspruch vieler, die europäische Gemeinschaft sei gewissermaßen die alleinige Besitzerin Europas. Sie sagte. »Die europäische Gemeinschaft ist *ein* Ausdruck europäischer Identität, nicht aber der einzige. […] Wie andere haben auch wir unseren Blick auf weitere Horizonte gerichtet, und ich danke Gott dafür. Denn als beschränkter, nur nach innen blickender Club hätte Europa niemals prosperiert. Die europäische Gemeinschaft gehört *allen* ihren Mitgliedstaaten. Sie muss die Traditionen und Hoffnungen *aller* ihrer Mitgliedstaaten spiegeln.«

Und Thatcher fuhr fort: »Lassen Sie mich ganz klar sein. Großbritannien träumt nicht von einer heimeligen, isolierten Existenz am Rande der europäischen Gemeinschaft. Unsere Bestimmung liegt in Europa, als Teil der Gemeinschaft. Das heißt aber nicht, dass unsere Zukunft nur in Europa liegt – und das gilt auch für Frankreich, Spanien und jeden anderen Mitgliedstaat. Die Gemeinschaft ist kein Ziel an sich. Auch ist sie keine institutionelle Vorrichtung, die ständig nach dem Diktat eines abstrakten intellektuellen Konzepts modifiziert werden muss. Auch soll sie nicht durch endlose Regulierungen erstarren. Die europäische Gemeinschaft ist ein praktisches Instrument, durch das Europa in einer Welt, in der es viele andere mächtige Nationen oder Zusammenschlüsse von Nationen gibt, seinen Bürgern Wohlstand und Sicherheit garantieren kann.«[4] Das ist von nüchterner Klarheit und leuchtet unmittelbar ein. Wie es auch evident ist, dass die regelungsfreudige und vielfach umgemodelte Europäische Union heute weit davon entfernt ist, ihren Bürgern unionsweit Wohlstand und Sicherheit zu garantieren. Die Einsicht ist unabweisbar, dass es für die Briten gute Gründe gab, dem europapolitischen Heilsversprechen nicht auf den Leim zu gehen.

Ein verpasstes Rendezvous

Allerdings haben die Briten die hässlichen Züge der europäischen Gemeinschaft auch weidlich genutzt, um sich in ihrer Distanz bequem einzurichten. Es begann mit ihrer scharfen Kritik an der subventionsdurchtränkten Agrarpolitik der Gemeinschaft. Eine völlig berechtigte Kritik, hatte das doch nichts mit Freihandel zu tun. Großbritannien tat sich damit freilich leicht, denn die Landwirtschaft spielte auf der Insel wirtschaftlich keine große Rolle mehr. Wenn britische Regierungen dies und das an der Gemeinschaft monierten, taten sie oft so, als gehörten sie eigentlich nicht dazu. Verärgert oder amüsiert kritisierten sie das europäische Geschehen gewissermaßen vom Rande des Spielfelds her. Großbritannien war der EU-Mitgliedstaat, der – auch unter Labour – die klarste ordnungspolitische Linie verfolgte, also die Staatstätigkeit zu begrenzen suchte, unternehmerische Freiheit förderte und auf die Kräfte des Einzelnen setzte. Das trennte das Land fast vom ganzen Rest der Gemeinschaft. Doch so wie Deutschland und die wenigen anderen EU-Staaten, die ordnungspolitisch nicht ganz unmusikalisch sind, viel zu wenig taten, um für die britischen Bedenken zu werben – so tat auch Großbritannien nicht eben viel, um in der EU deutlich zu machen, dass ordnungspolitische Klarheit ein Grundstein von Erfolg und Wohlstand ist. Ganz entsprechend dem britischen Sonderbewusstsein lebte man nebeneinander her. Wie die Südländer Europas den Briten ein Graus waren, so mussten umgekehrt die Briten in vielen Mitgliedstaaten der EU als notorische Quälgeister erscheinen.

Hier wird ein grundlegender Mangel der Europäischen Union deutlich, der zwei einander komplementäre Seiten hat. Er besteht zum einen darin, dass in der EU durch die Wirtschafts- und Währungsunion sowie durch die zahlreichen Versuche, dem Club eine endgültige Gestalt zu geben, ein Zug auf die Gleise gesetzt wurde, der – allen Bekenntnissen zu Freiheit und Freihandel zum Trotz – in Richtung Regulierung und vermehrter Staatstätigkeit fährt. Und zum anderen darin, dass man sich in der Europäischen Union darüber nicht offen ausgetauscht und gestritten hat. Man hat vielmehr Formelkompromisse gesucht, die beiden Seiten – den Anhängern des Freihandels wie denen gesteigerter Staatstätigkeit – recht gab. So endete man regelmäßig im Patt oder genauer: beim leichten Vorteil für die etatistische Seite. Der Formelkompromiss, der manchmal auch sein Gutes haben kann, ebnete hier den Weg in die Hölle. Und es ist auch die Schuld der britischen Regierungen, dass sie das letztlich haben laufen lassen – nach dem Motto: So sind sie nun einmal auf dem Kontinent. Die Briten haben keine ordnungspolitischen Debatten in der EU erzwungen.

Mehr noch: Sie haben die Verwässerung der Europäischen Union aktiv betrieben. Schon als die europäische Einigungsbewegung ein paar Jahre nach dem Ende des Zweiten Weltkriegs allmählich auf die Beine kam, gab man intern im Londoner Foreign Office die Devise aus: »Embrace destructivly«, umarmt sie zu Tode. Immer dann, wenn später eine Erweiterung der EU anstand, konnte es den Briten gar nicht schnell genug gehen. Schnelles Erweitern sollte die Vertiefung verhindern. Je heterogener die EU würde, so die Überlegung, desto geringer würde das Maß der Gemeinsamkeiten und auch Verbindlichkeiten werden. Am Ende würde, hofften die britischen Regierungen, nur der Freihandel übrig bleiben. Vielleicht wäre eine derart lose Europäische Union möglich. Es war jedoch wenn nicht perfide, so doch wenig gemeinschaftlich, einerseits mit glühenden Worten die glückliche Erweiterung der EU zu befördern – und diese andererseits damit insgeheim in die politische Nichtigkeit treiben zu wollen. Großbritannien und der Kontinent – beide haben es versäumt, sich wirklich aufeinander einzulassen.

Nebel im Ärmelkanal – Kontinent isoliert

Kaum hatte sich eine knappe Mehrheit der 72,2 Prozent britischer Wahlberechtigten, die an der Abstimmung teilgenommen hatten, für den Auszug des Landes aus der EU entschieden, wurden auf dem Kontinent und in Brüssel zumal Stimmen laut, die forderten, nun sollten die Brits aber auch schnell den Abschied vollziehen – sie hätten ja ohnehin nie zu Europa gepasst, hätten Europa nichts zu sagen und zu bieten.

Das ist ein hanebüchener Unsinn, der einen kurzen Blick in die Geschichte der britisch-kontinentalen Beziehungen erfordert. England ist eine Insel, und England ist keine Insel. Das Letztere in einem Sinne, der zu einem berühmten, 1624 geschriebenen Gedicht des *metaphysical poet* John Donne passt. Die wunderbaren Zeilen lauten:

> No man is an island,
> Entire of itself,
> Every man is a piece of the continent,
> A part of the main.
> If a clod be washed away by the sea,
> Europe is the less.
> As well as if a promontory were.
> As well as if a manor of thy friend's
> Or of thine own were:
> Any man's death diminishes me,
> Because I am involved in mankind;
> And therefore never send to know for whom the bell tolls;
> It tolls for thee.[5]

Großbritannien ist die einzige große Nation Europas, die ringsum von Wasser umgeben ist. Das hat die Briten eigen gemacht. Ihr Land war schwer zu erobern, seit 1066, fast ein Jahrtausend lang, ist es nicht mehr vorgekommen. Die Inselbewohner brauchten lange kein Heer, wohl aber eine Flotte. In Europa machten sie nur wenige, meist kleine Eroberungen, später gar keine mehr. Sie griffen kühn weit aus, blieben aber auch für sich, und zwar sehr selbstbewusst. Einem berühmten britischen Kalauer zufolge soll eine große englische Tageszeitung einmal mit dieser Schlagzeile erschienen sein: »Nebel im Ärmelkanal – Kontinent isoliert«. Doch dieser eigenbrötlerischen Koketterie zum Trotz: Den Briten ist Europa nie gleichgültig gewesen.

Schon im Mittelalter trieben sie einen ausgedehnten Wollhandel mit Flandern. In einer lang andauernden Allianz waren sie mit Portugal verbunden. Sie halfen, wie erwähnt, Napoleons imperialen Furor zu stoppen – ohne sich hernach selbst zur Großmacht auf dem Kontinent aufschwingen zu wollen. Auf dem Wiener Kongress 1815 schuf der britische Außenminister Lord Castlereagh gemeinsam mit Metternich eine europäische Ordnung, die über Jahrzehnte hinweg anhalten sollte und Kriege verhinderte.[6] Nicht Indifferenz war die britische Devise gegenüber dem Kontinent. Es ging Großbritannien vielmehr stets darum, eine Ordnung des Gleichgewichts zu schaffen und am Leben zu erhalten. Niemand sollte Hegemon sein, ein durchaus vernünftiges Anliegen. Großbritannien stand 1939 zu Polen, und es trug unter schweren Verlusten seinen Teil dazu bei, das Deutsche Reich Adolf Hitlers niederzuringen. Man werfe den Briten daher nicht vor, die Geschicke des Kontinents seien ihnen gleichgültig gewesen. Gerade weil sie auf einer Insel lebten, mussten sie sich – auch als Handelsnation – notwendigerweise auch nach außen richten. Sie haben sich stets auf dem kontinentalen Spielfeld bewegt.

Wohl aber sahen sich die Briten nicht genötigt, vom Kontinent und seinen politischen Prinzipien sonderlich viel zu lernen. Nicht aus Arroganz – das später auch –, sondern weil sie es nicht nötig hatten. Zwar ist es eine spätere Überhöhung und Umdeutung, in der *Magna Carta Libertatum* von 1215 das Gründungsdokument von Rechtsstaat und Bürgerfreiheit zu sehen. Und doch begründete sie etwas historisch Neues: Sie machte die Herrschaft des Rechts, der sich auch der König unterzuordnen hatte, zu einem nationalen Anliegen und enthielt für bestimmte Fälle so etwas wie ein Recht auf Widerstand. Und Großbritannien kann auf eine mehr als 700 Jahre andauernde Geschichte des Parlamentarismus zurückblicken, der sich allmählich, aber kontinuierlich evolutionär entwickelt und vervollständigt hat. Es galt fast immer die Regel: Auf einen

Missstand folgt eine Reform. Der Journalist Dieter Friede formulierte das in einem bemerkenswerten, bald nach dem Ende des Zweiten Weltkriegs geschriebenen Loblied auf die englische Demokratie so: »Das Unterhaus verlangt, dass man es überzeuge. Das Volk erwartet angeredet zu werden.«[7] Das war auf dem Kontinent anders gewesen. Das Volk konnte dort nur selten hoffen, angehört zu werden.

Der britische Historiker David Abulafia schrieb in einem Artikel, in dem er sein Ja zum Austritt Großbritanniens aus der EU begründete: »Das britische Parlament verkörpert Prinzipien politischen Verhaltens, die ihre Wurzeln im 13. Jahrhundert oder noch früher haben. Altehrwürdige Institutionen wie etwa die Monarchie und einige Universitäten haben überlebt und sich ohne große Brüche verändert und entwickelt. Dieses Maß an Kontinuität hat keine Parallele auf dem europäischen Kontinent.«[8] Ein Land, das derart guten Grund hat, in sich zu ruhen, hat es nicht nötig, auf die Suche nach politischen Vorbildern zu gehen. Während selbst der umsichtige Immanuel Kant im fernen Königsberg das Geräusch des wehenden Mantels der Geschichte zu hören meinte, als 1789 die Pariser Bastille gestürmt wurde und die Revolution ihren Lauf nahm, blieb man auf der Insel unbeeindruckt und sah kaum Anlass, den Franzosen nachzueifern. Schon ein Jahr später veröffentlichte der aus Irland stammende britische Schriftsteller und Politiker Edmund Burke seine schnell berühmt gewordenen »Betrachtungen über die Französische Revolution«, in denen er diese rundweg ablehnte. Auf dem Kontinent gilt Burke deswegen als der Erzvater eines ganz besonders vernagelten Konservatismus. Doch der war er nicht. Das ist schon daran zu erkennen, dass er ein größtmögliches Verständnis für das Unabhängigkeitsstreben der amerikanischen Kolonien aufbrachte und eine föderale Empire-Konstruktion forderte, in der die Kolonien zwar weiter der britischen Krone unterstünden, aber eigenständig sein würden – ein Vorgriff auf die Konzeption des *Commonwealth of Nations*, das erst im 20. Jahrhundert Wirklichkeit wurde.[9]

 Auch die unvoreingenommene Lektüre seines Buches über

die Revolution der Franzosen ergibt einen ganz anderen Befund. Nicht weil er gegen Veränderung, sondern weil er gegen jähe, zu jähe Veränderungen war, lehnte Burke den Umsturz in Frankreich ab. Und so warnte er seine Landsleute davor, es den Franzosen gleichzutun und sich vom Feuer dieser angeblichen Freiheit anstecken zu lassen. Sein Argument war ganz einfach: Alles, was die Franzosen da mit großem Aplomb und dem großen Risiko anstellen, die ganze Gesellschaft in Maßlosigkeit und Gewalt versinken zu lassen, haben wir Briten nicht nötig. Denn wir haben unsere Institutionen durch die Jahrhunderte und Epochen hindurch Schritt für Schritt behutsam verändert und reformiert – wir brauchen keine Revolution mit ihren unabsehbaren Folgen. Ganz am Ende seiner Betrachtungen schreibt Burke: »Ich erkläre mich nicht gegen alle Veränderungen! Aber ich wünsche zu erhalten, selbst da noch, wo ich zu ändern genötigt wäre. […] So halten wir uns unbeweglich an den festen Boden der britischen Konstitution, Bewunderer allenfalls, aber niemals Gefährten bei den verzweifelten Flügen der tollkühnen Luftschiffer von Frankreich.«[10]

Nicht von Großbritannien, das Voltaire wie Karl Marx Zuflucht bot, gingen die Totalitarismen des 20. Jahrhunderts aus. Und sie fanden auf der Insel auch nur wenige Gefolgsleute. Wohl aber haben sie vielerorts auf dem Kontinent Feuer gefangen, wo man – nur leicht zugespitzt – oft genug auf Macht, nicht auf Teilung der Macht setzte; auf dem Kontinent, wo der Staat oft genug den Vorrang vor dem Einzelnen hatte; wo die Freiheit oft genug im Verdacht stand, alle Ordnung zu untergraben; und wo – weil fast überall eine in sich ruhende Staatlichkeit fehlte – ein ganzes Jahrhundert lang die Furien des Nationalismus umgingen. Was auch immer die Briten versäumt haben, positiv zur europäischen Einigung beizutragen, der Kontinent hat keinen Grund, über Großbritannien die Nase zu rümpfen.

Auenland oder: Nostalgie, Zorn und soziales Elend

Obwohl das Ergebnis des britischen Referendums vom 23. Juni 2016 genau jene gemeineuropäische Spaltung der Gesellschaft in zwei nahezu gleich große Hälften dokumentiert und so gesehen durchaus normal ist, hat es auch etwas Rätselhaftes. Selten zuvor in der britischen Geschichte ist den regierenden Eliten, die in all ihren Exzentritäten und all ihrer machtbewussten Volksabgewandtheit doch zumeist akzeptiert waren, eine derart harte Abfuhr erteilt worden wie in diesem Referendum, dem erst dritten der britischen Geschichte, die bewusst vom repräsentativen Prinzip durchzogen ist. Der Schock, den es ausgelöst hat, ist vermutlich allenfalls mit dem Schock vergleichbar, den das Land 1945 erfuhr, als die Briten den siegreichen konservativen Kriegspremier Winston Churchill knapp zwei Monate nach Kriegsende bei der Parlamentswahl nicht zum Dank triumphal bestätigten, sondern deutlich abwählten. Damals war es der riesige sozialpolitische Nachholbedarf, der Labour gegen alle Erwartungen an die Macht brachte.

Diesmal hat es vermutlich auch einiges mit sozialen Ungleichgewichten zu tun. Erstaunlich aber war der – auf den ersten Blick ganz unbritische – Furor, in dem beide Seiten in der Referendumskampagne gegeneinander kämpften. Sie wirkten, als seien sie außer Rand und Band, als hätten sie alle Contenance, alles Understatement und alle Mäßigung fahren gelassen. Die Propagandisten des *Remain* verbreiteten genau die katastrophischen Szenarios, die in Brüssel für den Fall des britischen Austritts prognostiziert wurden: Der Austritt liefe auf den endgültigen Abstieg Großbritanniens und seinen faktischen Abschied aus der Geschichte Europas hinaus. Schlimmer und verantwortungsloser noch trieben es die Propagandisten des *Leave*. Offensichtlich ohne irgendeine Idee, wie es nach dem Austritt aus der Europäischen Union weitergehen könnte, bedienten sie nostalgische, altbritische Phantastereien. Träte man nur aus der EU aus, predigten sie, dann würde Großbritannien augenblicklich zu alter souveräner Kraft zurückfinden.

Man müsse nur die europäischen Fangarme durchtrennen, und schon würde das Vereinigte Königreich in alter Herrlichkeit erstrahlen. In dieser Kampagne wurden, durch Boris Johnson und andere, Lügen um Lügen über die angebliche Knebelung Großbritanniens durch die EU verbreitet. Und es wurde, mitten in der Epoche anschwellender Globalisierung, ernsthaft so getan, als müsse das Land nur die Zugbrücke zum Kontinent hochziehen, um wieder in die glanzvollen Zeiten der viktorianischen Ära oder wenigstens in das Großbritannien der Fünfzigerjahre des vergangenen Jahrhunderts zurückzukehren, als Rolls-Royce, Bentley, Rover, Jaguar und MG noch in britischer Hand waren und Männer in der Londoner City den *bowler hat* zu tragen hatten. Es war eine kindliche, aber erfolgreiche Evokation einer definitiv untergegangenen Epoche: die Insel als Auenland.

Dass die Überzeugung, die Europäische Union stelle eine geradezu tödliche Bedrohung für Großbritannien dar, auf der Insel auch in den gebildeten Kreisen weit verbreitet ist, belegt zum Beispiel ein schon vor vielen Jahren unter dem Titel »The Aachen Memorandum« erschienener Roman. Autor ist der Historiker und Journalist Andrew Roberts, der unter anderem ein beachtetes Buch über den Zweiten Weltkrieg geschrieben hat, in dem er zu beweisen versucht, das Deutsche Reich hätte durchaus siegen können, wenn es von einem Klügeren als Hitler geführt worden wäre.[11] Edwards bezeichnet sich selbst als »extremely right-wing«, gehört aber zu den nicht wenigen sehr Konservativen in Großbritannien, die nicht verbiestert sind, sondern Esprit haben. Sein Roman aus dem Jahr 1995 enthielt schon das ganze Sammelsurium von Vorbehalten und Vorurteilen gegenüber der Europäischen Union, die auch in der Kampagne der Brexiteers vorgebracht wurden. Der Roman spielt im Jahre 2045.[12] Dreißig Jahre vorher hatte, so der Plot, in Großbritannien ein Referendum über den Verbleib in den Vereinigten Staaten von Europa (VSE) stattgefunden. Es war knapp ausgegangen. Bei einer Wahlbeteiligung von 84 Prozent hatten sich 51,86 der Abstimmenden für den VSE-Verbleib und 48,14 Prozent dagegen entschieden. Das ist ziemlich genau das Ergebnis des tatsächlichen Referendums vom Juni 2016. Mit einem wesentlichen Unterschied: Im Roman verlieren die Brexiteers, die Remainer gewinnen. Aber nur, weil – wie der junge Journalist Horatio Lestoq aufdeckt – das Ergebnis gefälscht wurde. Wäre es mit rechten Dingen zugegangen, hätten die Anhänger des Ausstiegs gewonnen. Es kam nur deswegen anders, weil sich die britischen Eliten dem Druck aus Brüssel und Berlin beugten und den Volkswillen verfälschen ließen. Es ist im Roman wie in der heutigen Wirklichkeit: Die Propagandisten des Ausstiegs stellen die Anhänger eines Verbleibs als Knechte und Agenten des Kontinents dar.

Das ist eine ziemlich krude und haarsträubende Geschichte. Interessant ist das Buch aber, weil es in Reinform die Ängste der Brexiteers ausdrückt und bündelt. Ein paar Kostproben aus dem Roman, der in London spielt, genügen. Im Jahre 2045 fahren in London keine U-Bahnen mehr, sondern nur mehr Straßenbahnen. Die Eisenbahnen fahren »energieeffiziente 80 Stundenkilometer«, natürlich ein VSE-Diktat. Die Kommissare der VSE haben die Briten ihrer Geschichte enteignet. »Antikische« Autoren wie Kingsley Amis und sein Sohn Martin Amis sind zwar nicht direkt verboten, von ihrer Lektüre wird aber »abgeraten«, auch weil sie »sexistisch« seien. Die Waterloo Station – »früher einmal nach einer Schlacht unserer Unionsbrüder und Mitbürger« benannt – heißt nun Maastricht-Bahnhof, der Trafalgar Square Delors-Platz und Westminster, das ehemalige Parlament, ist in eine »Service- und Freizeithalle« umgewidmet worden. Nachdem die königliche Familie 2017 nach Neuseeland ausgewandert war, wurde der Buckingham Palace zum Attali House. Es ist verboten, in der Öffentlichkeit von den Royals zu reden. Wie es in dem auf Antiamerikanismus getrimmten Land überhaupt sehr orwellsch zugeht. Fällt eine Doktorarbeit unliebsam aus, dann wird sie »nach den Artikeln 7, 8 und 14 der politischen Aufklärungs- und Nomenklaturdirektive« nicht angenommen. Eine Scheidung ist im »48-Stunden-Eilverfahren« möglich, Tabakkonsum geächtet, und es gilt eine »Geräuschverschmutzungsdirektive«. »Föderal« ist das goldene Begriffskalb, das alle anzubeten haben. Roberts' Roman ist ein Brevier aller billigen und einiger witziger Vorurteile, die auf der Insel über den angeblich diktatorischen Regulierungs- und Korrektheitswahn der EU in Umlauf sind. Man muss dem Buch zugutehalten, dass der Autor mehr als 20 Jahre vor dem Nein der Briten zur EU offensichtlich der Überzeugung war, eine knappe Mehrheit der Briten würde sich – verfälschte man ihr Votum nicht – für den Auszug aus der Europäischen Union entscheiden. Da lag er richtig. Und eine Anregung könnten die Verantwortlichen der EU dem Buch entnehmen: Es war vielleicht keine besonders gute Idee, die Brüsseler EU-Oberen »Kommissare« zu nennen.

Woher kommt dieser britische Hass auf die Europäische Union, von dem die Brexiteers teilweise getragen waren? Sicher ist es auch eine Spätfolge des Umstands, dass Großbritannien es versäumt hatte, zur Gründungsequipe der europäischen Gemeinschaft zu gehören. Die Briten waren, im Grunde unerhört für das stolze Land, Nachzügler, waren die, die später kamen. Und zwar zu einer Zeit, als ihnen wirtschaftlich das Wasser fast schon am Hals stand. In dem Sinne war der Beitritt keine souveräne Entscheidung – und verletzte daher, bis heute anhaltend, das nationale Selbstwertgefühl. Die EU-Mitgliedschaft steht in den Augen vieler Briten nicht für eine Stärke, sondern eine Schwäche des Landes. Hinzu kam, dass die Briten in einem Moment beitraten, in dem die europäische Gemeinschaft den ersten Elan schon verloren hatte und überall in Europa die bange Frage aufkam, ob das europäische Vereinigungswerk seinen Mitgliedern wirklich zu mehr Prosperität verhelfen könne. Zu spät und am Ende womöglich vergeblich: Das half nicht, Vertrauen in die europäische Einigung zu schaffen. Als dann vom Kontinent aus in unterschiedlichen Versionen – nicht zuletzt von Helmut Kohl – die Botschaft zu hören war, man wolle das europäische Einigungswerk »unumkehrbar« machen, musste das in britischen Ohren alarmierend klingen. Denn »Verträge ohne ein Zurück kennt die britische Geschichte nicht«.[13]

Die Abneigung der Briten gegen die EU hat zwei Quellen.

Große Teile der Eliten verachten die Europäische Union. In ihrem Bewusstsein dieselt das alte britische, auch imperiale Überlegenheitsgefühl nach, dem zwar keine Realität mehr entspricht, das aber gerade deswegen in ehrwürdigen Gemäuern wie etwa denen von Eton umso inbrünstiger weitergepflegt wird. Die andere Quelle ist die populäre. Großbritannien ist noch immer stärker als jedes andere Land Europas eine Klassengesellschaft. Eine, die in den Siebzigerjahren des vergangenen Jahrhunderts einen rapiden wirtschaftlichen Abstieg erlebt hatte, vom »kranken Mann an der Themse« war die Rede. Eine aber auch, in der der wuchtige wirtschaftliche Wiederaufstieg zu Margaret Thatchers Zeiten die arbeitenden Klassen ein weiteres Mal erschütterte. Die gewaltige Deindustrialisierung, die das Land erlebte, zerschlug im Grunde die alten, durch eine traditionsreiche moralische Kultur zusammengehaltenen Arbeitermilieus. Die Mehrheit derer, die ihnen angehörten, fielen – anders als etwa die Arbeiter des Ruhrgebiets nach Zechen- und Hüttenschließungen – fast buchstäblich ins Nichts. Sie wurden degradiert. Die Kluft zwischen den multikulturellen Metropolen und der ihrer kulturellen Sicherheit beraubten industriellen und agrarischen Provinz wurde sehr groß. Und wer zu einer der Provinzen gehörte, musste erleben, dass das den Eliten – trotz Camerons »mitfühlendem Konservatismus« – herzlich gleichgültig war.

Beim Referendum vom Juni 2016 war auch die Europäische Union gemeint, aber längst nicht allein. Sie war wohl nur Chiffre, nur Anlass. Die Provinz hat die Metropolen überstimmt, die Alten haben über die – nur zögerlich an die Urnen gegangenen – Jungen gesiegt. Das Ergebnis ist auch ein Aufschrei. Es macht die tiefe Spaltung des Landes deutlich, dem es bisher nicht gelungen ist, der florierenden Finanzindustrie eine Renaissance der verarbeitenden Industrie an die Seite zu stellen, die das Land wieder in Balance hätte bringen können. Die beiden großen Parteien, die vor Jahrzehnten noch klar unterscheidbare Milieus repräsentierten, stehen ratloser da, als sie tun. Labour, eigentlich EU-freundlich, vertritt ein – schrumpfendes – Milieu, das zum größten Teil Europa tief abgeneigt ist. Am linken Rand der Partei und in intellektuellen Kreisen der Linken wird immer offener der Untergang der europäischen Gemeinschaft herbeigewünscht. Und auch die Tories stehen nicht besser da. Ihr Versuch, britische EU-Feindschaft einerseits zu bedienen, andererseits aber elitenpaternalistisch ein *Remain* zu erreichen, ist kläglich gescheitert. Beide große Parteien sind sich jeweils selbst feind.

Doch so bedrohlich und aussichtslos die politische Situation auch erscheint – es liegt vielleicht auch eine Chance darin. Was für die Europäische Union gilt, gilt auch für das politische Großbritannien: Mit einem »Weiter so« ist es jetzt nicht mehr getan. Labour wird die innere Spaltung zwischen proeuropäischer Modernität seiner Funktionäre und antieuropäischer Nostalgie vieler seiner Wähler nicht mehr so ungerührt ausbalancieren können wie bisher. Labour muss eine tragfähige Position finden, die beide Milieus wenn nicht eint, so doch ins Gespräch bringt. Und ähnliches gilt für die Tories. Sie sind mit ihrer Elitenarroganz gescheitert.

Die britische Politik steht vor der anspruchsvollen und spannenden Aufgabe, ihr Verhältnis zur Europäischen Union neu zu definieren. Die Ausrede, die EU sei an allen Problemen und Misslichkeiten schuld, steht nun nicht mehr zur Verfügung. Die Politik muss aus der Deckung kommen. Winston Churchill, dem man Europaduselei nicht vorwerfen kann, hat 1948 auf dem Europakongress in Den Haag über die Fusion nationaler Identitäten gesagt: »Es ist möglich, darin eine allmähliche Wahrnehmung jener größeren Souveränität zu sehen, unter der die unterschiedlichen Bräuche und Charakteristiken der beteiligten Nationen geschützt würden.« Und zwei Jahre später sagte er: »Nationale Souveränität ist nicht unantastbar.«[14] Das gilt heute sicher noch weit mehr als vor 65 Jahren, mit keinem Referendum kann dieser Tatbestand abgewählt und rückgängig gemacht werden. Die britischen Parteien stehen vor der Aufgabe, dies ihrer Klientel zu vermitteln – ohne sie zu verlieren.

Was daraus folgt

Wie kann es wieder zu einem Rendezvous zwischen Kontinent und Insel kommen? Hätte es noch eines Beweises dafür bedurft, dass viele EU-Obere dickschädelig, unbedarft und ohne kulturelles und situatives Fingerspitzengefühl sind – dann haben sie ihn in den Tagen unmittelbar nach dem britischen Referendum geliefert. Politiker, die noch für mehr als 500 Millionen Europäer sprechen wollen, verloren augenblicklich die Contenance. Sie gaben sich – eine Kategorie, der Angela Merkel zu Recht keinen Zugang in die Sphäre der Politik gestatten will – höchst beleidigt und reagierten aggressiv. Als sei eine Liebesbeziehung zerbrochen, riefen sie dem scheidenden Partner zu, er habe jetzt aber so schnell wie möglich aus dem gemeinsamen Haus auszuziehen, besser heute als morgen. Am schärfsten formulierte das – mit einer geradezu reaktionären Konsequenz – der belgische Ministerpräsident Charles Michel. Er rief aus: »Auf Wiedersehen, Gott sei Dank. Die britische Bevölkerung hat gesprochen. Das Vereinigte Königreich sollte uns so bald als möglich verlassen und uns ein Europa um sein karolingisches Kernstück herum bauen lassen. Für mich zählen jetzt nur noch die belgischen und die europäischen Interessen – nicht die britischen. Es gibt keinen Weg zurück.«[15] Man kann das Ereignis aber auch herunterreden. So machte es Martin Schulz, Präsident des Europäischen Parlaments. Den größten Schlag, der dem Prozess der europäischen Einigung je widerfahren ist, kommentierte er in der BBC mit einem geradezu von Bunkermentalität zeugenden Satz: »Dies ist keine Krise der Europäischen Union.«[16]

Alle wussten, es würde knapp werden, es könnte zum Auszug Großbritanniens kommen. Als es dann tatsächlich so kam, war das eingetreten, was man eine historische Stunde nennt. In der wäre es Aufgabe des obersten Europäers gewesen, mit einer gut vorbereiteten, klaren, aber auch Brücken anbietenden Rede dieser Situation gerecht zu werden. Mit einer Rede, die Vergangenheit, Gegenwart und Zukunft aneinanderbindet: nicht pathetisch, aber ernst, nicht leichtfertig, aber doch auch ein wenig zuversichtlich. Doch was tat Kommissionspräsident Jean-Claude Juncker? Erst schwieg er, dann gab er in knappen Worten seiner Verbitterung Ausdruck. Er blaffte: »Die Freundschaft bleibt. Aber das ist das Einzige, das bleibt.«[17] Und wenig später verkündete er, er habe (was kurz darauf wieder zurückgenommen wurde) sich entschieden, über das Freihandelsabkommen CETA die nationalen Parlamente der EU-Mitgliedstaaten *nicht* abstimmen zu lassen. Kurz nach dem britischen Referendum, in dem es ja nicht zuletzt um die Prärogative des Parlaments ging, versuchte Juncker, die nationalen Parlamente – juristisch wohl korrekt – von der Befassung mit dem CETA-Abkommen auszuschließen: ein prompter Beweis eben der Brüsseler Unerschütterlichkeit und Hartleibigkeit, durch die die EU so sehr in Misskredit geraten ist. Es gehört zum Drama der Europäischen Union, dass ihr Personal oft genug seiner historischen Aufgabe nicht gewachsen ist und die Institutionen der Gemeinschaft wie einen Kleintierverein managt. Wie es auch zumindest unklug war, in den ersten Spitzenrunden nach dem Referendum wieder einmal keinen der ost- und mitteleuropäischen Staaten an den Beratungstisch zu bitten.

In den Tagen und Wochen nach dem Referendum konnte man förmlich spüren, wie die EU-Oberen – die Staats- und Regierungschefs – hinter verschlossenen Türen an Szenarien von Reaktionen arbeiteten. Wie zu erwarten, war die Option »schnellstmöglicher Rausschmiss« binnen kurzer Zeit aussortiert: So viel Rankünе erlaubt sich die Gemeinschaft dann doch nicht. Beunruhigend war aber etwas anderes. Offenkundig ergingen sich Politiker im Verein mit ihren Fachleuten in Erwägungen, wie vielleicht das Nein in ein Jein und schließlich doch in ein Ja zu überführen sei. Wenn es eine Kunst gibt, in der die EU-Oberen und ihre juristischen Helfer beschlagen sind, dann ist es die Kunst, ein Zwielicht zu erzeugen, die Kunst, sich so konsequent nicht festzulegen, dass jedes Vorhaben in jedes beliebige andere Vorhaben überführt werden kann. Mit dem Beschluss der Briten, die EU zu verlassen, so umzugehen, dass dabei Schritt für Schritt ihr Verbleib in der Union herausmodelliert und dieses Ergebnis dann als Vollzug des britischen Austrittswillens dargestellt wird: Das ist die höchste Brüsseler Kunst. Und die gefährlichste. Denn es bedeutete die rücksichtslose Missachtung eines Volkswillens, die den antieuropäischen Schwelbrand schnell zu einem offen um sich greifenden Feuer entfachen könnte. Ein EU-Parlamentarier sagte nach dem Referendum: »Früher hatten die Briten einen Fuß in der EU und einen draußen. Das Referendum ändert alles! Jetzt haben sie einen Fuß draußen und einen drinnen.«[18] Das klingt hübsch und ist natürlich ironisch gemeint. Es spiegelt aber jene Mentalität so vieler EU-Politiker und -Beamten, die sich gar nicht mehr vorstellen können, dass in der Politik auch Brüche und Kehren möglich sind.

Besser wäre es, die EU lernte aus dem Missgeschick des britischen Referendums und bewiese, dass sie bereit ist, auf die Botschaft angemessen zu reagieren. Dazu gehört erstens, das Ergebnis zu akzeptieren: Es ist, wie es ist. Auch wenn es längst viele Briten geben mag, die ihr Nein zur Europäischen Union im Lichte der darauf folgenden politischen Ratlosigkeit bereuen, darf das nicht als Argument dafür herhalten, »eigentlich« hätte die Mehrheit der Briten bleiben wollen. Diesen Paternalismus kann sich die EU nicht mehr erlauben, wie sich auch die Ausstiegsbefürworter nicht auf ihre Unwissenheit herausreden können. Wenn man die Briten wie die EU ernst nimmt, dann gibt es keinen anderen Weg als den Versuch, das Verhältnis Insel zu Kontinent neu zu bestimmen. Wir müssen Neuland betreten.

Am Montag nach dem Referendum überschrieb der unselige Boris Johnson seine wöchentliche Kolumne im »Daily Telegraph« so: »Ich kann gar nicht klar genug hervorheben, dass Britannien Teil von Europa ist – und es immer bleiben wird.« So verlogen das war: Es stimmt. Das Paradox des britischen Nein besteht ja darin, dass es letztlich einer Abschottung das Wort geredet hat, die gar nicht mehr möglich ist. Und dass es eine Souveränität herbeistimmen wollte, die es so nicht mehr gibt. Zu Recht twitterte die in Cambridge lehrende Althistorikerin Mary Beard zwei Tage nach dem Referendum mitten in der

Nacht: »Es geht nicht darum, ›Kontrolle zurückzugewinnen‹, sondern darum, was ›Kontrolle‹ in einer sich verbindenden, zusammengefugten Welt bedeutet und wie wir sie sicherstellen können.« Auch ein aus der EU ausgetretenes Großbritannien wird – wirtschaftlich ohnehin, aber auch institutionell – mit dem Kontinent und der Europäischen Union verfugt bleiben.

In Absatz 2 des Artikels 50 des EU-Vertrags heißt es: »Ein Mitgliedstaat, der auszutreten beschließt, teilt dem Europäischen Rat seine Absicht mit. Auf der Grundlage der Leitlinien des Europäischen Rates handelt die Union mit diesem Staat ein Abkommen über die Einzelheiten des Austritts aus und schließt das Abkommen, wobei der Rahmen für die künftigen Beziehungen dieses Staates zur Union berücksichtigt wird.« Auch wenn nicht so recht klar wird, welcher Rahmen da gemeint ist, wird doch deutlich, dass dem Austritt kein Unverhältnis, sondern ein neues Verhältnis folgen soll. Nach Lage der globalisierten Dinge kann es allerdings nicht ein Verhältnis wie das werden, das Nationalstaaten im 19. Jahrhundert untereinander pflegten: Mehr ist möglich und nötig.

Da die Europäische Union kompliziert und ihr Rechtsbestand, der *acquis communautaire*, riesig ist, würde es vermutlich sehr viel mehr als die vertraglich vorgesehenen zwei Jahre dauern, bis ein neues Vertragsverhältnis etabliert wäre (was in vielen Brüsselern die Hoffnung keimen lässt, das Ganze könne derart auf jene ganz lange Bank geschoben werden, die in die Unendlichkeit mündet). Sinnvoller wäre ein anderer Weg. Im Februar 2016 einigten sich die Staats- und Regierungschefs der EU auf ein Reformprogramm.[19] Zugegeben, sie taten das nicht freiwillig, sondern unter beträchtlichem Druck. Der ging von dem britischen Premierminister David Cameron aus, der im Blick auf das kommende Referendum den britischen Wählern Liberalisierungserfolge vorweisen musste. Doch die Beschlüsse des Gipfels, die maßgeblich der Initiative von Ratspräsident Donald Tusk zu verdanken waren, wiesen in die richtige Richtung. Wenn sie nicht nur taktisch gemeint waren, dann könnten sie die Grundlage für das neue Verhältnis zwischen EU und

Großbritannien abgeben.[20] Würden diese Reformen verwirklicht, markierten sie einen Wendepunkt in der Geschichte der Union. Sie wären ein willentlicher Schritt zurück, um die EU wieder erfolgreich und akzeptabel zu machen. Sie würden die EU-Staaten loser, dafür aber auf Dauer verlässlicher aneinanderbinden.

Der zwischen den Staats- und Regierungschefs ausgehandelte Plan hatte mehrere Schwerpunkte. Erstens sah er zwar nicht den – im Grunde notwendigen – Abschied von der »immer engeren Union« vor. Er hielt aber fest, dass dieses Vorhaben vereinbar sei mit »verschiedenen Wegen der Integration für verschiedene Mitgliedstaaten«. Es enthalte »keine Verpflichtung für alle Mitgliedstaaten, ein gemeinsames Ziel anzustreben«. Diese neue flexible Art der Integration gefiele nicht nur den Briten, sondern auch etlichen anderen Mitgliedstaaten, in denen man die EU für überreguliert hält und fürchtet, EU-Mitgliedschaft sei gleichbedeutend mit Bevormundung von außen.

Zweitens bestimmte der Plan, das Instrument der zwar schon bestehenden, aber noch zu schwachen Subsidiaritätsrüge entschieden zu schärfen (siehe dazu in diesem Buch, S. 227–230). Die nationalen Parlamente sollten dem Plan zufolge bessere und schnellere Mittel an die Hand bekommen, um aus ihrer Sicht übergriffige Rechtsakte zu bremsen oder auch zu stoppen. So ließe sich das Prinzip stärken, dass sich die Institutionen der Europäischen Union wirklich ausschließlich mit Problemen befassen, die nur von der Union und keiner nationalen oder kommunalen Instanz gelöst werden können. Das könnte den verbreiteten Verdacht dämpfen, die EU sei regelungswütig und prinzipiell bürgerfern.

Drittens hielt der Plan fest, dass Mitgliedstaaten, die nicht der Eurozone angehören, durch weitere Schritte der Vertiefung nicht benachteiligt werden dürfen. Wer vertiefen will, kann und soll das tun, es darf hernach aber nicht Mitgliedstaaten erster und zweiter Klasse geben. Viertens sah der Plan, wenn auch vage, die Stärkung des europäischen Binnenmarktes wie auch der Wettbewerbsfähigkeit vor. Gerade angesichts der von Italiens Ministerpräsident Matteo Renzi angeführten Front, den wirtschaftspolitischen Teil der EU in eine Maschine zur Ankurbelung der Konjunktur umzubauen, wäre dieser Gegenzug wichtig – und ohne die Briten im europäischen Spendierclub kaum durchzusetzen, geschweige denn durchzuhalten. Und schließlich wäre es zumindest einer Erwägung wert, ob es nicht richtig ist, den Zugang von EU-Ausländern zu bestimmten Sozialleistungen für einige Jahre zu beschränken und kein Kindergeld für Kinder zu zahlen, die im Herkunftsland geblieben sind.

Auf der Basis dieser Vereinbarung, die zwar nach dem britischen Ausstiegsbeschluss eigentlich gegenstandslos ist, die aber gerade jetzt Bindungskraft entwickeln könnte, ließe sich womöglich schnell eine *special relationship* zu Großbritannien herstellen. Die Wirkung wäre doppelt positiv und heilend. Die Briten würden merken, dass der Reformplan vom Februar 2016 mehr war als ein wahlkampfbedingtes Zugeständnis und dass die EU die Gründe für die britische Skepsis verstanden und akzeptiert hat. Noch wichtiger wäre das Signal, das in die anderen Mitgliedstaaten gesendet würde: Die Europäische Union hätte den Beweis erbracht, dass sie auf Kritik hört und im Interesse des europäischen Konsenses bereit ist, den Weg der *devolutionären* Veränderung zu gehen. Der EU wäre wieder einmal ein Erfolg beschieden. Stünde Großbritannien mit der EU im Verhältnis einer privilegierten Partnerschaft, dann hätte das zudem einen weiteren positiven Effekt, der den Südostrand der Europäischen Union beträfe. Seit die EU die Beitrittsverhandlungen mit der Türkei in die Länge gezogen hat und der Türkei von einigen als Ersatz eine privilegierte Partnerschaft angeboten wurde, fühlt sich das Land herabgesetzt. Geriete nun aber das so lange schon mit dem Kontinent verbundene Großbritannien, eine tragende Nation des alten Europas, in ein Verhältnis der privilegierten Partnerschaft mit der EU, dann entfiele in der Türkei – die in der Autokratie ja nicht auf immer verharren muss – das Argument, eine solche privilegierte Partnerschaft, eine solche lose und partielle Anbindung sei notwendigerweise eine schwere Kränkung der türkischen Nation.

Und noch einen weiteren Vorteil hätte diese *special relationship*. Aus seiner besonderen Geschichte heraus reagierte Großbritannien stets ganz besonders allergisch auf alle Versuche, in der europäischen Gemeinschaft eine gemeinsame Außen-, Sicherheits- oder gar Verteidigungspolitik zu entwickeln. Das behinderte diese Versuche. Würde die EU zu einem flexibleren Verband, dann könnten die kontinentalen EU-Staaten die ihnen mehrheitlich einleuchtende Außen-, Sicherheits- und Verteidigungspolitik vorantreiben, ohne von den Briten daran gehindert zu werden, ohne dadurch aber auch den Briten die Botschaft zu vermitteln, sie seien Bundesgenossen minderer Art. Die EU könnte dann unbeschwert zusehen, wie die Briten weiterhin ihrem recht unzeitgemäßen Inselspleen frönen, zu dem auch ihre neue Migrationsphobie gehört, die so gar nicht zur Geschichte dieses so provinziellen wie multikulturellen Landes passt, das immer noch das Herz des *Commonwealth of Nations* ist.

Ein Rückfall in eine schlechte Vergangenheit wäre es, wenn nun in der Europäischen Union neue Kämpfe um Vorrangstellungen begännen, die an alte geopolitische Querelen erinnern würde. Anzeichen dafür gibt es leider. Schon hofft mancher in Italien könne nun wieder zum dritten *big player* der Union aufrücken. Die italienische Zeitschrift »Limes«, die sich geopolitischen Fragen widmet, hat nach dem Referendum dem britischen Ausstiegsvotum schnell ein ganzes Heft folgen lassen. Dort heißt es im Editorial: »Das britische Votum steigert den Rang Italiens im atlantischen Umfeld, das nun auf engere Beziehungen zu den Vereinigten Staaten hoffen kann. Und es bringt Rom auf das europäische Podium zurück, von dem es 1973 mit dem Beitritt Londons in die europäische Gemeinschaft herabsteigen musste. [...] Dank der britischen Kehrtwende sind wir wieder die Nummer drei in Europa.«[21] Abgesehen davon, dass hier der neue Osten der EU einfach unberücksichtigt bleibt: Mit diesem antiquierten Denken einer zudem durchaus ramponierten Nation kann aus der europäischen Einigung schwerlich etwas werden.

Wie Wildgänse fliegen

Über die Europäische Union wird heute zumeist kurzatmig und ohne Sinn für Perspektive diskutiert. Und es fehlt der nötige Ernst. Das war einmal anders gewesen.

Davon zeugt ein bemerkenswertes Buch aus der Feder von Max Beloff (1913–1999). Der Sohn jüdischer Einwanderer aus Russland studierte Geschichte und publizierte später zahlreiche Bücher über Amerika, Europa und das Gleichgewicht der Mächte. In seiner Autobiographie beschrieb er seinen Weg so: in der Schule konservativ geprägt, fühlte er sich als Student vom Sozialismus angezogen, wandelte sich dann aber zum Liberalen, der schließlich – enttäuscht über das Nein von Labour zu nicht staatlich finanzierten Universitäten – den Tories zuneigte. Viele Jahre saß er, 1991 zum Life Peer ernannt, im britischen Oberhaus. Wie er in seinem Buch »Britain and European Union: Dialogue of the Deaf« (Britannien und Europäische Union: Ein Dialog unter Tauben, 1996) ausführte, war er zu der Überzeugung gekommen, dass sich Großbritanniens politische Geschichte so fundamental von der seiner kontinentalen Nachbarn unterscheide, dass die Verbindung der Briten mit der europäischen Gemeinschaft nur eine Mesalliance sein könne.

So sah er das nicht immer. Von 1953 bis 1956 leitete er im Auftrag des Europarats (nicht zu verwechseln mit dem später entstandenen Europäischen Rat) eine aus etwa 30 Teilnehmern bestehende Diskussionsrunde, die sich Gedanken über Geschichte, Gegenwart und Zukunft Europas machen und der Frage nachgehen sollte, ob die Idee, Europa zu einen, wirklich eine gute Idee sei. Die Runde, die abwechselnd im Aldobrandini-Palast in Rom und am grünen Tuch der Europarat-Tische tagte, war hochkarätig besetzt; unter anderen gehörten ihr Denis de Rougemont, Alcide De Gasperi, Eugen Kogon, Robert Schuman und Arnold Toynbee an. Die vorsichtigen Ergebnisse dieser Gespräche fasste Max Beloff in einem 400 Seiten dicken Buch zusammen. Es enthält einen gründlichen Ritt durch die Geschichte Europas, von der Frage der Grenzen Europas über

Wirtschaft, Kultur und Wissenschaft bis zur Politik. Zu eindeutigen Empfehlungen kommt das Buch zwar nicht, es beeindruckt aber durch die Hartnäckigkeit, mit der die Runde beides auslotete: den Umstand, dass Europa heterogen und die Einigung ihm nicht von jeher eingeschrieben ist, und die sichere Ahnung, dass der Kontinent, Großbritannien eingeschlossen, heute eine Art von Zusammenschluss gut gebrauchen könnte – weswegen der Autor und seine Gesprächspartner den gerade angelaufenen Prozess der europäischen Einigung mit einiger Neugier, ja Sympathie betrachteten.

Am Ende des Buches schreibt Beloff, zwar könne keine Nation Europas behaupten, sie habe sich ohne Wechselverkehr und Austausch mit den anderen entwickelt. Es sei aber auch falsch, zu glauben, »Europa habe über alle Zeiten hinweg in irgendeiner Form wirklich bestanden, Europa habe eine reale Existenz neben den einzelnen Völkern gehabt«.[22] Und dann beschreibt er in Worten schöner Umsicht und Klarheit, wohin die Reise gehen könnte: »Wenn die europäischen Nationen die Erwartungen ihrer Völker auf ein sicheres Leben erfüllen, wenn sie ihre Stellung in der Welt behaupten wollen, dann müssen sie gewisse Aufgaben gemeinsam in Angriff nehmen. [… In Europa] wie auch anderswo in der Welt ist die Vorstellung vom modernen Staat als einer autonomen Einheit mit lediglich äußeren Beziehungen zu anderen Staaten ganz zweifellos im Schwinden. Deshalb ist es erlaubt, von ›Vereinigung‹ zu sprechen und darunter zu verstehen, dass die Nationen die Notwendigkeit und die Möglichkeit besser erkennen, gewisse Angelegenheiten gemeinschaftlich zu behandeln. Deshalb ist es erlaubt, von ›Integration‹ in dem Sinne zu sprechen, dass gemeinsame Organe für diesen Zweck geschaffen werden.« Das galt damals, und es gilt heute noch mehr. Es gilt für den Kontinent, und es gilt für Großbritannien.

Wie konnte es dazu kommen, dass in Großbritannien ein Gutteil auch weltoffener, sogar kosmopolitisch denkender Menschen in der Europäischen Union einen bösartigen Moloch sieht? Es ist ein Rätsel, das so bald nicht gelöst werden wird. Darüber sollten wir aber nicht vergessen, dass es auf der Insel sehr viele gibt, die auf das Projekt der europäischen Einigung gesetzt haben und noch setzen. Man trifft sie heute oft in verzweifelter Stimmung an. Sie können nicht verstehen, warum ihr pragmatisches Volk sie und sich in einem Akt antipragmatischer Raserei aus diesem im Grunde liberalen Großversuch der Völkerverbindung herausgestoßen hat. Sie fühlen sich heute ziemlich allein. Am Tag nach dem Referendum veröffentlichte der sonst so getragene und seiner selbst restlos gewisse Timothy Garton Ash im »Guardian« einen Artikel, der wie ein Aufschrei klingt. Er sei, schreibt er, ein europäischer Bürger, und er wünsche, europäischer Bürger zu bleiben. Überschrieben aber ist der Artikel mit einer geradezu verzweifelt klingenden Zeile: »Für mich als einen europäischen Bürger ist das die größte Niederlage meines politischen Lebens.«[23]

Es ist ein Jammer, dass die Briten die Ausgangstür gesucht haben. Nicht zuletzt deswegen, weil sie – die europafreundlichen wie die europaskeptischen – mit ihrem Denken und ihrer Tradition einiges zur Verbesserung der Europäischen Union beitragen könnten. Sie könnten das liberale Element stärken und verhindern helfen, dass die EU zu sehr nach innen und zu wenig in die Welt hinausblickt. Ein gutes Beispiel dafür ist die britische Politikwissenschaftlerin Helen Wallace, auch sie als Peeress adelig, die ihr gesamtes wissenschaftliches und politisches Leben den *European Studies* gewidmet hat. Es ist kein Zufall, dass sie der Partei der *Liberal Democrats* angehört, der am klarsten proeuropäischen Partei Großbritanniens, der man jetzt nur einen neuen Aufstieg wünschen kann. Im September 2015 hat sie in einem Vortrag in Berlin den Vorschlag gemacht, die Europäische Union nach einem ungewöhnlichen Bild zu gestalten: nach der Flugformation der Wildgänse. Denn diese ist höchst beweglich: Abwechselnd nehmen einige Vögel die Position an der Spitze ein, während sie zugleich stets bemüht sind, die Nachzügler wieder in den Schwarm zurückzuholen.[24]

Es gibt verschiedene Versuche, eine beweglichere EU metaphorisch zu fassen: zwei Geschwindigkeiten, unterschiedliche

Geschwindigkeiten, variable Geometrie, abgestufte Integration. Alle diese Bilder haben den Nachteil, dass sie entweder abstrakt sind oder Hierarchien vorsehen und allesamt die Teilnehmer gar nicht erwähnen. Da sind die Wildgänse besser. Warum, das haben Dame Helen Wallace und ihr Mann William Wallace schon 1995 deutlich gemacht. Sie hätten sich, schreiben sie, auf die Suche nach einem treffenderen Bild begeben: »Eine alternative Metapher zu den bestehenden findet man im Bewegungs- und Wanderverhalten der Wildgänse. Sie fliegen in Formation. Und zwar meist in einer V-Formation – das tun sie, wenn sie wissen, wohin die Reise gehen soll. Manchmal aber, wenn das Ziel unklar ist, fliegen sie auch in kleinen, formlosen Gruppen. Ihre Formation ist aerodynamisch sehr raffiniert. Denn sie gibt Auftrieb und ermöglicht es den Wildgänsen, über lange Distanzen hinweg die Geschwindigkeit so effektiv wie möglich zu halten. Gemessen an der Spannweite ihrer Flügel haben sie schwere Körper – sie haben (wie die schweren Staaten) ein großes Gewicht zu befördern, und ihre vergleichsweise kurzen Flügel (die Eliten) müssen schnell und kräftig schlagen, um das Momentum des Flugs zu bewahren. […] Die Gänse, die stärker sind, übernehmen Verantwortung für die anderen, indem sie ihnen Zeichen geben und beim Abheben des Schwarms vom Boden die Führung übernehmen.«[25]

Wie der Flug der schweren Wildgänse zwar unwahrscheinlich ist, aber dennoch Jahr um Jahr stattfindet, so ist die Entwicklung der aus schweren, geschichtsbehängten Nationen zusammengesetzten Europäischen Union ziemlich unwahrscheinlich. Sie findet aber statt. Freiheitlichen britischen Beistand könnte die EU gut gebrauchen. Jetzt erst recht. Und vielleicht gelingt es einer umsichtigen Europäischen Union ja, den derzeit trudelnden britischen Vogel sanft in den Schwarm zurückzulotsen.

4. Kapitel

Merkur und Mars: Mehr Außenpolitik!

Ein Konflikt ist ein Konflikt – und bleibt ein Konflikt

Sekten – ob politisch oder religiös – haben etwas gemeinsam: Sie schauen nach innen. Während sie sich ihren internen Querelen und ideologischen Streitereien hingebungsvoll und mit nie erlahmender Energie widmen, interessieren sie sich für den Rest der Welt nicht sonderlich. Sie sind *closed shops*. So betrachtet, trägt auch die Europäische Union, die im Prinzip ja weltoffen ist, doch auch sektiererische Züge. In dem Vierteljahrhundert nach der Epochenwende von 1989, die neue Chancen geschaffen und neuen Gefahren Raum gegeben hat, wurde in den Gremien der europäischen Gemeinschaft Runde um Runde mit großer Inbrunst über die eigene Befindlichkeit und über die Frage gestritten und gerungen, wie das Gemeinschaftsunternehmen denn am besten zu verfassen sei. Die bekannten Stationen lauten: Maastricht, Amsterdam, Nizza, Lissabon und immer wieder Brüssel. Draußen in der Welt taten sich unterdessen neue Konflikte auf, alte Konflikte dauerten weiter an oder fingen neues Feuer, und all das verdichtete sich zu größeren internationalen Stürmen.

Um nur einige Stationen zu nennen: Jugoslawien zerfällt, blutige ethnische Auseinandersetzungen sind die Folge. In etlichen Regionen, die einst zur Sowjetunion gehört hatten, brechen ebenfalls ethnische Konflikte aus. Am 11. September 2001 gelingt dem islamistisch begründeten Terrorismus sein bisher größter Schlag. In Afghanistan stürzt eine westliche Allianz daraufhin das Regiment der Taliban, das Land aber bleibt zerrissen und instabil, bis heute. Auch im Irak führt der von den USA betriebene Sturz Saddam Husseins nicht zu Befriedung oder Demokratie, bis heute nicht. Die im Dezember 2010 in Tunesien beginnende Welle von Revolten, gipfelnd im blutigen Sturz des libyschen Potentaten Gaddafi, mündet nicht in eine Ära des Friedens und des Aufbaus, sondern in neue Autokratie (Ägypten) oder ins Chaos (Libyen). Und schließlich bewirkt der mörderische Syrienkrieg eine weitere dramatische Destabilisierung des Mittleren Ostens. Während all das draußen in der Welt geschah, ging man im europäischen Haus des Friedens daran, mit der Nagelfeile noch die kleinsten Details der europäischen Verfassung, des europäischen Regelwerks und der europäischen Institutionen zu bearbeiten. Es war – auch im eigenen Interesse – nicht klug, sich auf die europäische Einigung als Bewegung nach innen zu konzentrieren und zu wenig auf die Welt draußen zu blicken. Heute, noch ein paar Krisenstationen weiter, wirkt das auf gespenstische Weise weltvergessen.

Sehr lange war die europäische Gemeinschaft in einem Zustand, der einem Urteil Henry Kissingers recht gab. Dieser soll in den Siebzigerjahren gesagt haben (später konnte oder wollte er sich nicht mehr daran erinnern): »Welche Telefonnummer hat Europa eigentlich? Wen muss ich anrufen, wenn ich mit Europa sprechen will?« Europa war dem nüchternen Gleichgewichtspolitiker ein vages, ungreifbares Gebilde, das er zu Recht für außenpolitisch unbedeutend, weil handlungsunfähig hielt. Trotz etlicher außenpolitischer Gehversuche hat sich daran bis heute nicht sehr viel geändert. Das muss und das kann anders werden. Es muss anders werden, weil sich – wie zuletzt die Massenflucht nach Europa nachdrücklich gezeigt hat – die europäische Gemeinschaft in ihrem Bestand gefährden würde, wenn sie nicht mit großer Anstrengung darangeht, zu einem starken politischen Akteur in ihrer Nachbarschaft zu werden. Es kann anders werden, weil in den Institutionen der EU wie in der Bevölkerung der Mitgliedstaaten die Einsicht in diese

Notwendigkeit wächst und in der Gemeinsamen Sicherheits- und Außenpolitik (GASP) wie in der Gemeinsamen Sicherheits- und Verteidigungspolitik (GSVP) der EU erste Ansätze verwirklicht sind. Eine gemeinsame europäische Außenpolitik wird sich ebenso entwickeln, wie eine gemeinsame europäische Armee geschaffen werden kann. Die europäische Gemeinschaft sollte diesen Aufgaben mindestens die gleiche Bedeutung beimessen wie dem Bemühen, in der Wirtschafts- und Währungsunion voranzukommen. Europa kann gleichermaßen Mars und Merkur huldigen.

Zu viel Innenarchitektur, zu wenig Außenpolitik

Die Friedensmacht Europa soll eine Armee haben? Das mag vielen als eine Zumutung erscheinen. Ist doch gerade die Konfliktvermeidung, das Verhandeln, das Reden die große Besonderheit der europäischen Einigung. Zudem zeigen alle Umfragen seit mindestens einem Jahrzehnt, dass die Europäer – wenn auch mit unterschiedlicher Verve – militärische Interventionen wie die in Afghanistan oder im Irak rundweg ablehnen. Schaut man indes genauer hin, ist der Befund nicht mehr so eindeutig. Denn gemeinsames europäisches Handeln auf dem Gebiet der Außen- und Sicherheitspolitik ist keineswegs verpönt. 73 Prozent der Deutschen waren 2014 der Meinung, Europa brauche eine gemeinsame Außenpolitik, und sogar 78 Prozent hielten eine *gemeinsame* Sicherheits- und Verteidigungspolitik für geboten.[1] Auf die Frage, ob angesichts der weltpolitischen Bedrohungen eine europäische Armee vielleicht der logisch nächste Schritt sei, gab es 2015 in einer Umfrage unter Deutschen mehr Zustimmung als Ablehnung: 35 Prozent waren dafür, 31 Prozent dagegen (den höchsten Grad der Zustimmung gab es interessanterweise unter den Anhängern der Grünen: 50 Prozent sprachen sich für die europäische Armee aus).[2] Laut einer weiteren Umfrage waren 2012 in Frankreich und Spanien sogar etwa 70 Prozent der Befragten für eine europäische Streitmacht.[3]

Offensichtlich geht unter Europäern durchaus die Sorge um, der Kontinent tue nicht genug, um seinen Bestand nach außen hin zu wahren. Ein Pfund, mit dem zu wuchern wäre.

Nicht, dass die europäische Gemeinschaft gänzlich weltvergessen wäre. In ihrem Drang, stets mehr Kompetenzen zu erlangen, greift sie inzwischen recht weit aus. Es gibt, höchst EU-offiziell, eine Afrikapolitik, eine Asienpolitik, die Entwicklungszusammenarbeit, es gibt große Anstrengungen in weltweiter humanitärer Hilfe sowie eine Lateinamerikapolitik und sogar eine Mittelmeerpolitik, die auf die nicht europäische Seite des *mare nostrum* zielt. All diese Politiken werden eifrig betrieben. Die Afrikapolitik etwa umfasst mehrere EU-Missionen in Afrika sowie eine Strategie für die Sahelzone. Allein für die Unterstützung der Afrikanischen Union (AU) hat die EU über den Europäischen Entwicklungsfonds 300 Millionen Euro aufgebracht, und ein Programm zur Hilfe beim Aufbau von AU-Institutionen umfasst rund 32 Millionen Euro.[4] Das alles ist ehrenwert. Und es steht ganz in der Tradition von Willy Brandts Nord-Süd-Kommission, die früh ein kühner, heute leider fast vergessener Versuch war, eine moderne Politik für die *eine* Welt zu entwickeln. Aber ein Gutteil der EU-Außenanstrengungen funktioniert noch immer nach dem Gießkannenprinzip. Es fehlt der Wurf. Es mutet an, als lebten wir weiterhin in der Welt vor 1989, als europäische Hilfe noch als das altruistische und entlastende Scherflein gelten konnte, das der reiche Kontinent den Armen und Ärmsten zukommen ließ.

Erst zu Anfang der Siebzigerjahre kam es zu ersten Versuchen, den Außenhandelsbeziehungen auch so etwas wie eine Außenpolitik zur Seite zu stellen. Es entstand – schon der Name signalisiert die ganze Ratlosigkeit – die unverbindliche Europäische Politische Zusammenarbeit (EPZ), die über keine vertragliche Grundlage verfügte und auf die freiwillige Zusammenarbeit der beteiligten Regierungen angelegt war. 1977 zeitigte die EPZ einen ersten Erfolg: Die Europäer einigten sich für Südafrika auf einen gemeinsamen Verhaltenskodex, der für alle europäischen Unternehmen verbindlich wurde, die dort tätig waren:

Sie wurden aufgefordert, schwarze und weiße Beschäftigte gleich zu behandeln und die Rassensegregation in ihren Betrieben abzuschaffen. Ein Erfolg, gewiss, aber ein kleiner. Als die Sowjetunion im Dezember 1979 in Afghanistan einmarschierte, fand die europäische Gemeinschaft zu keiner gemeinsamen Reaktion. Europa schwieg. Und auch zum Nato-Doppelbeschluss, ebenfalls 1979, gab es in der Gemeinschaft keine einheitliche Position. Weil das Thema so strittig und der populäre Widerstand dagegen so mächtig war, klammerte man auch das aus. Europa schwieg abermals. Es machte sich klein.

Westeuropa konnte sich das leisten, weil es die Sorge um die eigene Sicherheit gewissermaßen externalisiert hatte. Auch wenn sich einige Staaten der europäischen Gemeinschaft – das Vereinigte Königreich und mehr noch Frankreich – noch immer in ihrer kolonialen Tradition als wehrhafte und militärisch starke Nationen sahen, genossen sie wie ganz Westeuropa ihren Frieden und ihre Sicherheit unter dem Schutzmantel der USA. Man musste sich nicht sorgen, nicht kümmern. Das galt ganz besonders für die Bundesrepublik, deren Bürger in Abkehr vom NS-Militarismus in ihrer Mehrheit recht schnell zu habituellen Pazifisten geworden waren. Schon die bloße Vorstellung, politisch im Weltgefüge zu stehen, wirkte für manche surreal und brandgefährlich. Die Bundesrepublik war ein außenpolitisch taubes Land, und etwas weniger stark galt das für alle Mitgliedstaaten der Europäischen Union.

Nachher ist man immer klüger. Dennoch ist es erstaunlich, wie wenig man sich in der europäischen Gemeinschaft nach 1989 Gedanken über Europas Rolle und Stellung in der Welt gemacht hat. Europa reagierte *unpolitisch* auf den Epochenbruch. Es ahnte noch nicht, dass der Umbruch, den es so bejubelte, auch dunkle Kräfte freisetzen könnte, freisetzen musste. Dass er alte, eingefrorene Hass- und Gewaltpotenziale wieder zu neuem Leben erwecken würde. Der Zerfall Jugoslawiens, die Massaker in Bosnien und das serbisch-kosovarische Drama – Ereignisse direkt vor der Tür Europas, genauer: zwar jenseits der Grenzen der Europäischen Union, aber doch mitten in

Europa – haben die europäische Gemeinschaft vollkommen überrascht. Auf sich allein gestellt, also ohne die Hilfe der USA, hätte sie mehr oder minder hilflos zusehen müssen, wie an ihrem Rand alle Regeln, auf die sie sich geeinigt hatte, brutal missachtet wurden.

Der Historiker Tony Judt äußerte 1996 den Verdacht, die europäische Einigung habe nur für Westeuropa und nur für die Zeit des Kalten Krieges getaugt, danach habe sie ausgespielt. Und er fällte ein hartes Urteil. Er schrieb, dass das Unheil von Bosnien »die ganze Hohlheit der ›europäischen‹ Konstruktion offengelegt hat, seine narzisstische und selbstsüchtige Obsession mit fiskalischer Korrektheit und kommerziellem Vorteil«.[5] Auch wenn das überzogen ist: Wir sollten Judts Verdikt sehr ernst nehmen. Die europäische Gemeinschaft hat zu spät gemerkt, dass sie nach dem Ende ihrer Umhegung durch das Gefüge des Kalten Krieges ins Freie – oder wenigstens: Freiere – entlassen war. Sie hat es versäumt, über ihre Stellung in der Welt nachzudenken, und hat sich stattdessen voller detailverliebter Energie mit ihrer Inneneinrichtung befasst. Es war ein Versäumnis, den Raum nicht in Augenschein zu nehmen, in den Europa gestellt ist. Wie vermutlich kein anderer hat das der Historiker und Publizist Karl Schlögel getan, der schon vor 1989 mit Nachdruck auf die Bedürfnisexplosion hinwies, die sich östlich der Oder-Neiße-Linie abzeichnete. Und der mit Leidenschaft die fundamentalen Veränderungen aufzeigte, die das mit sich brachte, aber auch erheischte.[6]

Polnische Kapriolen

Bulgarien, Estland, Kroatien, Lettland, Litauen, Polen, Rumänien, Slowenien, die Slowakei, Tschechien und Ungarn: Mehr als ein Drittel der heute (noch) 28 Mitgliedstaaten der Europäischen Union gehörte bis 1989 dem Einflussbereich der Sowjetunion an. Dass diese Staaten heute in der EU Platz gefunden haben, lag nicht in der Logik der alten europäischen Einigung.

Sie kamen aus einer anderen Zeit und aus einer anderen Geschichte. Konnte man ernsthaft glauben, man dürfe ihren Eintritt in die EU als *Erweiterung* in Angriff nehmen? Erweiterung heißt ja: Es kommt einer hinzu, der eigentlich ohnehin schon dazugehört. Und es bedeutet: Der alte Club wird einfach größer, er dehnt seinen Umfang aus, muss sich aber nicht verändern. Dabei wurde ein kategorialer Unterschied übersehen, der die Mitglieder der europäischen Gemeinschaft von 1989 von denen trennt, die ab 2004 beigetreten sind.

In der alten westeuropäischen Gemeinschaft fanden sich zu wesentlichen Teilen Nationen – vor allem Frankreich, Großbritannien, Belgien, die Niederlande, aber auch Spanien, Portugal und sogar Italien – zusammen, die Kolonialmächte gewesen waren, ihr koloniales Hinterland aber verloren hatten oder – wie Frankreich und Großbritannien – in den Nachkriegsjahrzehnten im Begriff waren, es zu verlieren. Der europäische Zusammenschluss war auch von der Hoffnung beflügelt, durch ihn könne ein Stück der alten Herrlichkeit gerettet werden. (Mit am wenigsten traf das auf die Bundesrepublik zu. Deutschland war ja nie im großen Stil Kolonialmacht gewesen. Und Hitlers Versuch, das am Ende doch noch zu erzwingen, fiel so furchtbar aus, dass sein Scheitern nicht einmal Phantomschmerzen hinterließ.) In diesem Sinne war die europäische Gemeinschaft auch so etwas wie eine Notgemeinschaft von Nationen, die in ihrer Bedeutung geschrumpft waren.[7]

Mit dieser Geschichte hatte aber keiner der Staaten, der neu hinzukam, besonders viel zu tun. Alle waren sie, falls es sie als Staaten überhaupt gegeben hatte, Parias im Nationenwettbewerb gewesen. Sie einfach dem postkolonialen Gebilde der europäischen Gemeinschaft als weitere Perlen der Kette hinzuzufügen war eine grobe historische Unachtsamkeit – die dadurch nicht geringer wird, dass die Beitrittskandidaten dem Club unbedingt angehören wollten. Die europäische Gemeinschaft sendete nur eine Botschaft an sie: Akzeptiert unsere Regeln und tretet ein! Die besondere Verfasstheit dieser Staaten – etwa ihr Bedürfnis nach nationaler Souveränität, das jetzt endlich gestillt sein wollte – spielte bei den Beitrittsverhandlungen keine große Rolle.

Als sich dann erwies, dass sie bei aller wechselseitigen Annäherung doch noch vieles von den Staaten Westeuropas trennt, kehrte Ratlosigkeit ein. Und schnell wird man in der EU in solchen Fällen ungnädig. Hatte man sich nicht vor ihrem Beitritt darauf geeinigt, dass die Neuen den Regelkanon der europäischen Gemeinschaft en bloc übernehmen? Ja, das hatte man. Dieses Ja wurde aber fahrlässig überschätzt, überbewertet. Das hat mit einer fatalen Buchstabengläubigkeit in den Institutionen der EU zu tun, mit der seltsamen Überzeugung, ein auf Papier und im Netz festgehaltener Vertrag könne auf magischem Wege die Buchstaben und Sätze zu politischer und gesellschaftlicher Wirklichkeit werden lassen. Die paragrafenkundigen EU-Handwerker gingen mit beträchtlicher kultureller Ahnungslosigkeit vor. Obwohl doch jeder weiß, dass es die *longue durée* wirklich gibt und kulturelle Prägungen sich nicht per Proklamation, sondern nur langsam im Lebenstakt wirklicher Menschen verändern, glaubte man, die neuen Mitglieder hätten mit ihrem Beitritt das volle Programm verinnerlicht – von Menschenrechten über Minderheitenrechte bis hin zu dem verästelten Verbots- und Gebotswerk des Genderansatzes.

Wenn es dabei klemmt, können Repräsentanten Brüssels schnell grob werden. Etwa im Umgang mit der von der Partei »Prawo i Sprawiedliwość« (PiS; Recht und Gerechtigkeit) seit Herbst 2015 geführten polnischen Regierung. Diese hatte, kaum im Amt, der Unabhängigkeit des Verfassungsgerichts schwer zugesetzt und im Eilverfahren ein Mediengesetz verabschiedet, das der Regierung bisher unzulässige Durchgriffsrechte in die staatlichen Medien hinein erlaubte. Auf Letzteres reagierte der auch für Medien zuständige EU-Kommissar Günther Oettinger mit einem bemerkenswerten Satz: »Es spricht viel dafür, dass wir jetzt den Rechtsstaatsmechanismus aktivieren und Warschau unter Aufsicht stellen.«[8] Natürlich ist es legitim und geboten, in einem solchen Fall Vorbereitungen zu treffen für die Prüfung, ob das Verhalten der polnischen Regierung mit dem Regelwerk der EU konform geht oder nicht. Es ist aber eine grobe politische Instinktlosigkeit, dass ausgerechnet ein deutscher Kommissar Polen unter Aufsicht stellen möchte. Nach dem, was Deutschland in Polen im 20. Jahrhundert angerichtet hat, müsste sich derlei verbieten – umso mehr, wenn man weiß, wie brüchig die deutsch-polnische Annäherung nach einem Vierteljahrhundert noch immer ist.[9] Oettingers Äußerung ist ein gutes Beispiel für die kulturelle Ignoranz, auf die man in Brüssel immer wieder treffen kann. Vor dem Gespräch die Drohung. Nicht immer ist die EU eine Redegemeinschaft.

Mit Sicherheit bewegt sich Polens PiS-Regierung an der äußersten Grenze dessen, was in der europäischen Gemeinschaft akzeptiert werden kann. Und sicher ist ihr die EU-Tendenz zur Vergemeinschaftung und zu geteilter Souveränität zuwider. Sie setzt damit freilich nur eine Politik fort, die – freilich etwas milder und verbindlicher – auch die in Deutschland so geschätzte Vorgängerregierung betrieben hatte. Auch diese sah in der Europäischen Union nicht so sehr einen Club des Teilens und der wechselseitigen Verpflichtungen, als vielmehr ein nach außen schützendes Dach, unter dem Polen die Existenz eines friedlichen Nationalstaats fortführen kann. Es so zu sehen liegt ganz in der Logik der polnischen Geschichte. Für einige EU-Gründungsstaaten, vor allem für die Bundesrepublik, aber auch für Italien, war die Idee, sich in eine Staatengemeinschaft einzubetten, nach den Erfahrungen der Jahre 1933 bis 1945 plausibel und verlockend. Konrad Adenauer hat dafür eine bauernschlaue Formulierung gefunden, die halb blendet, halb aber auch eine große Wahrheit enthält: »Souveränitätsgewinn durch Souveränitätsverzicht.«[10]

So kann man das in Polen, historisch begründet, nicht umstandslos sehen. Und wenn man bedenkt, dass es nach dem Ende des Zweiten Weltkriegs ein halbes Jahrhundert gedauert hat, bis in die deutsch-polnischen Beziehungen auch nur ein Hauch von neuem und immer noch wackeligem Vertrauen eingekehrt ist – dann müsste man wissen, dass die west- und die osteuropäischen Vorstellungen von Souveränität und Teilung von Souveränität noch lange brauchen, bis sie sich halbwegs angenähert haben. Zumal das in Westeuropa ebenfalls wachsende Misstrauen gegenüber der EU doch erwiesen hat, dass hier die Teilung von Souveränität längst nicht selbstverständlich geworden ist. Dafür braucht es viel Geduld. Sanktionen mögen irgendwann nötig sein. Aber sie fördern die Annäherung nicht. Auch sollten wir das Vertrauen haben, dass die Rede- und Rechtsgemeinschaft Europäische Union gerade wegen ihres auf Konsens angelegten Verhandlungscharakters am Ende die Kraft hat, die politischen Kulturen in der EU ohne Werteverlust einander kompatibel zu machen. Bis dahin wäre es hilfreich, das verödete »Weimarer Dreieck« aus Deutschland, Polen und Frankreich wieder mit Leben zu erfüllen. Polen hat es trotz allem verdient, unter den Großen Europas mitzuspielen. Im Hinwegfegen von Regierungen hat es oft genug eine Kraft entfaltet, die hoffen lässt, dass man sich auch diesmal nicht auf Dauer mit einer auf archaische Weise nationalistischen Regierung abfinden wird. Gerade in Vertrauenskrisen sollten die Türen offenbleiben.

Auch deswegen, weil der Beitritt Polens in die Europäische Union dem Land – neben großen Vorteilen – auch Probleme gebracht hat. Probleme, die es den Polen, die laut Umfragen immer besonders EU-freundlich waren, nicht immer leichtmacht, bei ihrer EU-Freundlichkeit zu bleiben. Polnische kleine und mittlere Unternehmen, die den größten Teil der Wirtschaftsleistung des Staates erbringen, sind seit geraumer Zeit auf einer Aufholjagd: Sie wollen Anschluss an das Niveau westlicher Staaten finden. Das ist ein schwieriger Prozess – aus Gründen, die mit dem Sozialismus zu tun haben, historisch aber auch noch weiter zurückreichen. Von der Europäischen Union erwarten sie, dass sie für faire Konkurrenzbedingungen, für einen fairen ordnungspolitischen Rahmen sorgt.

Ein Unternehmen aus dem wirtschaftlich erfolgreichen Süden Polens hat damit jedoch keine guten Erfahrungen gemacht. 1991 gegründet, hat sich die Firma Fakro in Nowy Sącz auf Dachfenster spezialisiert. Sie hatte bald Erfolg, auch deswegen, weil sie viel in Forschung und Entwicklung investiert, weil sie Intelligenz mobilisiert. Viele Jahre war sie auf Erfolgskurs – fast aus dem Nichts heraus gelang es ihr, mehr als 15 Prozent des Weltmarkts in ihrer Branche zu erobern. Bis ihr der Platzhirsch aus Dänemark in die Quere kam. Velux nämlich versuchte mit einigem Erfolg, dem osteuropäischen Konkurrenten mit Dumpingpreisen das Geschäft in Europas Westen zu verderben. Nicht ohne Erfolg. Das fand Ryszard Florek, der Gründer von Fakro, eigentlich ein überzeugter Europäer, unfair. Kann es angehen, fragte er, dass westeuropäische Unternehmen, die historisch einen großen Vorsprung haben, ungestraft osteuropäische Unternehmen bei ihrer Aufholjagd behindern? Er ging damit nach Brüssel: Die EU sollte, was ihr gut zu Gesicht gestanden hätte, faire Bedingungen schaffen. Sein Anliegen landete zwar bei der Kommission, diese entschied aber, den Fall – mangels Beweisen – nicht zu behandeln.

Das mag formal korrekt gewesen sein. Klug und gerecht war es nicht. Das Problem von Fakro ist eines von vielen Problemen, die die Globalisierung schafft. Und es belegt übrigens auch, dass die EU keineswegs unerbittlich den Weg der Überregulierung geht: Hier ist zu wenig reguliert. Es wäre eine originäre Aufgabe der EU-Kommission, die ja nicht nur für den Buchstaben, sondern auch für den Geist der Europäischen Union steht, in ihrem nach Osten ausgedehnten Raum für Chancengleichheit zu sorgen, auch aus Gründen historischer Verantwortung. Sie tut das – zumindest noch – nicht. Damit schürt sie in Polen das Gefühl, im Zweifelsfall werde man von der EU, die vor allem dem Westen Europas verpflichtet sei, alleingelassen. Auch diese Enttäuschung treibt gutwillige polnische Wähler, die im Grunde mit Jarosław Kaczyńskis Rechtsnationalismus nichts im Sinn haben, dazu, für dessen PiS-Partei zu stimmen.

Europas Weltvergessenheit

Was schon immer galt, gilt in Zeiten der Globalisierung noch viel mehr: Politik und Diplomatie sollten bemüht sein, auf das eigene Handeln auch mit dem Blick der anderen zu sehen. Das aber unterblieb im Umgang der europäischen Gemeinschaft mit Russland. Die EU hatte und hat selbstverständlich das Recht, sich mit jedwedem Staat ins Benehmen zu setzen, der in den Club eintreten will. Sie sollte dabei aber die Interessen, Befürchtungen und Verkrampftheiten anderer berücksichtigen. Russland, das gestutzte und seiner selbst unsichere Imperium, hat sowohl die Ostausdehnung der Nato wie später die Ostausdehnung der EU akzeptiert – was keineswegs selbstverständlich war. Es war eigentlich leicht zu erkennen, dass diese Erweiterungen der russischen Führung, in der sich alte imperiale Reflexe und postkommunistischer Kleinmut mischten, Sorgen machen mussten. Das rechtfertigt natürlich nicht das russische Umschalten auf Geo- und militärgestützte Einschüchterungspolitik. Es rechtfertigt die Annexion der Krim so wenig wie den russisch geführten Krieg am Ostrand der Ukraine oder den ganzen neoimperialen und »eurasischen« Budenzauber, den Wladimir Putin entfacht hat. Vielleicht aber wäre das zu vermeiden oder zu mildern gewesen, wenn die EU etwas mehr die Interessen Russlands im Auge gehabt und anerkannt hätte, dass Ängste auch dann ins Gewicht fallen, wenn sie ohne reale Basis sind. Die EU hat das nicht genug getan, weil ihr der scharfe Blick nach außen fehlte, weil sie im Grunde so gehandelt hat, als ende an ihren eigenen und den Grenzen der ihr assoziierten Staaten die Welt. Wäre heute die Zone zwischen Russland und Europäischer Union stabil und halbwegs befriedet, hätte die europäische Gemeinschaft eine große Sorge weniger und könnte sich viel kraftvoller mit den anderen Verwerfungen befassen, die Europa an seinen Süd- und Südostgrenzen bedrängen.

Anders als etwa die beiden Amerikas ist Europa kein selbstverständlicher Kontinent, dessen Konturen sich mit einem schnellen Blick auf die Landkarte erschlössen. Oft ist, zumeist in verächtlichem antiwestlichen Ton, gesagt worden, Europa sei nur ein Appendix der großen eurasischen Landmasse: nicht sonderlich von Bedeutung. Daran ist jedoch so viel wahr, dass Europa zwar nach Norden und vor allem nach Westen hin klare Grenzen hat, dass aber seine Grenzen nach Osten und auch nach Süden hin nicht naturgegeben sind. Daher ist es genötigt, sich eine politische Kontur zu geben und sich politisch zu definieren. Das aber hat die EU beharrlich versäumt, aller Intensivierung ihrer außenpolitischen Anstrengungen zum Trotz. Es ist erstaunlich, in welchem Maße selbst bei erfahrenen EU-Politikern noch immer das Bewusstsein fehlt, dass sich Europa als politische Größe in Stellung bringen müsste, dass es Signale in die sie umgebenden Regionen senden und sich mit diesen Regionen *in Beziehung setzen* müsste. Stattdessen hat man den Eindruck, die europäische Gemeinschaft verstehe sich immer noch als eine in den Atlantik-Mittelmeer-Bogen eingefügte Kuschelzone mit einigen östlichen und südöstlichen Erweiterungsrayons.

Ganz besonders schmerzlich ist das in einer Region zu spüren, die in den EU-Diskursen der vergangenen 20 Jahre nur eine periphere Rolle gespielt hat, vermutlich weil man sie für Europas Rand hielt, die aber alles andere als das ist: in der Mittelmeerregion. Hier nähern wir uns dem vielleicht größten Drama der europäischen Gemeinschaft. Die EU hat die Mittelmeerregion sträflich vernachlässigt, und zwar von Jahrzehnt zu Jahrzehnt mehr. Das war nicht immer so gewesen. Als die europäische Einigung 1957 wenige Kilometer vom Mittelmeer entfernt, in Rom, auf den Weg gebracht wurde, sah das noch anders aus. In Gestalt von Italien und Frankreich waren zwei der drei großen Gründungsnationen Mittelmeeranrainer, wie es verniedlichend heißt. Und mit Bedacht wurde die Stadt von Romulus und Remus als der Ort gewählt, an dem die Römischen Verträge unterzeichnet wurden. Es schwang eine Hommage an das antike Rom wie an das städtestaatliche Italien der Renaissance mit, auch eine Erinnerung daran, dass die europäische Zivilisation nicht so sehr aus den transalpinen Wäldern, sondern aus dem zisalpinen Land der Helle und der Sonne, auch aus Griechenland und Jerusalem kam.

Es war aber in diesen fortschrittsgläubigen und zukunftsoptimistischen Zeiten (im zweiten der beiden Römischen Verträge wurde die Atomgemeinschaft Euratom gegründet!) auch ein aktuelles europapolitisches Signal. Die in Rom angestoßene EWG sollte Europa zu einer Zone gleichen Wohlstands von Nord bis Süd machen. Der umtriebige Walter Hallstein, von 1958 bis 1967 erster Präsident der Kommission, verwies in einem Resümee von 1969 auf diesen Wunsch der EWG-Gründer: »Schon in der Präambel betont der Römische Vertrag, es müsse die harmonische Entwicklung der sechs Volkswirtschaften auch dadurch gefördert werden, dass der Abstand zwischen einzelnen Gebieten und der Rückstand weniger begünstigter Gebiete verringert werden. Art. 2 des Vertrags erklärt diese Entwicklung ausdrücklich für eine der Aufgaben der Gemeinschaft.«[11] Rückstände zügig aufholen, alle Staaten gleichermaßen an die Tränke des Wohlstands führen: Man glaubte damals wirklich, das sei nicht nur möglich, sondern auch binnen kurzer Zeit zu bewältigen.

Die ganze unbekümmerte Aufbruchsstimmung dieser frühlingshaften europäischen Findungszeit springt den heutigen Leser an, wenn er sich nicht ohne Wehmut vor Augen führt, welche Hoffnungen Hallstein in die EWG und ihr Vermögen setzte, ganz Europa in eine wunderbare nahe Zukunft zu katapultieren. Über den Süden Italiens, die abgehängte Hälfte des Landes, schrieb der nüchterne Hallstein geradezu schwärmerisch: »Auf ein Schlagwort gebracht, liegt die italienische Zukunft nicht darin, der Gemüsegarten und die Kornkammer des Mittelmeerraums zu sein, sondern seine Werkstatt, sein Ruhrgebiet zu werden. Die sich anbahnenden Erfolge der Erschließung des ›Mezzogiorno‹ versprechen nicht nur ein weiteres italienisches Wirtschaftswunder in den siebziger Jahren, über das Europa nur ungeteilte Freude empfinden kann, sondern zugleich den Abschluss der vorwiegend agrarpolitischen Periode der italienischen Wirtschaftsgeschichte. Ich glaube daher, dass die Marktöffnung Europas gegen Süden nur noch eine Frage der Zeit und der richtigen Dosierung der Etappen sein wird.«[12] Es muss eine schöne Zeit des Aufbruchs gewesen sein, in der man an solche Wunder wirklich glauben konnte. Man soll sich darüber nicht lustig machen. Doch es kam dann anders. Der Mezzogiorno, in den seit 1958 gewaltige Geldsummen aus den europäischen Strukturfonds flossen, ist noch immer sehr, sehr weit von einem Wirtschaftswunder entfernt. Auch das Ruhrgebiet ist übrigens nicht mehr das, was es einmal war.

Mare nostrum

Immer wieder ist in den vergangenen Jahrzehnten erwogen worden, Europa zur Großmacht zu formen. Das ist der falsche Weg. Denn abgesehen davon, dass dieses Vorhaben Europa weit überfordern würde – es waren bei diesem Vorhaben zwei ungute Motive, einander verwandt, am Werk. Zum einen: Die Staaten Europas müssten sich – so das Argument – zusammenschließen, damit der Kontinent wieder die führende Rolle in der Welt zurückerobern kann, die er bis 1914 innehatte.[13] Das wäre jedoch ein Weg zurück zu einer Großmachtpolitik, die nicht mehr in die Zeit passt. Und zum anderen schwang ein alteuropäisches Beleidigtsein mit: Man hatte es nie verwunden, dass die USA – Europas entlaufene Kinder – den alten Kontinent schwungvoll überholt und sich als Supermacht etabliert hatten. Die europäische Einigung sollte so etwas wie eine späte Rache an den USA sein, die man noch immer als einen – nicht zuletzt kulturell minderwertigen – Parvenü ansah. Das soll und kann Europas Weg nicht sein. Europa kann keine Konkurrenzmacht werden. Sein Weg in die Welt ist ein anderer. Es kann sich – durchaus als Macht – in schon bestehende Strukturen einfügen, an sie andocken. Also Teil der transatlantischen Zusammenarbeit bleiben, mit dem Vereinigten Königreich – ob Mitglied oder nicht – als der Relaisstation, die über den Atlantik hinweg die Alte mit der Neuen Welt in Verbindung hält.

Außerdem sollte sich die europäische Gemeinschaft viel stärker als bisher für die unter Schwäche und Auszehrung leidende Organisation für Sicherheit und Zusammenarbeit in Europa (OSZE) engagieren, der 57 Staaten – mehr als doppelt so viele, wie die EU Mitglieder hat – angehören, darunter die USA, Russland, fast alle Nicht-EU-Staaten Europas sowie fernere Länder wie Georgien, Tadschikistan und die Mongolei. Als verstetigte Staatenkonferenz zur Sicherung des Friedens und zum Wiederaufbau nach Konflikten haben die OSZE und ihre Vorläuferorganisation KSZE während des Kalten Krieges und bei der Etablierung von demokratischen Systemen in den Staaten Mittel- und Osteuropas beträchtliche Erfolge erzielt. Heute aber ist die OSZE fast zu einem Schatten ihrer selbst geworden – ein Beweis mehr dafür, dass die Bemühungen um eine internationale Ordnung, die möglichst viele *player* miteinander in Beziehung setzt, erlahmt sind. Es sollte eine der vordringlichen Aufgaben der EU sein, der OSZE wieder auf die Beine zu helfen.

Am wichtigsten aber dürfte es sein, dass die Europäische Union in der Region eine viel kühnere Politik entwickelt, die vor den Toren Europas liegt, in gewisser Weise Teil Europas ist und in der heute eine furchtbare Unruhe herrscht: in der Mittelmeerregion. Die europäische Gemeinschaft braucht eine neue, nicht mit linker Hand betriebene Mittelmeerpolitik. Auch weil es an der südlichen und vor allem der östlichen Küste des Mittelmeers brennt. Wir müssen wieder realisieren, was einst europäisches Gemeingut gewesen war. Dieses Meer trennte nicht, es verband. In etlichen Sprachen trägt es diese Eigenschaft gleich im Namen. Es ist das Meer »zwischen den Ländern«. Um die Fülle nur anzudeuten: *Méditerranée* (französisch), *Mediterraneo* (italienisch), *Mediterráneo* (spanisch), *Μεσόγειος* (Mesogeios; griechisch), *Marea Mediterană* (rumänisch) und *Mediterranean Sea* (englisch). Es war offensichtlich ein lebhaftes, von vielen Völkern nicht nur des Mittelmeerraums geteiltes Gefühl, dass dieses Meer Länder verbindet, dass es eine Wasserbrücke ist. Das Römische Reich umspannte für Jahrhunderte (fast) das ganze Mittelmeer. Alexandria und Jerusalem lagen nicht jenseits Europas, sie gehörten zu der einen römischen Welt. Das ist mehr als kulturelle Nostalgie, mehr als ein preziöses Erinnerungsstück.

Denn auch wenn das Römische Reich unterging, blieb die Mittelmeerregion über mehr als ein Jahrtausend lang ein Raum, in dem sich die Völker stets kreuzten und begegneten. Das Eindringen der Araber nach Spanien zeugt ebenso davon, wie es die Spuren belegen, die Afrika in Sizilien hinterlassen hat. Der Historiker David Abulafia beendet sein gewaltiges Buch über das Mittelmeer so: Als Händler, Sklaven oder Pilger gelangten Menschen jenseits des Meeres in fremde Gesellschaften, als Außenseiter – »doch ihre Anwesenheit vermag diese fremden Gesellschaften zu verändern und etwas von der Kultur des einen Kontinents in einen anderen zu bringen, zumindest an dessen Rändern. So wurde der Mittelmeerraum zu der Region, in der es zu den weltweit wohl intensivsten Wechselwirkungen zwischen verschiedenen Gesellschaften kam. Und in der Geschichte der menschlichen Zivilisation spielte das Mittelmeer eine größere Rolle als jedes andere Meer.«[14] Auch wenn heute andere Zentren kräftiger sind, spricht doch vieles dafür, dass der Mittelmeerraum trotz der gegenwärtigen Verwerfungen, die nicht beflügeln, sondern lähmen, auch in Zukunft ein Kraftwerk bleiben wird. Im Schlechten oder im Guten. Die Europapolitik täte gut daran, sich dessen wieder zu vergewissern.

Um das Mittelmeer herum hat es nie lange Ruhe gegeben. Die Regenten, Potentaten und Völker machten sich gegenseitig immer wieder Territorien und Handelswege streitig. Und der Mittelmeerraum war auch immer wieder der Ort, an dem die Religionen aneinandergerieten, die heute wieder in einer scheinbar unauflöslichen Spannung zueinander stehen: die christliche, aufgeteilt in die westliche, die östliche und einige kleinere Kirchen, und der Islam. Die Dramen, die sich heute von Syrien bis Libyen abspielen, sind immer noch eine ganz direkte Folge des Zusammenbruchs des Osmanischen Reiches, in den durch den Ersten Weltkrieg ganz Europa verwickelt war, sowie der willkürlichen neuen Grenzziehungen danach. Es geht gar nicht so sehr um die Schuld einst kolonialer Staaten und das große Versagen der europäischen Diplomatie vor und nach 1914. Sondern einfach darum, dass die Dramen dort *unsere Dramen* sind. Wenn wir uns von ihnen abwenden, wenden wir uns von uns selbst ab.

Der Unruheherd Mittelmeerraum enthält Europas Wesen, man kann ihm Europas Fortbewegungsart ablesen: Die Unruhe ist Europas Gesetz, auch eines friedfertigen Europas. Sie treibt zu Konflikten und Teilungen, aber auch zu Gemeinsamkeiten und Verbindungen an. Europa kann nicht anders, konnte noch nie anders. Die Zwietracht liegt ebenso in der DNA des Kontinents wie die Eintracht.

Die Union für das Mittelmeer: Mehr als nichts, aber zu wenig

Nicht, dass sich gar nichts täte. Seit etlichen Jahren wächst in den Gremien der Europäischen Union die Überzeugung, der Außenpolitik müsse ein größeres Gewicht zukommen. Das hat – den Mittelmeerraum betreffend – auch zu einer neuen politischen Initiative geführt, der »Union für den Mittelmeerraum« (UfM).

Europa braucht eine ernst zu nehmende Politik für diese Region. Doch nicht aus diesem Grund entstand die UfM. Sie entstand – als Wahlkampfgag. Nicolas Sarkozy brachte sie 2007 im französischen Präsidentenwahlkampf auf, um sich als vorausschauender Außenpolitiker profilieren und zum anderen den Wählern die in Frankreich gern vernommene Botschaft vermitteln zu können, dass das Land noch immer eine bedeutende Macht in der Welt sei. Zum Präsidenten gewählt, verfolgte Sarkozy die Idee weiter. Unter anderem sah er, kein dummer Gedanke, in der *Union méditerranée*, wie er sie nannte, eine Möglichkeit, die Türkei einzubinden, sie aber nicht Mitglied der EU werden zu lassen. In Spanien, Italien und Griechenland stieß das Vorhaben auf einiges Interesse, die nördlichen EU-Staaten,

Deutschland voran, und die Kommission waren weniger begeistert. Das Ganze erschien ihnen zu vage. In den nördlichen Ländern mangelte es an Empathie für die Region, und vor allem in der Kommission befürchtete man, hier solle ein Sonderverein entstehen, der der Kommission entgleiten könnte.

Es war in der Tat vollkommen unklar, welche Gestalt diese Union annehmen sollte. Ebenso blieb unklar, in welchem Verhältnis sie zu dem schon bestehenden, 1995 auf einer Konferenz ins Leben gerufenen Barcelona-Prozess stehen sollte, dessen Ziel es auch schon war, die Lebensbedingungen der Menschen im ganzen Mittelmeerraum zu verbessern. Als sich dann abzeichnete, dass Sarkozy diese »Mittelmeerunion« außerhalb der EU ansiedeln wollte, intervenierten Spanien und Italien bei der deutschen Regierung, um das zu verhindern. Ein Treffen zwischen Angela Merkel und Sarkozy in Hannover führte zu dem Ergebnis, dass das Projekt in die EU hereingeholt wurde. Um im Namen nicht in Konkurrenz zur Europäischen Union *(Union Européenne)* zu treten, hatte Sarkozy das geplante Unternehmen schon zuvor in *Union pour la Méditerranée* umbenennen lassen. Und damit Sonderwege gänzlich ausgeschlossen bleiben, setzte die Mehrheit der Mitgliedstaaten den endgültigen offiziellen, faktisch aber ungebräuchlichen Namen durch: »Union für das Mittelmeer/Barcelona-Prozess«.

Nun kam diese Union 2008 in die Welt, ganz nach der EU-Regel: beschlossen ist beschlossen. Sinnfragen können zur Not vertagt werden, Prozesse und Institutionen sind auf deren Beantwortung nicht angewiesen. Einige Jahre führte die neue Union unter zwei schwachen Generalsekretären eine Schattenexistenz. Sie hatte sich vorgenommen, im Konflikt zwischen Israel und Palästinensern zu vermitteln – und scheiterte damit vollkommen. Kaum gegründet, schien sie schon am Ende zu sein. Erst als der Marokkaner Fathallah Sijilmassi 2012 Generalsekretär wurde, nahm die UfM Fahrt auf. Der erfahrene Diplomat Sijilmassi, der Botschafter in Frankreich und Leiter der marokkanischen Mission bei der EU gewesen war, kennt die Europäische Union und ihren Geist.

Wozu aber ist die »Union pour la Méditerranée« gut, was tut sie? Erst einmal ist sie ein gutes Beispiel für die Fähigkeit der EU, Bündnisse einzugehen. 43 Staaten gehören der UfM an: neben allen EU-Mitgliedstaaten unter anderem auch Ägypten, Algerien, Israel, Jordanien, Marokko, die palästinensischen Autonomiegebiete, Syrien, Tunesien und die Türkei. Schon die Tatsache, dass hier Israel und die Palästinenser in ein Gespräch verwickelt sind, zählt. Messbare Erfolge darüber hinaus hat diese Union, deren Haushalt zu mehr als 50 Prozent von der EU aufgebracht wird, bisher aber kaum vorzuweisen. Man macht das, was man in der Europäischen Union an allen Ecken und Enden tut: Man veranstaltet Konferenzen, fördert unternehmerische Initiativen, gründet Entrepreneurship-Netzwerke, arbeitet an Programmen gegen die Jugendarbeitslosigkeit und so weiter. Dass es wenig greifbare Ergebnisse gibt, scheint die Akteure nicht zu entmutigen. Für sie – EU-spezifische Projektmacher – ist der Weg das Ziel. Hauptsache, es geht weiter. Doch das ist nicht viel. Es gibt an vielen Stellen der Europäischen Union eine eigentümliche Ergebnisindifferenz.

Die UfM hat auch den Zweck, die Mitgliedstaaten, die nicht der EU angehören, miteinander ins Gespräch zu bringen. Diese Gespräche sind in der Region der vielfältigen Feindschaften nicht üblich, es kostet große Mühe, die zerstrittenen oder einfach nur aneinander nicht interessierten Staaten an einen Tisch zu bekommen. Es wird wohl noch lange dauern, bis am südlichen Rand des Mittelmeers die aus praktischer Anschauung gewonnene Überzeugung Fuß fasst, die EU-Methode der Zugewandtheit, des Gesprächs und der Vergemeinschaftung von Problemen sei eine gute Sache. Und es ist eine Tragödie, dass ein großes Projekt nicht gelingen will: das einer großen Anlage zur Entsalzung von Meerwasser im Gazastreifen. In wenigen Jahren wird es dort kein Wasser mehr geben, die Bewohner sind existenziell auf die Anlage angewiesen. Doch obwohl die finanziellen Mittel dafür bereitstehen, scheint nichts daraus zu werden, es scheitert politisch. Der Fortschritt in dieser Region ist eine ganz besonders langsame Schnecke. Und heute schon ist abzusehen: Gibt es kein Wasser mehr im Gazastreifen, wird eine neue Massenflucht einsetzen. Nicht zuletzt viele gewaltbereite Islamisten setzten sich dann in Bewegung.

Die »Union für das Mittelmeer«, deren Zentrale in einem schönen Palast in Barcelona residiert, wird weiterhin bestehen. Zum einen, weil alles, was sich in den Fängen der EU befindet, schon allein deswegen eine Zukunft hat, weil es *da* ist: Gegenwart garantiert Zukunft. Es gilt in der EU die im Prinzip gute Regel: Selbst sehr schwache Organisationen sind besser als gar keine. Damit läuft das UfM-Unternehmen aber auch Gefahr, zu einer in sich selbst rotierenden Maschine zu werden, deren Bedienungspersonal irgendwann in einer näheren Zukunft der Frage hilflos ausgeliefert wäre, wozu das Ganze denn gut sei. Niklas Luhmann hätte an der heutigen EU seine Freude gehabt.

Die UfM macht ein Dilemma der Europäischen Union exemplarisch deutlich. Wichtige Projekte kommen durch Zufall oder aufgrund politischer Egotrips zustande. Einmal in der Welt, bleiben sie und verstetigen sich. Selbst die winzigsten Erfolge halten sie am Laufen, mehr noch: Diese gelten schon deswegen als notwendig, weil alles noch viel schlimmer hätte kommen können. Schon der Stillstand in der Misere kann als halber Erfolg gelten. Über das alles kann man sich leicht lustig machen, zumal der Durchhaltemodus, in dem sich viele EU-Funktionäre, aber auch assoziierte NGO-Aktivisten befinden, oft von aufreizender Kälte, ja Gleichgültigkeit ist: Und wenn auch die Welt vergeht, die EU besteht.

Aber es stimmt auf der anderen Seite eben auch, dass die schwachen Bänder, die die EU nach außen zieht, besser als nichts sind. Die Europäische Union ist wertvoll, weil sie unerschütterlich und höchst bürokratisch an dem im Grunde graswurzelartigen Konzept festhält, Kooperation anzubieten und zu ermöglichen.

Die kurze Geschichte der »Union für das Mittelmeer« zeigt: Die Europäische Union neigt, ihrem Bewegungsgesetz folgend, dazu, alles, was auf die Schiene gesetzt ist, rollen zu lassen. Die

Mittelmeerpolitik hätte einige Jahre nach Gründung der dafür zuständigen Union einer *politischen* Überprüfung und Neuausrichtung bedurft. Diese wäre vermutlich zu dem Ergebnis gekommen, dass es nicht ausreicht, was die EU da für die Region tut. Es hätte eines anspruchsvolleren neuen Anlaufs bedurft, eines durchaus programmatischen Neustarts. Eine Schwäche der Europäischen Union besteht darin, dass sie noch nicht in der Lage ist, die dafür nötigen Kräfte zu mobilisieren. Sie verfügt über zu viele Routiniers.

Was daraus folgt

Ganz einfach: Die Europäische Union braucht eine gemeinsame Außenpolitik. Sie muss viel mehr als bisher tun, um dahin zu kommen. Gewiss: Alle Außenminister der europäischen Gemeinschaft – der deutsche voran, der der Geschichte seiner Nation wegen eigentlich besonders gemeinschaftsoffen ist – leiden unter einem mehr oder minder dramatischen Bedeutungsverlust, von zwei Seiten her: Erstens wandert die Außenpolitik in den meisten Mitgliedstaaten seit vielen Jahren allmählich, aber offensichtlich unaufhaltsam von den Außenministerien in die Büros der Staats- und Regierungschefs. Und zweitens wandert immer mehr an Außenpolitik nach Brüssel. Die Außenminister, einst die stolzen Herren riesiger diplomatischer Equipen, verkümmern zusehends. Dagegen wehren sie sich, verständlich, aber vergeblich. Und so versuchen sie, in Brüssel zu bremsen. Sie haben durchgesetzt, dass der Europäische Auswärtige Dienst nicht Teil der Kommission ist. Damit versuchen sie faktisch, die europäische Außenpolitik, die einer baldigen Europäisierung bedarf, nach Kräften zu renationalisieren. Die EU und ihre Staats- und Regierungschefs sollten sich dazu aufraffen, diesen Anachronismus zu beenden.

5. Kapitel

Gewollt oder nicht: Der Kontinent wird ein anderer werden

Auf dem Rücksitz der europäischen Kutsche

Die USA wollten im Verbund mit Europa die Welt zu einem besseren Ort machen. Das begann in der beschwingten Zeit nach 1989, in der viele hofften, das Blatt der Weltgeschichte werde sich nun endgültig zum Besseren wenden. Freiheit und Demokratie sollten bis in die hintersten Täler Afghanistans und des Iraks vordringen. Diese universalistisch begründeten Versuche, durch den Sturz von Diktatoren und den Kampf gegen Terroristen, die den Islam im Munde führen, das Regiment der Menschenrechte zu exportieren, sind allesamt gescheitert. Die eindeutige Bilanz: Sie waren gut gemeint, haben aber Schlechtes geschaffen. Davon kommen wir nicht mehr los. Gerade Europäer, die es lieber mit Merkur als mit Mars, lieber mit Immanuel Kant als mit Carl Schmitt halten, können nun nicht so tun, als ginge sie das nichts mehr an: Sorry, war nur ein Versuch gewesen, von dem wir ohnehin nie etwas gehalten haben; nun müsst ihr euch selbst helfen, auf Wiedersehen! Aus dieser Verantwortung kommen wir nicht mehr heraus. Egal, ob wir in Athen, Marseille, auf Malta oder in Helsinki, Berlin oder Bratislava leben.

Die Massenwanderung von Menschen, die über das Mittelmeer oder auf Landwegen nach Europa kommen wollen, sind nur eine – wenn auch schwerwiegende – Folge dieser Verklumpung politischer, wirtschaftlicher, religiöser und kultureller Probleme. Die Flüchtenden haben etwas mit uns zu tun.

Sie sind – um eine Wendung aus einer anderen Trennungsgeschichte zu importieren – so etwas wie unsere Schwestern und Brüder. Die Europäische Union hat auf deren Exodus von Herbst 2015 bis in den Frühling 2016 hinein mit einem katastrophalen Versagen reagiert. Als gäbe es ausgerechnet angesichts dieser auf Europa zielenden Massenflucht Europa als Akteur überhaupt nicht, reagierten fast alle EU-Staaten rein national. Sie waren dabei nahe daran, die Europäische Union zu dementieren, ja faktisch für inexistent zu erklären: Exitus durch Nicht-Handeln. Es ist in beträchtlichem Maße dem – keineswegs durchweg kohärenten – Bemühen der deutschen Bundeskanzlerin zu verdanken, dass die Europäische Union zumindest bis auf Weiteres international nicht ganz zum Gespött geworden ist. Sie hat das über einen höchst prekären Umweg erreicht: über einen problematischen Bäumchen-wechsel-dich-Deal mit der kraftvoll in die Autokratie, vielleicht sogar in die Diktatur driftenden Türkei. Damit ist Zeit gewonnen, mehr nicht.

Zeit, damit Europa und die EU sich neu sortieren, neu justieren und ein wenig auch neu erfinden können. Es gilt, eine wirklich gemeinsame europäische Flüchtlingspolitik zu entwickeln. Es ist geradezu lächerlich zu glauben, hier ließe sich mit nationalen Politiken etwas bewirken. Und man kann sich nur wundern, wie attraktiv fast überall in Europa der Kinderglaube ist, mit der Abschließung gegenüber Flüchtlingen und anderen Migranten sei irgendetwas gewonnen. Es führt kein Weg an einer gemeinsamen europäischen Asyl-, Einwanderungs- und Grenzschutzpolitik vorbei – einer Politik, die natürlich nur von Brüssel aus gestaltet werden kann. Das muss nicht dazu führen, dass rigide nationale Verteilungsschlüssel je nach Bevölkerungsgröße und nach Wirtschaftskraft eingeführt und dann einfach durchgesetzt werden. Auch hier gilt es, eine alte (und gerne beschwiegene) Stärke der EU auszuspielen, die sie mit dem Alten Reich teilt: Ausnahmen zuzulassen, Sonderwege zu ermöglichen – immer mit dem Ziel im Auge, den Zusammenhalt zu bewahren und die Verweigerer durch Zugeständnisse, durch Reden und durch sanften Druck von ihrem Nein-Sockel herunterzuholen.

Allerdings sollte die EU dann wirklich zur *gemeinsamen* Aktion finden. Die Sicherung der Grenzen Europas, der Umgang mit Flüchtlingen und der Kampf gegen den Terrorismus: Ohne jeden Zweifel können diese Aufgaben von Europa nur gemeinsam gelöst werden, alles andere ist Unsinn. Dass es dazu bisher nicht gekommen ist, hat sicher viel mit Schwierigkeiten der Koordination zu tun. Der Hauptgrund ist aber ein anderer. Er betrifft die Egoismen aller nationalen Innenminister der Europäischen Union. Seit die Idee in der Welt ist, staatliche Souveränität drücke sich vor allem in der Verfügungsgewalt über das eigene Territorium und in der Ausübung des staatlichen Gewaltmonopols auf demselben aus, sind die dafür Zuständigen – heute: die Innenminister – scharf darauf bedacht, auf diesem Gebiet nichts abzugeben. Das ist ihnen so etwas wie eine Sache der Ehre, man kann auch sagen: Verlören sie diese Kompetenz, schrumpften sie zu Hausmeiern zweiten Grades. Europas Innenminister sind die letzten Hegelianer, die auf dem Rücksitz der europäischen Kutsche Platz genommen haben und nach Kräften an der Bremse drehen. Kompetenz abgeben, das will ein Innenminister – der ja immer auch Polizeiminister ist – nicht mit sich machen lassen. Und deswegen blockieren und behindern Europas Innenminister seit Jahr und Tag fast alle Versuche, einen wirklich gemeinsamen europäischen Grenzschutz und eine gemeinsame europäische Polizei zu schaffen. In Brüssel liefern sie vor den Mikrofonen ihr europäisches Sprüchlein ab – um dann zu Hause eifrig jede Gemeinsamkeit, die diesen Namen verdient, zu hintertreiben und ihr nationales Polizeischäfchen im Trockenen zu halten. Es ist eine Crux der europäischen Gemeinschaft, dass deren Innenminister partout vom Denken in Grenzen nicht loskommen. Ein Missstand, der sich mit politischem Willen jedoch vergleichsweise leicht beheben ließe.

Obwohl jeder seit Langem erkennen konnte, dass vor allem Italien und auch Griechenland – weniger Spanien, das Migranten klugerweise kommen und auch wieder gehen lässt – mit der Massenwanderung von Flüchtlingen heillos überfordert waren, reichte die Solidarität, die Europas Norden zusammenkratzen konnte, nie aus, um den Staaten im Süden wirklich *vorbehaltlos* zu helfen. Der Skandal hört auf den Namen Frontex. Diese »Europäische Agentur für die operative Zusammenarbeit an den Außengrenzen der Mitgliedstaaten der Europäischen Union« stellt in ihrem Namen wieder ein Akronym dar: **fron**tières **ex**térieurs (Außengrenzen). Frontex gibt es seit 2004, rühmlich ist die Geschichte der Organisation nicht. Die Zentrale hat ihren Sitz in Warschau, wo sie über 600 Mitarbeiter verfügt – eine geradezu lächerliche Zahl, wenn man bedenkt, welche Probleme die absehbare Massenflucht über das Mittelmeer geschaffen hat und noch schaffen wird. Die Europäische Union täte gut daran, diese Misere schnell zu beheben: nicht durch mehr Kooperation, sondern durch die *Vergemeinschaftung* der Grenzsicherung, der Flüchtlingspolitik, der Asylpolitik und bald auch der Verteidigungspolitik. Grenzsicherung allein ist viel zu wenig. Unpopulär müsste das keineswegs sein. Denn dass nur so, nicht aber in der liebevollen Pflege nationaler Sicherheitszinnsoldaten Europa und jeder seiner Staaten zu schützen sind, das müsste man eigentlich auch Nationalkonservativen plausibel machen können.

Exkurs: Die Flüchtlinge verändern Europa

Europa hat seit eh und je Erfahrungen mit Einwanderung gemacht – viel bedeutendere als mit dem Nationalstaat. Das hat aber kaum das europäische Bewusstsein geprägt, von jedem neuen Schub der Einwanderung wird Europa immer wieder überrascht. Dass Ende der Fünfzigerjahre mit der Arbeitsmigration ein Prozess einsetzte, der Europa beträchtlich veränderte, ist im Rückblick zwar klar zu erkennen. Aber bis heute nehmen wir sie nicht wirklich als ein *gemeineuropäisches* Ereignis war, das Europa supranational geprägt hat. Aller Wahrscheinlichkeit nach wird die gegenwärtige Masseneinwanderung nach Europa, die verlangsamt worden ist, aber nicht gestoppt werden kann, Europa noch gravierender verändern als die Arbeitsmigration in der zweiten Hälfte des vergangenen Jahrhunderts. Und gemessen an jener Zeit ist die Welt heute wirklich drauf und dran, aus den Fugen zu geraten. Gerade weil dem so ist, wäre es fatal, wenn sich Europa auch diesmal wieder überraschen ließe und nicht alles täte, gestaltend auf die Migrationsbewegung zu reagieren.[1]

Es ist freilich gefährlicher Unfug, wenn eine führende Politikerin der Grünen einen positiven Blankoscheck ausstellt und sagt, sie freue sich darauf, wie sich Deutschland durch die zu uns geflohenen »Neubürger« verändern werde. Zum einen ist das schlicht falsch: Beim Grenzübertritt wird kein Bürgerrecht verliehen. Und zum andern zeugt diese Begrüßungsfreude von einem unguten Mangel an Unterscheidungsfähigkeit, der nicht dadurch besser wird, dass er auch schon in den Regierungsparteien der großen Koalition Platz gegriffen hat: der mangelnden Fähigkeit, zwischen Asyl und Einwanderung zu unterscheiden. Die Trennlinie zwischen beidem wurde im Herbst 2015 buchstäblich überrannt – plötzlich hieß es: Wer da ist, der bleibt und wird damit quasi automatisch Bürger. Es hängt einiges davon ab, ob es der Politik in Deutschland und Europa gelingen wird, diese notwendige Linie wieder zu ziehen. Asyl muss gewährt werden, da gibt es keine Obergrenze. Zuwanderung muss geregelt und gesteuert werden. Sie ist nur zu einem geringen Teil eine humanitäre Angelegenheit. Mit einer Schlagbaumphilosophie wird man der Migration freilich nicht Herr. Denn wo sie herrscht, wird der Migrationsdruck auf das Land nicht schwächer, sondern stärker. Weil Zuwanderungswillige wissen, dass sie keine zweite Chance bekommen, werden sie alles tun, um ihre erste zu nutzen. Und wer einmal da ist, wird – eben weil es keine zweite Chance gibt – in jedem Fall bleiben, auch wenn er in dem Land keine Chance hat. Er schafft mit seiner schieren Existenz notgedrungen die Probleme, vor denen die Schlagbaumphilosophen dann warnen. Zuwanderung braucht halb offene Türen: Wer kommt, muss gehen können, ohne dass ihm die Aussicht verwehrt ist, irgendwann einmal wiederkommen zu können. Mit ebendiesem Modell hat Spanien seit etwa 2000 gute Erfahrungen gemacht.[2]

Was hat Europa angesichts dieser Masseneinwanderung zu verlieren? Viel. Trotz all seiner Probleme ist dieses Europa noch immer ein wohlgeordneter und gehegter Garten, der sorgfältigen Pflege wert. Es hat ja sehr, sehr lange gedauert, bis die zerstrittenen, einander belauernden Staaten Europas einen guten Modus vivendi gefunden hatten. Bis eine auf Recht gegründete Ordnung entstand, die weithin akzeptiert ist und es als nahezu unmöglich erscheinen lässt, dass europäische Staaten je wieder Krieg gegeneinander führen könnten. Es ist gelungen, die glaubenskämpferischen, rassistischen, xenophoben Furien – mit Ausnahme der antisemitischen – weithin zu zähmen. Und es ist zumindest halbwegs gelungen, die Landschaften Europas, die städtischen eingeschlossen, so zu gestalten, dass – anders als etwa in China – der Bruch zwischen Herkunft und Zukunft nicht total ist. Diese politische und kulturelle Leistung macht Europa zu einem kostbaren Sonderfall. Insofern hat ein gar nicht einwanderungsfreudiger deutscher Ministerpräsident recht, wenn er sagt, er wünsche sich, dass Deutschland – ergänzen wir: Europa – so bleibt, wie es ist. Doch so wird es nicht bleiben. Nostalgie hilft nicht weiter. Es gilt, dass nur der sich treu bleibt, der sich verändert.

Europa kann keine Insel sein. Ohne Osmose wird es nicht gehen. Dazu wird es nicht zuletzt durch den christlichen Universalismus getrieben, der schon im Mittelalter der Vernunft, der Frage, dem Zweifel, dem Respekt vor dem Andersgläubigen den Weg zu bereiten begann. Doch gerade im Festhalten an diesem universalistischen Erbe, das die Unübersteigbarkeit des Individuums kodifiziert hat, muss Europa einen wichtigen Schritt weitergehen. Es würde seinen Universalismus verraten, wenn es sich nicht mit aller Kraft daranmachte, den Islam einzugemeinden. Wird das möglich sein? Ist der Islam nicht im Kern eine aggressive Religion, der Toleranz und die Akzeptanz des anderen gänzlich fremd sind?

Es geschehen heute auf der Welt – sieht man vom russischen Beitrag ab – nicht viele Akte des Terrorismus, zu deren Begründung und Rechtfertigung nicht auf den Islam Bezug genommen würde. Das soll nicht leichtfertig und versöhnlerisch übergangen werden in der Art katholischer und evangelischer Akademien, die gern den gemeinsamen Kern der drei monotheistischen Religionen herausstreichen und Lessings »Nathan der Weise« bemühen. Es hat, oft beklagt, dem Islam geschadet, dass er nicht durch das Säure- und Erneuerungsbad einer Aufklärung gegangen ist, dass er vom theokratischen Ansatz nur selten loskam und zur Trennung der zwei Reiche, des irdischen und des göttlichen, nicht bereit war. Und dass er auch deswegen dem Einzelnen den Status des entscheidungsfähigen und -freien Individuums so oft verweigert. Dass dort, wo er das Sagen hat, die Politik als eigenständige Sphäre kaum vorkommt und die Gewalten nicht geteilt sind. Ein solcher Islam passt nicht zu Europa, da haben jene recht, die vor einer schleichenden Islamisierung Europas warnen.

Aber das kann Europa doch nicht davon abhalten, dem Islam in Europa eine Chance zu geben. Selbst die erbittertsten Islamgegner können, wenn sie noch halbwegs auf freiheitlichem Grund und Boden stehen, nicht fordern, man müsse alle Muslime aus Europa herausschaffen. Denn nicht illegal, sondern rechtens sind sie da. Sie zu vertreiben wäre ein radikales Dementi jener alle einschließenden Mitmenschlichkeit aus »abendländischer« Tradition, auf die man sich in islamophoben Kreisen so gerne beruft. Nicht minder wahr ist hingegen, dass es für viele, vielleicht sogar die Mehrheit der Muslime ein langer Weg sein wird bis zur Ankunft in der Ordnung Europas. Deutschland könnte dabei einen ganz wesentlichen Beitrag leisten, hat es doch das Glück gehabt, dass die eingewanderten Muslime in ihrer übergroßen Mehrheit – weil Türken – dem radikalen Islam gleichgültig bis ablehnend gegenüberstehen.

Um hier voranzukommen, braucht es indes nicht mehr, sondern weniger Toleranz. Nach jedem Terroranschlag geschieht das Gleiche: Allenfalls sehr zögerlich distanziert sich die Mehrheit der in Deutschland lebenden Muslime – wenn überhaupt – davon, zu Kundgebungen und Demonstrationen kommt es höchst selten. Im Gegenteil, oft wird das Ansinnen, doch klar, deutlich und vernehmbar zu werden, als Stigmatisierung abgelehnt. Und indem sich Muslime durch die öffentliche Verurteilung islamistischer Terroranschläge angegriffen fühlen, bestätigen sie genau die kollektive Zuschreibung, derer sie sich doch erwehren wollen. Sie schließen sich fest im Käfig einer virtuellen Opferidentität ein.

Wir haben keine andere Wahl als die, Europa zu einer Heimstatt auch für Muslime werden zu lassen. Soll das gelingen, muss ein hoher integrativer Druck aufgebaut und ausgeübt werden. Muslime müssen verstehen lernen, warum wir die Anlage unserer Städte, unsere Landschaften, Weinberge, Flüsse schätzen, warum wir die Gewaltenteilung für unverzichtbar halten, warum wir gegenüber den Völkern der Welt farbenblind und nicht bereit sind, auch nur ein Jota von dem Satz abzurücken: Männer und Frauen haben gleiche Rechte.

Das klingt alles selbstverständlich, ist es aber nicht. Denn es ist ja in der Tat eine Crux vieler europäischer Gesellschaften, dass sie selbst nicht mehr so recht an das glauben, was in ihren Verfassungen und politischen Lehrbüchern steht. Daher ist die Bereitschaft begrenzt, an dieser Stelle hart und konsequent zu sein. Viele Muslime spüren das sehr genau und sehen wenig Grund, sich das Regelsystem der europäischen Gesellschaften anzueignen, mit dem die Europäer selbst schludrig umgehen. Es ist schwer zu verstehen, dass Intellektuelle wie Monika Maron, Rüdiger Safranski und Peter Sloterdijk zwar die Fremdheit von Muslimen gegenüber unserem Universum herausstreichen und ihre Sympathie fürs Grenzschließen erkennen lassen – aber, wie es scheint, wenige Gedanken darauf verwenden, wie denn Einwanderung von Nichtchristen gelingen könnte. Sie müssten doch wissen, dass ein Nein hier keine befriedigende Antwort sein kann.

Die laue Toleranz gegenüber dem Islam, die in aufgeklärten Kreisen lange Gebot war, untergräbt Europas Zusammenhalt ebenso wie die Islamabwehr, die zumindest in einem europäischen Staat, in Polen, derzeit offizielles Regierungsprogramm ist. Wir müssen da kämpferischer werden. Es ist den Einsatz wert.

Nur ist es damit nicht getan. Selbst Politiker, die vor einem Vierteljahrhundert noch sehr national dachten, erkennen das inzwischen, Wolfgang Schäuble zum Beispiel. Der Bundesfinanzminister sagt heute: »Europa als Einheit oder auch die einzelnen Teile, also die Staaten, werden – ob wir das mögen oder nicht; wir mögen es weniger – einen größeren Beitrag zur Stabilisierung des Nahen und Mittleren Ostens leisten müssen. Denn vom Gelingen oder Misslingen dieses Prozesses sind wir stärker als andere Kontinente betroffen. Ich fürchte übrigens, dass das für einen Gutteil Afrikas auch zutreffen wird.«[3] Wenn ein so bedacht formulierender Politiker wie Schäuble von einem größeren Beitrag spricht, den wir zur Stabilisierung zu leisten haben werden, dann ist klar, dass dieser Beitrag ein *sehr* großer sein wird, ob wir das mögen oder nicht.

Wenn Europa das Regiment über seine Außengrenzen wiedergewonnen und halbwegs einvernehmlich zu einem Modus gefunden hat, mit dem Flüchtlinge auf Europa »verteilt« werden, dann ist noch nicht viel erreicht. Viel mehr noch geht es um die sogenannten »Fluchtursachen« – ein wenig passendes Wort. Denn es suggeriert, es gehe hier um Tatbestände und Probleme, die weit außerhalb Europas, weit hinter den sieben Bergen und dem Mittelmeer liegen. Doch das stimmt ja nicht. Auch dazu findet Wolfgang Schäuble deutliche Worte, bei denen er vielleicht besser »ich« statt »wir« gesagt hätte: »Wir haben ja erst 1990 angefangen, uns ernsthaft mit der Tatsache zu beschäftigen, dass es außerhalb der westlichen Welt noch etwas anderes gibt. Hart gesagt, hat uns der Mittlere Osten Afrika vom Hals gehalten. Das ist jetzt vorbei. Afrika wird unser Problem sein, wir müssen diese Aufgabe annehmen.«[4]

Die Verwerfungen um das Mittelmeer herum sind auch ein Werk Europas wie der USA (die sich anders als Europa jedoch durchaus herausziehen können und das auch tun). Wiederum: Das ist nicht im Sinne von kolonialer Schuld gemeint, die es abzutragen gälte. Allerdings ist die heutige Misere des Nahen und

Mittleren Ostens, zu großen Teilen selbst verschuldet, zugleich auch eine *unmittelbare* Folge europäischer Entscheidungen. Frankreich und Großbritannien einigten sich noch während des Ersten Weltkriegs auf die Aufteilung ihrer Einflusszonen im Nahen Osten nach der Zerschlagung des Osmanischen Reiches. Dieses Sykes-Picot-Abkommen von 1916 erlaubte den beiden Staaten, im Nahen Osten die Grenzen nach eigenem Ermessen völlig neu und ganz willkürlich zu ziehen. Das taten sie dann auch. Sie bezogen die Autoritäten der Region dabei nicht mit ein oder machten ihnen zum Teil Versprechen, die sie später nicht hielten. Ihre Grenzziehungen nahmen keine Rücksicht auf Gegebenes und waren allein an britischen und französischen Interessen orientiert. Die Mehrzahl der Konflikte, die den Nahen Osten heute entstellen, sind eine ganz direkte Folge dieses Oktrois. Deutschland war an diesem zwar nicht beteiligt, es trägt aber – über die Tatsache hinaus, dass das Deutsche Reich eine der kriegführenden Nationen war, die den Frieden in Europa zerstörten – auch Verantwortung für das Elend des Nahen Ostens: Seine Politik hat mitgeholfen, das wankende Osmanische Reich in den Abgrund zu stürzen.

Misslingt die Befriedung und Stabilisierung des Nahen und Mittleren Ostens, dann misslingt auch Europa. Darunter ist die Wiederherstellung einer tragfähigen Ordnung auf dem Gebiet des einstigen Römischen Reiches nicht zu haben. Berlin wird auch in Tunis gerettet, Kairo auch in Warschau, Rom auch in Aleppo, Ghana auch in Luxemburg. Das mutet wie eine unlösbare Herkulesaufgabe an, welche die Möglichkeiten aller uns bekannten Diplomatie und Machtpolitik weit übersteigt. Eine gewaltige Aufgabe ist es gewiss. Es führt nur kein Weg an ihr vorbei.

Und wenn es angesichts des langen Versagens der EU in puncto Flüchtlinge auch paradox und vermessen klingen mag: Eigentlich ist die Europäische Union gar nicht so schlecht gerüstet für diese Aufgabe. Und zwar dank ihrer Konstruktion, ihrer Anlage, ihres Grundrisses. Sie ist kein Staat und keine Großmacht. Sie ist ein Staatenbund, ein Verbund von Staaten, vielleicht wird sie einmal ein Imperium neuer Art sein. Die

Mitgliedstaaten der Europäischen Union haben sich – im Prinzip – dauerhaft aneinandergebunden und sich unter der allseits geteilten Voraussetzung zusammengetan, dass sie untereinander alle Händel und Konflikte friedlich, also auf dem Verhandlungsweg austragen. Ein halbes Jahrhundert lang haben sie eindrucksvoll und im scharfen Bruch mit ihrer bisherigen Geschichte unter Beweis gestellt, dass sie offensichtlich nicht mehr willens und strukturell nicht mehr fähig sind, einander mit Krieg zu drohen oder zu überziehen.

Auch wenn es heute ziemlich ramponiert anmutet, ist das Modell der Europäischen Union doch attraktiv. Es lädt Außenstehende zur Nachahmung und zur Teilnahme ein. Und es könnte den EU-Nachbarn, die heute noch in Bruderkriege verstrickt und nicht selten sogar in ihre Dauermisere verliebt sind, dazu bewegen, auch verführen, die Straße der Gewalt und des hasserzeugenden Hasses zu verlassen. In gewisser Weise ist die heute so geschüttelte Europäische Union ein Vorgriff auf eine historisch neue, aber zwingend notwendige Methode, Staaten miteinander zu verbinden, aneinanderzubinden: nicht hierarchisch, sondern von Gleich zu Gleich.

Jedoch täte Europa gut daran, auf missionarisches Werben für dieses Modell strikt zu verzichten. Erstens, weil Mission meist einen aggressiven Beigeschmack hat. Zweitens, weil Europa – der Quell so vielen Elends nicht nur, aber vor allem im 20. Jahrhundert – nicht den geringsten Grund hat, auftrumpfend und lehrmeisterlich aufzutreten. Dolf Sternberger hat das einmal sehr klar formuliert: »Europa, das sind die Menschenrechte, […] aber Europa hat auch den totalen Staat, das Führerprinzip erfunden, es hat die Freiheit ertränkt in einem Meer der Kollektivität. […] Ich zweifle, ob wir ein Recht haben, eine geschichtliche Wesenheit, wie sie doch gemeint ist mit diesem geographischen Namen ›Europa‹, zum Schatzhaus aller Ideale zu erklären, die uns teuer sind, und alle finsteren ›Komponenten‹ davon abzuziehen und fernzuhalten – als bloßen Abfall und Verrat.«[5] Und drittens, weil es ohne die USA und den Marshallplan nie die Kraft gehabt hätte, aus seiner selbst verschuldeten

Misere und Schwäche herauszukommen: Ohne den frühen Beistand der USA wäre die Gründung der europäischen Gemeinschaft nicht möglich gewesen.[6] Wie Amerika ein Geschöpf Europas ist, so ist die Europäische Union ein Geschöpf Amerikas. Die Europäische Union kann zu einer effektiven Macht – besonders im Mittelmeerraum – werden. Aber nur, wenn sie zu einer gemeinsamen Außen-, Sicherheits- und Verteidigungspolitik findet. Und sich im internationalen Gefüge doch selbst bescheidet und auf ihr spezifisches Vermögen setzt: auf die Kraft des Rechts, des Vertrags, des Verhandelns.

Gehört Istanbul zu uns?

Soll die Türkei Mitglied der Europäischen Union werden? Die Frage, die sich inzwischen in Luft aufgelöst hat, berührt ein dramatisches Problem der Gemeinschaft. Denn es könnte sein, dass ein Fenster, das eine Weile lang aufgestoßen war, auf absehbare Zeit oder unwiderruflich zugeschlagen ist. Die Türkei hätte in der EU Platz finden können, oder es hätte zumindest die Chance gegeben, dass EU und Türkei ein auskömmliches wechselseitiges Verhältnis aufbauen. Das aber haben zuerst die deutsche Bundeskanzlerin und dann der türkische Staatspräsident verhindert. Und die neuerliche Annäherung beider Staaten im Zeichen der Flüchtlingskrise ist so sehr von deutscher und europäischer Not einerseits und von einem starken türkischen Machtwillen andererseits getrieben, dass ein wirklich einvernehmlicher Ausgang des Annäherungsmanövers nicht sehr wahrscheinlich ist.

Gehört die Türkei zu Europa? In den Anfangszeiten der europäischen Einigung hätte eine solche Frage abenteuerlich und frivol geklungen. Die Gründungsväter, fast ausnahmslos bekennende Katholiken, wollten ein christliches oder abendländisches Europa vereinen. Jerusalem, Athen und Rom – Rom vor allem – waren die historischen Stätten, aus denen für sie der Geist Europas kam und weiterhin kommen sollte. Byzanz gehörte kaum dazu, seit es Istanbul heißt, gar nicht mehr. Doch überraschenderweise waren die Gründer der europäischen Einigung zugleich Gestalten, die die Grenzen ihres Pragmatismus sehr weit zogen. Konrad Adenauer wollte, dass die Türkei eines Tages der Gemeinschaft beitritt. Der erste Präsident der Kommission, die damals EWG-Kommission hieß, der bereits erwähnte Walter Hallstein, hat 1963 unmissverständlich und geradezu enthusiastisch gesagt, die Türkei gehöre zu Europa. Man mag das damit erklären, dass die Europafreunde in diesen Zeiten des Aufbruchs und des scheinbar immerwährenden wirtschaftlichen Aufstiegs glaubten, Europas großer Magen könne alles verkraften.

Dieser türkeifreundliche Unterstrom hielt lange an. 1997 versicherte Helmut Kohl – ein Jahr vor dem Ende seiner Kanzlerschaft, auf welche die Gerhard Schröders, eines ganz entschlossenen Befürworters des EU-Beitritts der Türkei, folgte – dem türkischen Ministerpräsidenten Mesut Yilmaz ausdrücklich, er unterstütze das Ziel einer EU-Mitgliedschaft der Türkei. Und auch Angela Merkel, die den Betritt der Türkei verhindern wollte, sagte als Oppositionsführerin im Bundestag am 30. April 2004: »Es ist vollkommen richtig, dass die Europäische Union 1963 – damals war es noch die EWG – der Türkei die Beitrittsperspektive eröffnet hat. Wir kennen diese Geschichte, sie hängt auch mit der Christlich Demokratischen Union zusammen.«[7] In der Tat, die Beitrittsperspektive hat eine lange alteuropäische, christlich-demokratische Tradition.

Es gibt die lange Geschichte eines türkischen Wunsches und die lange Geschichte eines europäischen Versprechens, an das sich mancher nicht mehr erinnern möchte. Die Türkei wollte schon vor mehr als einem halben Jahrhundert in den Club, und die europäische Gemeinschaft hat nicht so getan, als sei sie strikt dagegen. 1959 – die Europäische Wirtschaftsgemeinschaft war erst zwei Jahre alt – bewarb sich die Türkei um eine Mitgliedschaft in der EWG, nur sechs Wochen nachdem Griechenland seinen Antrag gestellt hatte. Und 1963 schlossen EWG und Türkei ein Assoziierungsabkommen ab. Um das stand es auch deswegen nicht gut, weil in der Türkei die Armee mehrfach erfolgreich putschte: 1960, also vor dem Assoziierungsabkommen, dann aber wieder 1980. Zudem erzwang das Militär zwei Mal, 1971 und 1997, einen Regierungswechsel durch die Androhung eines Putsches. Das alles half nicht gerade, das Vertrauen der europäischen Gemeinschaft in das Land zu festigen. Immerhin waren 1974 in Portugal und Griechenland und 1975 in Spanien die letzten Diktaturen Europas dahingesunken – und der mögliche Beitritt der drei Länder zur europäischen Gemeinschaft wurde auch ausdrücklich damit begründet, er trage zur Stabilisierung der jungen Demokratien bei. 1999 bekam die Türkei dann doch den Status eines Beitrittskandidaten. Seit 2005 wird über den Beitritt verhandelt, und die europäische Gemeinschaft setzte dabei die Hürden so hoch, wie sie das bei anderen Kandidaten – insbesondere den osteuropäischen – noch nie getan hatte.

Es mutete wie ein Wunder an. Als Recep Tayyip Erdoğan, der Gründer der islamisch motivierten AKP, 1993 Ministerpräsident wurde, erwies er sich zur großen Überraschung vieler als durchaus liberaler Reformer. Er schaffte die zuvor schon weitgehend suspendierte Todesstrafe vollends ab, also auch im Militärgesetz, stärkte die Rechte von Frauen, schränkte die bisherige Vormachtstellung des Militärs ein und ging etliche andere die Freiheitsrechte stärkende Reformen zumindest an. Und wirtschaftlich nahm das Land einen großen Aufschwung. In Siebenmeilenstiefeln schien es sich auf Europa zuzubewegen. Zwar gab es – insbesondere auf den Gebieten von Menschenrechten und Justiz – immer wieder Rückschritte. Es schien aber klar zu sein, dass die Türkei um ihres Vorteils willen wie auch aus einer seit Atatürks Zeiten anhaltenden Westorientierung heraus an Europa andocken wollte. Wahrscheinlich haben beide Seiten dabei irgendwann Angst bekommen. Könnte die Europäische Union – fragte man sich in vielen Mitgliedstaaten – die muslimisch geprägte Türkei kulturell verkraften, die bei einem Beitritt, mit fast 79 Millionen Einwohnern knapp hinter Deutschland liegend, der Mitgliedstaat mit der zweitgrößten

Bevölkerungszahl würde? Wäre das nicht zu viel Freizügigkeit? Würde – fragte man sich in Ankara, aber auch auf dem anatolischen Land – die Türkei mit dem EU-Beitritt nicht ihre Besonderheit verlieren, würde sie wirklich in die zu drei Vierteln laizistische, zu einem Viertel christlich geprägte EU passen? Unausgesprochen gingen beide Seiten daran, Tempo aus dem Annäherungsmanöver zu nehmen.

Es waren zwei Politiker, die zwar nicht konservativ sind, aber aus Parteien mit einem konservativen Teilhintergrund kommen, die in Europa klar und deutlich aussprachen, dass sie die Türkei nicht im Club sehen möchten. Nicolas Sarkozy wollte nach seiner Wahl zum französischen Staatspräsidenten 2007 den türkischen Beitrittsprozess stoppen, und Angela Merkel hatte zuvor schon und später immer wieder einer (nebulösen, weil nicht weiter präzisierten) »privilegierten Partnerschaft« mit der Türkei das Wort geredet – obgleich Deutschland, anders als Frankreich, die Beitrittsverhandlungen mit der Türkei nie blockiert hat. Es musste klar sein, dass die ehrpusselige türkische Regierung dieses Rückstufungsansinnen als Affront und Demütigung wahrnehmen würde. Viele Politiker Europas waren sich stets unsicher gewesen, ob die große Türkei wirklich in die europäische Gemeinschaft passe. Und sie fürchteten, die Bürger, die sie doch wählen sollten, würden eine allzu türkeifreundliche Politik ablehnen. Deswegen hatten sie unausgesprochen darauf gehofft, der einstmals in Aussicht gestellte Beitritt der Türkei werde sich bis zum Sankt-Nimmerleins-Tag hinziehen. Und seit Erdoğan, nunmehr Staatspräsident der Türkei, mit allen Kräften dabei ist, seinem Land ein autokratisches Präsidialsystem zu verpassen, atmeten viele hörbar auf. Die Verhandlungen gingen weiter, gewissermaßen im Leerlauf. Der EU-Beitritt der Türkei schien Schnee von gestern zu sein.

Bis die Flüchtlingskrise kam. Nun avancierte die ungeliebte Türkei im Eiltempo zu Deutschlands und Europas wichtigstem Partner. Schon zuvor hatte die deutsche Bundeskanzlerin den Begriff »privilegierte Partnerschaft« aus ihrem Wortschatz gestrichen. Um das Flüchtlingsproblem auch nur halbwegs handhaben zu können, musste die EU über die innere politische Verfasstheit der Türkei hinwegsehen. Mehr noch: Sie musste tun, was sie eigentlich tunlichst vermeiden wollte: der Türkei den Beitritt in greifbare Nähe rücken. Die Türkei des Aufbruchs, auch des Aufbruchs in eine lebendige Bürgergesellschaft, hat die europäische Gemeinschaft – aus welchen Gründen auch immer – nicht integriert. Nun sieht sie sich, nachdem dieses *window of opportunity* zumindest vorerst geschlossen ist, genötigt, sich mit einer autokratisch entstellten Türkei zu arrangieren und sie womöglich gar in den Club aufzunehmen. Es wäre dann – bleibt die Türkei so, wie ist heute ist – eine merklich andere Europäische Union als die bisherige. Jedoch: So ungestüm der türkische Staatspräsident auf ein Präsidialsystem zustürmt und dabei brutal in die demokratische Verfasstheit des Landes eingreift – eine Theokratie will er bislang nicht errichten. Wohl aber möglicherweise eine Diktatur.

Big is beautiful? Nicht in Europa

Warum sollte die Türkei – im Prinzip – Mitglied der europäischen Gemeinschaft werden? Es gibt dumme Argumente dafür und dagegen. Zu Zeiten der rot-grünen Bundesregierung war oft zu hören, die Türkei gehöre in die EU, weil diese kein christlicher Club sein dürfe. Gewiss, das darf sie nicht sein, und das ist sie auch nicht. Doch kann man nicht abstreiten, dass die Europäische Union eine Menge mit dem Christentum zu tun hat und von ihm imprägniert ist. In der Präambel des Vertrags von Lissabon, in dem nach Auseinandersetzungen aus guten Gründen ein ausdrücklicher Bezug auf das Christentum und den christlichen Gott fehlt, heißt es immerhin: Man beschließe diesen Vertrag, »schöpfend aus dem kulturellen, religiösen und humanistischen Erbe, aus dem sich die unverletzlichen und unveräußerlichen Rechte des Menschen sowie Freiheit, Demokratie, Gleichheit und Rechtsstaatlichkeit als universelle Werte entwickelt haben«.

Das ist kein Präambelschmus. Wie auch immer man zum Christentum steht, es hat Europa geprägt und durchdrungen, nicht ein paar Legislaturperioden, sondern zwei Jahrtausende lang. Auch Agnostiker sind vom Christentum imprägniert. Keine Frage, von den Kreuzzügen über die europäischen Glaubenskriege bis zu dem langen kirchlichen Vorbehalt gegen Demokratie, gegen gleiche Rechte für Frau und Mann sowie gegen individuelle Selbstbestimmung gibt es eine gewaltsame und autoritäre christliche Tradition. Es trifft aber nicht minder zu, dass fast alle modernen, für uns unverzichtbaren Errungenschaften des menschenrechtlichen Universalismus nicht einfach gegen das christliche Erbe standen, sondern sich aus der jüdisch-christlich-aufklärerischen Tradition heraus entwickeln und sich auf sie berufen konnten. Die universalistische, laizistische Moderne ist ein legitimes Kind des Christentums. Wer den EU-Beitritt der Türkei will, um mit dem Hinzukommen von knapp 79 Millionen Muslimen die christliche Tradition Europas, die ja nicht gerade in Saft und Kraft steht, weiter zu schwächen und zu verdünnen: Der erweist weder Europa noch der Türkei, weder den Menschenrechten noch den vielen Türken einen guten Dienst, die mit ihrer Religion in einer aufgeklärten Moderne angekommen sind.

Indes, auch die europäischen Türkeigegner hantieren mit dem Christentum, um ihrem Nein zum EU-Beitritt des türkischen Staates Schwung zu verleihen. Nicht immer argumentieren sie so krass, wie das Kurt Krenn tat, der ehemalige, inzwischen verstorbene Bischof des österreichischen St. Pölten. Für ihn kam der türkische Beitrittswunsch der »dritten Belagerung Wiens« gleich. 2002 sagte er: »Zwei Türkenbelagerungen hatten wir schon, die dritte haben wir jetzt. Jetzt geht es halt auf einem anderen Weg.«[8] Dieses Argument taucht bei vielen auf, die radikal gegen einen Beitritt der Türkei sind. Es gehe dem Land, so das Argument, nicht darum, sich Europa anzuschließen und wie Europa zu werden. Es ginge ihm vielmehr darum, sich Europa anzuverwandeln, es zu infiltrieren und letztlich zu erobern. Der Historiker Hans-Ulrich Wehler, ein aufgeklärter

Kopf, war nicht sehr weit von dieser Position entfernt. »Überall in Europa«, schrieb er ebenfalls 2002, »erweisen sich muslimische Minderheiten als nicht assimilierbar und igeln sich in ihrer Subkultur ein.«[9] Zwar brauche Europa die Türkei, aber nicht in der EU, sondern in der Nato. Angesichts der – damals bevorstehenden – Ostausdehnung der europäischen Gemeinschaft, die ein ungeheurer Kraftakt werde, dürfe Europa sich nicht auch noch die gewaltige Türkei aufladen. Diese passe einfach nicht zu Europa, denn sie sei nicht durch »die jüdisch-griechisch-römische Antike, die protestantische Reformation und die Renaissance, die Aufklärung und die Wissenschaftsrevolution« geprägt. Auch wenn Wehler es nicht wörtlich so sagte, seine These war: In die europäische Gemeinschaft aufgenommen, würde die Türkei Europa von innen heraus zersetzen.

Statt eilfertig darüber zu spotten, ist es sinnvoller, die starke Seite solcher Argumentationen herauszustellen. In der Tat können Staatenvereinigungen nicht endlos vergrößert und erweitert werden. Fragen der Kultur und kulturell-zivilisatorischer Unterschiede spielen zweifellos hinein. Es wäre töricht zu leugnen, dass Katholiken und Protestanten in einem Bund erst einmal besser und schneller zusammenpassen als Christen und Muslime. Doch das kann auf Dauer kein Kriterium sein. Denn Zusammenschlüsse dürfen – gerade wenn sie Staaten eingehen, die Politik und Religion trennen – eine andere religiöse oder kulturelle Prägung nicht zum Ausschlusskriterium machen. Eine Vereinigung wie die Europäische Union beweist ihre Kraft gerade darin, dass sie in der Lage ist, andere von der Sinnhaftigkeit der eigenen Normen und Regeln zu überzeugen. Wenn sie nicht mehr glaubt, damit nach außen hin überzeugen zu können, läuft sie Gefahr, diese Integrationskraft auch nach innen zu verlieren.

Seit ihrem Beginn war die europäische Gemeinschaft entschlossen, den Weg der Erweiterung zu gehen. Die Frage der angemessenen Größe, die tunlichst nicht überschritten werden sollte, stellte man sich nicht. Anfangs, zu Zeiten der Sechs, dann der Neun, Zehn und Zwölf, war das kein Problem: Der Club blieb überschaubar. Und als dann die große Nord- und

Osterweiterung einsetzte, wurde die Frage aus einem anderen Grund noch immer nicht gestellt. Die europäische Gemeinschaft wurde von vielen, zumindest im Hinterkopf, immer als Staatenbund gedacht, der sich schnurstracks auf dem Weg der Staatwerdung befindet. Und als solcher ein mächtiger Akteur auf der Weltbühne werden sollte. Der konnte, in der Logik dieses Arguments, dann gar nicht groß genug sein. Genau so hat das Günter Verheugen, 1999 bis 2004 als Kommissar zuständig für die Erweiterung der Gemeinschaft, offen begründet: »Mit dem Beitritt der Türkei würde die Europäische Union ein weltpolitischer Akteur werden.«[10] *Big is beautiful.*

Die Europäische Union soll in der Außen-, Sicherheits- und Verteidigungspolitik allerdings ein wahrnehmbarer Akteur werden, mit dem die Welt zu rechnen hat. Dazu muss und darf sie aber nicht zu einem Überstaat werden, der das alte Prinzip nationalstaatlicher Souveränität und die damit einhergehende Homogenisierung auf das Riesengebilde EU überträgt. Der Clou der Europäischen Union besteht ja gerade darin, dass sie die Staatwerdung vermeidet: nicht weil sie dazu nicht in der Lage wäre, sondern weil sie durch die Staatwerdung unbeweglich und am Ende schwach werden würde.

Als er 2005 auf seine Tätigkeit als Erweiterungskommissar zurückblickte, schrieb Günter Verheugen über den damals wie heute umstrittenen und inzwischen in weite Ferne gerückten EU-Beitritt der Türkei: »Eine stabile, demokratische Türkei würde die bedrohteste Flanke der EU abdecken können. Wie richtig und wichtig dieses Argument ist, wird hoffentlich nie bewiesen werden müssen. Wenn es aber doch geschehen sollte, würden alle diejenigen, die heute vor dem EU-Beitritt warnen, froh sein, dass die richtige Entscheidung getroffen wurde – oder sie werden darüber wehklagen, dass eine große Chance vertan wurde.«[11] Das waren fast prophetische Worte, die Richtigkeit und Wichtigkeit des Arguments liegt heute, wo das Fenster erst einmal wieder geschlossen ist, offen zutage.

Es geht dabei ja nicht nur – in Verheugens Diktion – darum, »die bedrohteste Flanke der EU« abzudecken. Zweifellos ist die

Türkei auch aus diesem Grund wichtig. Sie bleibt – trotz (oder wegen?) Erdoğan und AKP – das Land der Region, das am wenigsten vom Islamismus angesteckt ist, ja das fast immun gegen ihn zu sein scheint. Eine stabile Türkei könnte wie kein anderer Staat zur Befriedung und Festigung dieser Region beitragen. Es geht aber um mehr noch. Kämen sich Türkei und Europäische Union wirklich näher und verständigten sich auf die Rechtsprinzipien, die in Europa gelten, dann könnte das im Laufe der Zeit den historischen, bisher schmerzlich ausgebliebenen Beweis erbringen, dass Islam und Moderne doch vereinbar sind. Das wäre ein epochaler Durchbruch, der weithin ausstrahlen würde. Gerade in Deutschland, das bisher trotz aller parallelgesellschaftlichen Abschließungen kein großes Problem mit seinen türkischen Muslimen hatte, müsste diese Einsicht eigentlich naheliegen.

Allerdings steht, wie gesagt, das Unterfangen, die Türkei und die Europäische Union miteinander ins Benehmen zu bringen, unter keinem guten Stern. Denn es sieht im Moment nicht so aus, als seien die oppositionellen Parteien oder gar die türkische Zivilgesellschaft in der Lage, Präsident Erdoğan an seinem Weg in die Autokratie zu hindern. Die vorsichtig begonnene Politik der Versöhnung mit den Kurden ist brüsk gestoppt. Oppositionspolitiker werden – auch dann, wenn sie Abgeordnete sind – wie Kriminelle verfolgt. Journalisten werden nach Gutdünken des Präsidenten kriminalisiert. Von Gewaltenteilung kann kaum noch die Rede sein. Es ist ein Drama, dass dieses Land, das nah an Europa liegt und das den Weg Richtung Westen schon beschritten hatte, einen Politiker hervorgebracht hat, der sich von allen demokratischen Regeln und Gepflogenheiten abgewandt hat. Und der sich mit einer Machtfülle ausgestattet hat, die einzigartig ist und gut zu Potentaten wie Assad oder Putin passt, die aber nichts »Westliches« mehr hat. Die faktische Unterwerfung eines 79-Millionen-Volkes unter den Willen eines einzigen Mannes ist selbst in der Region beispiellos. Es ist nicht ausgeschlossen, dass Erdoğan beim Präsidialsystem nicht stehen bleibt und noch einen Schritt weitergeht: in die Diktatur. Dann wären die Türen erst einmal zugeschlagen. Mit diesem Partner, der unter besseren Bedingungen so wichtig wäre, könnte Europa keine gemeinsame Politik betreiben.

Inzwischen hat Staatspräsident Erdoğan unmissverständlich klargemacht, dass er willens ist, auch diesen letzten Schritt noch zu tun. Schnell entschlossen hat er den – rätselhaften – Putschversuch vom 15. Juli 2016 genutzt, um Staat und Gesellschaft noch umfassender als bisher schon seiner personalen Macht zu unterstellen und die Gewaltenteilung faktisch abzuschaffen. Nach Belieben und auf unverblümt exekutivem Weg wurden Verhaftungen vorgenommen, wurden Zehntausende von Staatsbediensteten, aber auch Lehrer privater Schulen entlassen, weitere Fernsehsender verloren ihre Lizenz und zahlreiche Journalisten wurden verhaftet. Erdoğan scheint in seinem Kontrollfuror alle Hemmungen verloren zu haben. Es sieht so aus, als wolle er ein ganz und gar auf seine Person zugeschnittenes Präsidialsystem errichten. Es geht ihm um die reine Macht. Sollte er damit Erfolg haben, wären die Konsequenzen schrecklich. Er risse damit sein Land gewissermaßen aus der modernen Gegenwart heraus. Er zielt auf einen Zustand ab, in dem es nur dies gäbe: den Sultan und die Untertanen.

Das wäre eine Tragödie. Denn wenn die Türkei einen angemessenen Ort in der gegenwärtigen Weltordnung oder Weltunordnung haben kann, dann den der Schalt- und Vermittlungsstelle zwischen Orient und Okzident: dem Osten wie dem Westen zugeneigt. Tut Erdoğan den Schritt in die reine Diktatur, dann würde die Türkei die Tür nach Europa auf absehbare Zeit fest verschließen. Die Folgen wären für Europa wie den Nahen und Mittleren Osten verheerend. Kräfte, die das verhindern könnten, sind derzeit nicht zu erkennen. Die türkische Zivilgesellschaft hat nach dem Putsch ihre ganze Schwäche offenbart. Und umgekehrt ist es Erdoğan spielend gelungen, seine Anhänger zu einem atavistischen Mob zu formen.

In dieser Situation ist den EU-Beitrittsverhandlungen der Boden entzogen worden. Die Europäische Union hat keine andere Wahl, als sie auszusetzen oder gar zu beenden. Ganz besonders hart ist die deutsche Bundesregierung getroffen. Die

Türkei sollte in der Flüchtlingsfrage ihr privilegierter Partner sein. Zur Diktatur mutiert, könnte sie das kaum weiter bleiben. Das heißt aber: Die deutsche Bundesregierung und die immer noch so zögerlichen anderen EU-Staaten haben keine andere Wahl, als sich auf die Suche nach einem zweiten Weg zur Lösung oder Milderung des Flüchtlingsproblems zu machen.

Unterschiedliche Geschwindigkeiten wagen

Aber ist für all das der *Beitritt* der Türkei zur Union wirklich das allein selig machende Heilmittel? Um dagegen zu argumentieren, komme man nicht mit der EU-Fremdheit der Türkei und damit, dass sie – wenn auch lose – in die islamische Welt verwoben ist. Wohl aber gilt es zu bedenken, dass die beträchtlich erweiterte Europäische Union heute quietscht und ächzt. Die Bürger tragen dazu ebenso bei wie die Eurokrise, Putin und die osteuropäischen Nationalstaatsfreunde innerhalb der EU. Könnte es da vielleicht sinnvoll sein, auch hier die Mehr-Europa-Trompete zur Seite zu legen? Damit kein Missverständnis aufkommt: Die Türkei gehört zu Europa, weil sie – seit Jahrhunderten – mit Europa verwoben ist. Europa und die Türkei haben – mit verteilten Rollen – gemeinsam das Osmanische Reich zu Fall gebracht. Das notorische Demokratiedefizit der Türkei hat viel damit zu tun, dass die junge Türkei des Mustafa Kemal Atatürk die nicht gut zur Region passende Konzeption des Nationalstaats aus Europa übernommen und dann rücksichtslos durchgesetzt hat. Europa hat türkische Geschichte geschrieben. Die Europäische Union kann gar nicht anders, als die Probleme der Türkei als Probleme zu sehen, die mit ihr zu tun haben und sie angehen.

Doch das heißt nicht automatisch: Beitritt. Man sollte sich vergegenwärtigen: Träte die Türkei bei, dann grenzte die Europäische Union an Georgien, Armenien, Iran, den Irak und Syrien. Natürlich stünde es gerade einer starken und selbstbewussten EU gut zu Gesicht, mit all diesen Staaten so weit wie möglich ins Benehmen zu kommen. Vielleicht aber wäre es besser, die Türkei würde ein fest mit der EU verbundener, fest an sie assoziierter Staat, der eine Brückenfunktion zu seiner Nachbarschaft übernehmen könnte: halb Sendbote der Europäischen Union, halb Sozius der umliegenden Staaten. Versteht man die EU als ein politisches Gebilde, das unterschiedliche Geschwindigkeiten und unterschiedliche Zentren wie Koalitionen oder Bündnisse zulässt, dann könnte in der Sonderrolle der Türkei – der EU ganz nahe, ihr aber nicht angehörend – geradezu eine Stärke liegen. In dieser Rolle könnte sie Mittler, Relaisstation werden: stark, weil sie an die Europäische Union gebunden ist. Und weil sie aufgrund ihrer Geschichte und ihrer geographischen Lage imstande ist, in ihre nicht europäische Umgebung zu senden.

Dazu sollte sich die europäische Gemeinschaft aber von ihrem Prinzip der Erweiterungsgefräßigkeit verabschieden. Zur EU zugehörig oder nicht: Das kann in Zukunft nicht die Trennlinie sein, die über Wohl und Wehe entscheidet. Die EU ist nicht die Insel der Glückseligen, nicht einmal in ihrem näheren geopolitischen Umfeld. Ihr anzugehören kann gut und nützlich sein, ist es zumeist auch. Es erhebt aber nicht in den ewigen Adelsstand der Mitgliedschaft in der hellen, aufgeklärten und aller niedrigen, geschichtsgetränkten Anfeindungen enthobenen Gemeinschaft der finalen Supranationalität. Die Europäische Union ist kein Muss, kein Endzustand. Vielleicht würde sie stärker, wenn sie sich darauf beschränkte, anschlussfähig zu bleiben. Es ginge dann nicht mehr um die Frage, ob ein Staat in der Umgebung der EU in deren Haus passt. Sondern darum, ob die Europäische Union sich kräftig genug fühlt, auf ihre Peripherie beispielgebend und anziehend einzuwirken. Klugerweise hat Jean-Claude Juncker beschlossen, dass die von ihm geleitete Kommission keine Erweiterungen vornehmen werde. Bis auf Weiteres nur – aber immerhin.

»Privilegierte Partnerschaft«: Von dem Begriff ging, zurückhaltend formuliert, ein negatives Signal aus. Wer in ihr verharren muss, ist zweite Wahl, gehört zur zweiten Liga der europäischen Einigung. Der Begriff brachte eine unnötige Hierarchie in die Staatenwelt Europas und seines Umfeldes, bevorzugte die einen und setzte die anderen herab. Sinnvoller wäre es, die europäische Einigung in Zukunft pluraler zu fassen: mehrere Schwerpunkte, unterschiedliche Bündnisse von Willigen und Assoziierungen, die nicht den Makel tragen, auch Europas Sonderschüler einzubinden. Hier könnte der Auszug der Briten aus der EU eine listige Nebenwirkung zeitigen. Wenn Großbritannien und die Gremien der Europäischen Union klug sind und Mäßigung an den Tag legen, dann werden sie versuchen, ein Verhältnis besonderer Art zwischen der Gemeinschaft und dem Inselstaat zu schaffen. Man könnte es so nennen: privilegierte Partnerschaft.

Auch könnte, um ein zweites von zahlreichen Beispielen zu nennen, das schier unlösbare Problem, das im Dreieck Putin, EU und Ukraine angesiedelt ist, durch ein weniger unitarisches Assoziierungs- und Beitrittskonzept der europäischen Gemeinschaft einiges von seiner fast tragischen Unlösbarkeit verlieren. Viele Bürger der Ukraine wollen aus gutem Grund und mit Leidenschaft nach Europa. Doch selbst bei wohlwollender Betrachtung ist es nicht denkbar, dass die Ukraine in absehbarer Zeit in der Lage sein wird, die Bedingungen eines EU-Beitritts, die Kopenhagener Kriterien, zu erfüllen. Der Staat ist noch ganz vom Gift der Korruption, der Oligarchenherrschaft, der justiziellen Willkür und eines rohen Nationalismus durchtränkt. Gewährte die Europäische Union diesem Staat, um seine Bürger zu schützen, den Beitritt, wäre das ein Gnadenakt. Dieser würde vor allem der Ukraine nicht helfen, da sie ständig darauf gestoßen würde, dass sie dem Club zu Unrecht angehört und an dessen Katzentisch sitzt. Außerdem hätte sich die europäische Gemeinschaft, ohnehin nicht gerade krisenfrei, ein weiteres schwerwiegendes Problem um den Hals gehängt.

Ein Ausweg aus dem Dilemma könnte eine besondere Form der Assoziierung der Ukraine an die EU bieten. Die Gemeinschaft ginge damit weitreichende Verpflichtungen für die Konsolidierung der Ukraine ein. Sie würde aber durch die Distanz, die zwischen ihr und der Ukraine weiterbestehen würde, auch unmissverständlich deutlich machen, dass die EU keine Lottofee und keine Vollkasko-Versicherung ist. Eine solche Assoziierung könnte den Menschen in der Ukraine helfen, die das Land wirklich voranbringen wollen und die wissen, dass das letztlich nur von ihnen selbst geschafft werden kann.

Intermarium

Zum Vorteil von Zusammenschlüssen gehört, dass sie ungewöhnliche Kombinationen ermöglichen und neue Kraftzentren schaffen können. Die europäische Gemeinschaft darf nicht glauben, sie besäße in Europa und seinem Umfeld ein Monopol auf Bündnispolitik. Zu einem überraschenden Zusammenschluss könnte es, um einen alten Ausdruck zu gebrauchen, in *Zwischeneuropa* kommen. Also in der weiten Region zwischen Deutschland und Russland, in der zahlreiche Staaten liegen, die ihre Geschichte blutig gelehrt hat, dass kleine und mittelgroße Völker hier keinen sicheren und komfortablen Raum haben. Noch gibt es nur wenige Anzeichen dafür, dass dieses Bündnis zustande kommen könnte, ein Bedürfnis danach gibt es aber zweifellos, auch erste informelle Kontakte.

Die Idee für ein solches Bündnis ist fast hundert Jahre alt. Es mischte sich in ihr auf eigentümliche Weise der defensive Wunsch nach Sicherheit mit der offensiven Sehnsucht nach halbimperialer Größe. Aufgebracht hat die Idee Marschall Józef Piłsudski. Der legendäre Oberbefehlshaber der polnischen Armee, der in den Zwanzigerjahren – nicht immer lupenrein demokratisch – die politischen Fäden auch dann noch in der Hand hielt, als er nicht mehr Staatspräsident war, schlug die Bildung eines konföderierten Staatsgebildes vor, das von der Ostsee bis zum Schwarzen Meer reichen sollte: ein gewaltiger Riegel. Um diesen weit ausgreifenden Charakter unmissverständlich anzumelden, bekam das geplante Gebilde den Namen *Międzymorze* oder *Intermarium*, lateinisch für: zwischen den Meeren. Die teilnehmenden Staaten sollten sich wechselseitig Unterstützung insbesondere gegen die junge Sowjetunion zusichern, die damals schon bemüht war, ihre Grenze westwärts zu verschieben. Die Konföderation sollte die Polnische Republik, die Ukraine, Weißrussland und Litauen umfassen – und wäre damit faktisch die Wiederherstellung der Grenzen der polnisch-litauischen Adelsrepublik, der *Rzeczpospolita*, gewesen, die von 1569 bis 1795 bestand.[12] *Intermarium* war also zu Anfang auch ein geschichtsnostalgisches Unternehmen, es ging – neben dem Schutz – vor allem um die Rückkehr zu alter Größe. Später war daran gedacht, auch Staaten wie Rumänien, Ungarn, Jugoslawien, die Tschechoslowakei, die beiden anderen baltischen Staaten, Lettland und Estland, und sogar Finnland in die Konföderation einzubeziehen. Aus naheliegenden Gründen wurde nichts daraus. Denn in etlichen Staaten, die als Teilnehmer vorgesehen waren, fürchtete man die Vorrangstellung des stolzen Polens, das die Einwohner der anderen Staaten wohl zu Bürgern zweiter Klasse machen würde. Die Idee wurde vergessen.

Doch nicht für immer. Seit geraumer Zeit geht sie wieder um, auch dieses Mal von Polen ausgehend. Der 2010 tödlich verunglückte polnische Staatspräsident Lech Kaczyński hat beharrlich für sie geworben und erste Kontakte geknüpft. Das tut Andrzej Duda, der heutige Staatspräsident Polens, wieder. Bei seinem Staatsbesuch in Rumänien im November 2015 forderte er, alle Staaten Zentral- und Osteuropas müssten in Zukunft mit einer Stimme sprechen. Ähnlich äußerte sich Rumäniens reformerischer Staatspräsident Klaus Iohannis. Gedacht ist in weiter Perspektive an einen Zusammenschluss, der alle zur Zeit Piłsudskis für die Konföderation vorgesehenen Staaten umfasst – und noch weiter reicht: Aserbaidschan, Georgien, Moldawien und vor allem die Türkei sollen ebenfalls dazugehören. Eine solche Konföderation wäre in dreifacher Hinsicht bemerkenswert.

Erstens würde sie ein Territorium umfassen, das drei viertel so groß wie das der EU wäre und auf dem etwas mehr als 250 Millionen Menschen leben würden, immerhin fast die Hälfte der heutigen EU-Bürger. Diese Konföderation fiele also ins Gewicht. Zweitens hätte sie gewissermaßen zwei Pole: zwei starke Staaten, Polen und die Türkei, die darin komplementäre Führungsrollen einnehmen könnten – und die sich beide in einem Spannungsverhältnis zu Russland befinden. Drittens schließlich bestünde das Besondere der Konföderation auch darin, dass ihr neun Mitgliedstaaten der EU (Bulgarien, Estland, Finnland, Lettland, Litauen, Polen, Rumänien, die Slowakei und Ungarn) angehören würden, außerdem ein Staat mit (noch) EU-Kandidatenstatus (Türkei), drei Staaten mit einem EU-Assoziierungsabkommen (Georgien, Moldawien und – fast – die Ukraine) sowie zwei Staaten, die ganz außerhalb des Bereichs der EU liegen (Aserbaidschan und Weißrussland). Hier kämen nun wirklich äußerst unterschiedliche Befindlichkeiten zusammen – allerdings unter dem Gesichtspunkt von ganz realen Gemeinsamkeiten: dem Bedürfnis nach Schutz vor Russland und, damit verbunden, dem Bedürfnis nach einem größeren energiepolitischen Spielraum. Noch ist *Intermarium* formell nicht auf dem Weg, und es ist nicht absehbar, ob sich alle diese Staaten auf der Nord-Süd-Achse Europas wirklich auf ein gemeinsames Regelwerk werden einigen können. Erste Anzeichen gibt es freilich: Recht offensiv engagiert sich die Türkei in Hilfsprojekten für die Ukraine.[13]

Würde eine solche Konföderation die Europäische Union beeinträchtigen? So sähe es zweifellos in der Logik herkömmlicher Geopolitik aus. Denn da galt immer, dass neue Bündnisse alte bedrohen. Der Clou des Projekts aber läge unter anderem gerade darin, dass hier nicht ein Bündnis, die EU, gegen ein anderes, *Intermarium*, stünde. Denn beide Bündnisse überlappten sich ja, wären ineinander verschränkt. Obwohl jedes der beiden Bündnisse eigene Wege gehen könnte, wären beide doch aneinandergebunden. Beide Bündnisse könnten auf unterschiedlichen Feldern spielen. Es gäbe also mehr Optionen, mehr Möglichkeiten. Und schließlich: Gäbe es *Intermarium* als wahrnehmbare und handlungsfähige Kraft, dann wäre die Europäische Union zumindest teilweise aus der Klemme befreit, in der sie sich gegenüber der Ukraine befindet. Sie kann militärisch gegen die blutigen Provokationen Russlands nicht vorgehen, darf aber – um ihrer Prinzipien willen – auch nicht wegsehen. In diesem Dilemma gefangen, gibt die europäische Gemeinschaft kein gutes Bild ab, sie wirkt schwach und halbherzig. Russland aber müsste über kurz oder lang *Intermarium* ernst nehmen und darüber nachdenken, ob es bereit und fähig ist, die Kosten einer weiteren Eskalation gegen diesen neuen *player* aufzubringen. Und die EU wäre aus der misslichen Lage befreit, hilflos drohend oder greinend in Richtung Ukraine zu blicken.

Kurz: Mehr Bündnisse mit unterschiedlichen Schwerpunkten und Geschwindigkeiten können diese Region und andere Regionen zu sichereren Orten machen. Einen Versuch wäre es wert. Eine besondere Pointe, die sich gewissermaßen unabsichtlich ergeben würde, bestünde darin, dass sich in dieser Konföderation das zumindest dem gegenwärtigen Regierungswillen nach betont katholische Polen, das mit Muslimen wenig im Sinn hat, mit der dem gegenwärtigen Regierungswillen nach betont islamischen Türkei zusammentäte, die noch nie durch besonderen Respekt vor dem Christentum und den Christen im eigenen Land aufgefallen ist. Eine wahrlich spannende Koalition.

Was daraus folgt

Die Massenflucht nach Europa hat zwingend erwiesen, was schon länger zu ahnen war: Die Europäische Union braucht eine gemeinsame Außen-, Sicherheits- und auch Verteidigungspolitik. Denn es ist offenkundig, dass die Mitgliedstaaten der EU mit nationalen Antworten heillos überfordert wären. Diese wären ja ein Widerspruch in sich. Es handelt sich nun einmal um eine gesamteuropäische Herausforderung. Weil die Staaten der EU in dieser Frage – viel stärker als auf wirtschaftlichem Gebiet – wirklich mehr oder minder dieselben Interessen haben, steht der Einsicht in die Notwendigkeit einer gemeinsamen Außen-, Sicherheits- und Verteidigungspolitik im Prinzip nicht viel im Wege. Sie ist den Völkern Europas leicht zu vermitteln und ihnen im Grunde heute schon einsichtig.

 Noch fehlt es aber am politischen Willen. Schließlich gehören die drei Politikbereiche zu den Kernzonen herkömmlicher staatlicher Souveränität. Die jeweiligen Ressortminister würden durch eine Gemeinschaftspolitik auf den drei Feldern drastisch an Kompetenz verlieren. Deswegen wehren sie sich – am stärksten die Innenminister, aber auch die Außenminister – zum größeren Teil gegen die konsequente Vergemeinschaftung. Da es sich hier um ein Vorhaben von europäischem Rang handelt, ist es Aufgabe der nationalen Staats- und Regierungschefs, sich ihrer Richtlinienkompetenz zu bedienen, die Gemeinschaftspolitik entschlossen auf den Weg zu bringen und den Ressortegoismus der Fachminister zu brechen. Die bestehenden Verträge eröffnen dafür einen breiten, wenn auch nicht unbegrenzten Spielraum. Um wie vieles leichter könnte die Europäische Union mit der Massenflucht nach Europa umgehen, wenn sie über eine Außen-, eine Innen- und eine Verteidigungsministerin verfügte.

Angesichts der furchtbaren politischen Entwicklung in der Region von Syrien bis Libyen braucht Europa zudem eine kraftvolle Mittelmeerpolitik, die die dortigen Dramen als die eigenen wahrnimmt. Viele Probleme in der Region haben auch europäische Wurzeln, sie gehen Europa an. Ob die Europäer das mögen oder nicht: Europa kann keine Zone des Friedens bleiben, wenn der Frieden dort keine Chance bekommt. Ganz egoistisch: Europa rettete auf der anderen Mittelmeerseite auch sich selbst.

Die Türkei gehört zu Europa. Dass sie Teil der islamischen Welt ist, widerspricht dem nicht. Im Gegenteil: Weil sie, obgleich islamisch, (noch?) nicht vom Islamismus erfasst ist, könnte sie zum Brückenland zwischen Europa und der islamischen Welt werden. Es war ein Fehler der europäischen Gemeinschaft, die EU-Mitgliedschaft der Türkei auf die lange Bank zu schieben und der inneren Verfasstheit des Landes nur mäßiges Interesse entgegenzubringen. Jetzt, unter dem Druck der Flüchtlingsfrage, wäre der Beitritt keine strategische Tat, sondern eine Notmaßnahme und ein Pakt mit einem Autokraten. Die Europäische Union muss neue Wege zur Lösung des Flüchtlingsproblems suchen.

Und sie sollte neue Formen der Assoziierung unter Gleichen entwickeln. Es sollte keine eindeutige Hierarchie zwischen Mitglied und Sozius mehr geben. Wer nicht ganz zur Union gehört, muss nicht minderen Ranges sein. Dann würde die Frage nach der möglichen »Überdehnung« der EU gegenstandslos oder verlöre zumindest an Bedeutung. Und die assoziierten Staaten empfänden dann vielleicht nicht mehr den Makel, Angehörige zweiten Grades und zweiter Wahl zu sein. Alle klugen Staats- und Völkerrechtler der Welt sind aufgerufen, dafür Modelle zu entwickeln und Wege zu finden. Sie können dabei auf einen breiten, bis weit ins 19. Jahrhundert zurückreichenden Fundus von Gedanken über Zusammenschlüsse zurückgreifen, die nicht zu Nationalstaaten führen, sondern etwas Neues darstellen.[14]

6. Kapitel

Der Euro: Eine Fehlkonstruktion ohne Exit

In Unfrieden vereint

Am meisten hat der europäischen Einigung geschadet, was ihr am meisten nützen und sie zu wirklicher Gemeinsamkeit voranbringen sollte – die Einführung des Euro. Sie hat Europa aus seiner Bahn geworfen. Der Euro sollte aus dem gemeinsamen europäischen Währungsraum binnen kurzer Zeit – von einem Jahrzehnt war die Rede – einen gemeinsamen Wirtschaftsraum machen. In allen Ländern dieses Raums würde die Wirtschaft erblühen. Die Lebensstandards der europäischen Völker sollten sich in schnellen Schritten einander annähern, ja angleichen. Als seien sie im Delirium geschrieben worden, lesen sich die damaligen Wunschzettel heute wie wirre Fantasien. Nichts davon ist eingetreten. Und es war damals auch schon abzusehen, dass der Euro Europa kein Glück bringen würde. In ihren ersten beiden Jahrzehnten bescherte die europäische Einigung seit dem Ende der Fünfzigerjahre allen beteiligten Völkern einen gewaltigen Wohlstandssprung – zwar auch der europäischen Einigung wegen, vor allem aber, weil in fast ganz Westeuropa Hochkonjunktur herrschte. Die europäische Gemeinschaft konnte als Win-win-Unterfangen wahrgenommen werden. Das aber war lange vorbei, als der Euro auf den Weg kam. Nicht weil die Wirtschaften der Eurostaaten einander näherkamen, wurde der Euro eingeführt. Er kam, weil er kommen sollte, weil er *politisch* gewollt war.

Dass die Euroeinführung ein Fehler oder auch »verfrüht« war, ist heute eine allgemein geteilte Überzeugung. Längst gibt mancher, der auf offener Bühne noch immer für die Euro ficht, hinter der Bühne zu, dass es besser gewesen wäre, man hätte den Versuch gar nicht erst gewagt. Was aber kann aus dieser Einsicht heute folgen? Sicher nicht das, was die Eurokritiker der schlichteren Art fordern: die Abschaffung des Euro und die Rückkehr zu Lira, Franc, Drachme, D-Mark, Escudo und Peseta. Denn das haben ja gerade die Deutschen im 20. Jahrhundert, das für sie auch ein Jahrhundert der Ent-Wertungen von Geld gewesen war, gut gelernt: In der Währung spiegelt sich das ganze Leben. Eine Währung ist kein Spielzeug, das man einfach aus der Hand legen könnte, um zum nächsten zu greifen. Die 19 Staaten der Eurozone (und die sechs weiteren EU-Staaten, die nach Erfüllen der Kriterien dazu stoßen würden) haben nicht die Option, sich aus dem Euro zurückzuziehen. Das heißt aber nicht, dass es keine vorübergehenden Austritte einzelner Staaten aus der Eurozone oder auch keine Aufteilung der Eurozone geben dürfte.

Währungsgemeinschaften schaffen Gemeinsamkeit, sie binden die Beteiligten fest aneinander. Paradoxerweise gilt das jedoch nicht nur im Guten – wie etwa in der bundesdeutschen D-Mark-Zeit –, sondern auch im Schlechten. Der Euro hat die Staaten der Eurozone einander nicht nähergebracht, sondern einander entfremdet. Der Euro hat gespalten. Und damit, wenn man will, auf bedrückende Weise vereint: Die Eurozone ist heute eine Gemeinschaft – aber eine Zank-, Streit- und Misstrauensgemeinschaft. Im »Süden« werden die Staaten des »Nordens«, Deutschland voran, als gnadenlose Zuchtmeister gesehen, die auf Besatzerart ihr eigenes Wirtschafts- und Haushaltungsmodell aufzwingen wollen. Und umgekehrt verfolgen die Bürger der Gläubigerstaaten bang, wie ihre Regierungen immer astronomischere Summen an Steuergeldern bewegen oder in der Vorhand halten, um schwächelnde Eurostaaten vor dem Bankrott zu bewahren. Ein in Deutschland weit verbreitetes Boulevardblatt rief gen Athen: »Verkauft doch eure Inseln, ihr Pleite-Griechen […] und die Akropolis gleich mit!«[1]

Doch Süd- und Nordbürger schlagen sich, wenn sie derart aufeinander losgehen, keineswegs nur Vorurteile um die Ohren. Denn beide Seiten haben auf ihre Weise jeweils recht. Es stimmt: Staaten wie Italien und Griechenland haben die niedrigen Zinslasten nicht genutzt, um – wie es die schwäbische Hausfrau und ihr Kassenwart gerne gesehen hätten – die Staatsschulden zu senken und ansonsten unbequeme Reformen einzuleiten. Im Gegenteil, die Ausgaben der Staaten schnellten in die Höhe – der Euro hat zum leichtfertigen Umgang mit Geld verführt. Es stimmt: Der »Süden« hat sich nicht an die vereinbarten Regeln gehalten, hat mächtig über seine Verhältnisse gelebt und geglaubt, im Zweifelsfall werde es »Europa« schon richten. Und es stimmt auch: Wenn Wolfgang Schäuble weitere Kredite an Griechenland davon abhängig macht, dass sich das Land strikt an die vereinbarte *road map* von Reformen hält, dann bringt das für viele Bürger Griechenlands – Arbeiter, Angestellte, Rentner, Bauern – einschneidende Verluste an Lebensmöglichkeiten und Lebensqualität. Da hat der ehemalige griechische Finanzminister Yanis Varoufakis schon recht: Der »Norden« zwingt den »Süden« zu einer Politik und einem Verhalten, für die im Land der vielen Inseln und der gleißenden Sonne eigentlich alle Voraussetzungen fehlen.

Wie ein Detektor haben die Einführung des Euro und die lang anhaltenden Versuche seiner Bewahrung innereuropäische Verwerfungen sichtbar gemacht. Man kann es niemandem verargen, wenn er zumindest insgeheim einen wie auch immer gearteten radikalen Schnitt für das Beste hält.

Gibt es ein Lateinisches Reich?

Einmal, im Sommer 2015, war es fast so weit, zumindest verbal. Da sprach einer, hinter halb verschlossenen Türen, aus, was vielerorts in Europa nördlich der Alpen schon längere Zeit gedacht wurde: Die Griechen, zumindest die Griechen, passen nicht in den Euroclub – wäre es nicht besser, sie verließen ihn wieder? Es war der deutsche Bundesfinanzminister, der das vor sich hinmurmelte und damit erstmals in Worte fasste, was bisher durch ein Tabu von seltsamer Bindekraft ausgeschlossen war: Wie bei jedem ordentlichen Verein müsse es auch im Euroverein möglich sein, ein- und gegebenenfalls wieder auszutreten. Man hat Schäuble das als Hartherzigkeit ausgelegt, als ein Beispiel für ganz besonders brutalen Eurodarwinismus. So als hätte er gesagt, wer zu schwach ist für unseren Verein, der fliegt und soll sehen, wo er bleibt: *survival of the fittest*. So hatte Schäuble das aber nicht gemeint. Er hatte nur erwogen, ob ein zeitweiliger Austritt aus der Eurozone nicht Druck aus dem Finanzdebakel nehmen könnte, und zwar für *beide* Seiten.

Was der Finanzminister da mit der ihm gebotenen Vorsicht und Uneindeutigkeit andeutete, hat freilich ein Hinterland, das deutlich provokativer ist als sein im Grunde bescheidener Vorschlag. Denn eigentlich geht es um eine Frage, die noch viel radikaler mit einem Tabu belegt ist als die eines vorübergehenden Austritts eines beliebigen Staates aus der Eurozone. Um die Frage nämlich, ob die unterschiedlichen Arbeits-, Wirtschafts- und Verwaltungskulturen, die in der Europäischen Union zusammengebunden sind, auch nur annäherungsweise zusammenpassen und miteinander vereinbar sind. Um die Frage auch, ob es überhaupt möglich ist, solch unterschiedliche Nationen nach dem Muster des deutschen Föderalismus (»gleichwertige Lebensverhältnisse«) auf annähernd vergleichbare Entwicklungsniveaus zu bringen. Um es geradeheraus zu formulieren: Liegt ein Segen auf dem Versuch, Europas »Norden« und Europas »Süden« in eine Zone gleicher Verbindlichkeiten und Regeln zusammenzubinden? Wäre es im Interesse aller nicht besser, man verzichtete darauf?

Im März 2013 löste ein kurzer Artikel des Philosophen Giorgio Agamben ein Skandälchen aus, insbesondere als er wenige Tage nach der Erstveröffentlichung in der italienischen Tageszeitung »La Repubblica« in französischer Übersetzung in

»Libération« erschienen war. Agamben, ein Liebhaber steiler, provozierender Thesen, rief in dem Beitrag eine Denkschrift des russisch-französischen Philosophen Alexandre Kojève (1902–1968), der ursprünglich Alexander Koschewnikow hieß, in Erinnerung, die dieser – zu der Zeit Mitarbeiter von Charles de Gaulle – 1945 verfasst hatte. Kojève, der sich selbst einen »rechten Marxisten« nannte, plädierte darin für die Schaffung eines »Lateinischen Reiches«. Es sollte aus Frankreich, Spanien und Italien (nicht aber dem traditionell England zugeneigten Portugal) bestehen und ein Gegengewicht zu den zwei anderen Imperien bilden, die sich in der Nachkriegszeit abzeichneten: dem sowjetischen und dem amerikanisch-britischen, dem sich – so Kojèves Vermutung – auch Deutschland anschließen würde. Nur durch die Bildung eines solchen »Lateinischen Reiches«, natürlich unter der Führung von Paris, könne Frankreich in dem nun anbrechenden post-nationalstaatlichen Zeitalter seine Vorrangstellung bewahren.

Aus dem Vorhaben wurde bekanntlich nichts. Kojève aber blieb ein Grenzgänger zwischen Politik und Philosophie. Der Europapolitiker Robert Marjolin, der 1948 Generalsekretär der »Organisation für Europäische Wirtschaftliche Zusammenarbeit« (OEEC) geworden war und später die französische Delegation bei den Verhandlungen über den EWG-Vertrag anführte, hatte Kojève, dessen Hegel-Vorlesungen er einst gehört hatte, in seinen Stab geholt. Fortan beriet Kojève bis zu seinem Tod die französische Regierung in europapolitischen Fragen und war aktiv an vielen Verhandlungen beteiligt.

Warum ein »Lateinisches Reich«? Kojève begründete die Idee in seiner Denkschrift von 1945 mit der wechselseitigen *Affinität* der Völker Frankreichs, Spaniens und Italiens. Die drei Länder verbinde sehr viel: der lateinische Ursprung ihrer Sprache und im weiteren Sinn eine gemeinsame Zivilisation, eine verwandte Mentalität, die katholische Prägung – und nicht zuletzt ähnliche klimatische Bedingungen (ein Argument freilich, das im Falle Frankreichs recht forciert ist: Bestenfalls das halbe Frankreich gehört dieser Schönwetterzone an). Der Hegelianer

Kojève zieht da mit dem ganz groben Pflug über den Kontinent und ist zu gewaltigen Simplifizierungen bereit (etwa wenn er das konfessionell zweifarbige Deutschland in toto dem protestantischen Block und der ihm angeblich angeborenen Arbeitsmoral zuschlägt). Aber er verfolgt in der Tat die Absicht, seinen Reichsplan kulturalistisch zu begründen. Von der »lateinischen Mentalität« heißt es in der Denkschrift: »Es scheint so, dass diese Mentalität insbesondere durch eine Kunst der Muße geprägt wird, welche die Quelle der Kunst im Allgemeinen darstellt, durch die Fähigkeit, jene ›douceur de vivre‹ hervorzubringen, die nichts mit materiellem Komfort zu tun hat, jenes ›dolce far niente‹, das nur dann zu reiner Faulheit entartet, wenn es nicht die Folge produktiver und fruchtbarer Arbeit ist.«[2] Kojèves Projekt von 1945 war zwar kein nur kulturelles, sondern mehr ein politisch-strategisches. Um es zu begründen und schmackhaft zu machen, hat der Autor aber kräftig in den Kisten nationaler, in den Kisten von Süd-Nord-Stereotypen gewühlt.

Giorgio Agamben hat, inmitten der Eurokrise, versucht, aus Kojèves Schrift eine Waffe zu schmieden. Der Grundfehler der Europäischen Union bestehe darin, dass bei ihrer Schaffung kein Augenmerk auf die kulturellen Affinitäten und Unterschiede der Völker Europas gelegt wurde. Die Einheit Europas sei ausschließlich auf wirtschaftlicher Grundlage erfolgt, ebendies mache die europäische Gemeinschaft heute so gebrechlich. Die zentralen Sätze Agambens klagen Deutschland an, das sich ganz Europa rücksichtlos anverwandle, man könnte auch sagen: unterwerfe. Sie lauten: »Auf dem Gebiet der Wirtschaft hat die geforderte Einheit in Wahrheit die Unterschiede größer gemacht, und jeder kann erkennen, worauf das hinausläuft: gegen eine Mehrheit der Ärmeren die Interessen der Reicheren durchzusetzen, die oft mit denen einer einzigen Nation zusammenfallen […]. Es ist nicht nur unsinnig, so zu tun, als lebte ein Grieche oder ein Italiener wie ein Deutscher. Denn selbst wenn es möglich wäre, das zu erreichen, bedeutete das den Verlust jenes kulturellen Erbes, das vor allem in den unterschiedlichen Lebensformen besteht. Eine Politik, die diese Lebensformen rücksichtslos missachtet, wird nicht von Dauer sein.«[3] Das austeritätsbesessene Deutschland betreibe, so Agambens Argumentationsmuster, die Germanisierung Europas, es schaffe ein deutsches Europa und versuche dieses Mal, das Ziel nicht mit militärischen Mitteln, sondern mit den Waffen der Wirtschaftskraft und dem Oktroi einer scharfen Sparpolitik zu erreichen. Doch Agamben geht noch weiter. Im Grunde lehnt er die europäische Einigung vollständig ab. Hätte sie nämlich Erfolg, wäre das ein Unglück für die »lateinischen« Staaten. Nur ohne europäische Einigung könnten sie und ihre Kulturen überleben.

Zwar ist das Argument, Deutschland habe ein zu großes Gewicht in der europäischen Gemeinschaft und nutze seine Vorrangstellung ohne Rücksicht auf andere aus, in linken und liberalen Kreisen wohlgelitten. Kommt aber die Kultur ins Spiel, dann hört auch dort der Spaß auf. Agambens Versuch, kulturelle Prägungen als Begründung dafür anzuführen, dass die Europäische Union auf einem ganz falschen Wege sei, wurde in der Publizistik europaweit augenblicklich und fast unisono aufs Schärfste verworfen. Das sei ein Rückfall in jene finsteren Zeiten, in denen Völkerpsychologie betrieben wurde, in denen Völkern rassistische Zuschreibungen angehängt wurden. In denen Völker mit Begriffen wie »fleißig« oder »faul«, »kraftvoll« oder »dekadent« klassifiziert wurden. Auch fehlten nicht Hinweise darauf, dass – siehe die wöchentlichen und die Jahresarbeitszeiten – im Süden Europas keineswegs weniger gearbeitet würde als im Norden. Natürlich sind die Argumentationen von Kojève wie Agamben höchst willkürlich und windschief. Denn sie unterstellen ja wirklich die Existenz nationaler kultureller Prägungen, die etwas Unveränderliches haben und die sich messerscharf von den Prägungen anderer Völker unterscheiden, die nur trennen und nichts Verbindendes haben.

Norden und Süden: Zähe Mentalitäten

Und doch, ganz aus dem Ideologiehimmel gegriffen sind die Stereotype vom nüchternen Norden und dem zur Muße neigenden Süden auch nicht. Zwar haben die Jahrzehnte nach dem Ende des Zweiten Weltkriegs Westeuropa einen wirtschaftlichen, kulturellen und medialen Schub der Angleichung und Vereinheitlichung gebracht, der zuvor undenkbar gewesen war – ein Schub, der übrigens auch Folge einer allgemeinen Verwestlichung war, die wie ein Sturmwind über die Welt ging. Die alten Menschen werden heute europaweit in ihrer Mehrheit nicht mehr aufs Altenteil abgeschoben, sie tragen auch nicht mehr nur Schwarz und Grau. Hotels, Bars, Vergnügungsstätten, Büros und Fabriken haben sich – bei allen Unterschieden, die noch geblieben sind – in ganz Europa stilistisch einander ziemlich weit angenähert. Die Beispiele ließen sich fortsetzen – und alle zeigen sie, dass es heute in Europa ein breites Band gemeinsamer, von allen Völkern geteilter Erfahrungen gibt. Noch ist daher überhaupt nicht abzusehen, welches weitere zusammenführende, vielleicht irgendwann doch auf einen europäischen *demos* hinauslaufende Potenzial sie bergen. Aber ebenso wenig ist zu übersehen, dass es weiterhin viele Unterschiede gibt – Unterschiede, die nicht trennen müssen, die aber doch eine Folge historischer, kultureller und politischer Eigenwege sind. Und die ein beträchtliches spezifisches Gewicht haben. Jedes Volk, jede Region ist mit seiner Geschichte auch allein.

Wieder fällt hier die kulturelle Ahnungslosigkeit, zumindest Gleichgültigkeit der Europamacher ins Gewicht. Sie überschätzten die gesellschafts-, kultur- und einheitsschaffende Kraft der wirtschaftlichen Integration ebenso maßlos, wie sie die alltäglichen, aus den Traditionen und Lebensweisen der Völker herrührenden Hindernisse maßlos unterschätzten. Wenn wo auch immer in Europa Bürger dem Unternehmen der europäischen Einigung eine gewisse Skepsis entgegenbrachten oder auch nur mit Scheu auf die Erfolgsmeldungen aus Brüssel oder Straßburg reagierten, dann blickte man einander in Straßburg und Brüssel tief in die Augen und versicherte sich: Manche sind eben noch nicht so weit. Vorbehalte wurden nicht als das genommen, was sie waren: Vorbehalte – Vorbehalte wirklicher und nicht unbedingt böswilliger Menschen. Man sah und sieht in ihnen stets ein Zeichen von Unreife, von eigensinniger Zurückgebliebenheit, der es mit noch mehr Europapädagogik zu begegnen gilt. Dann wird den Bürgern möglichst in Heller und Cent vorgerechnet, welche Vorteile jedem von ihnen offene Grenzen, Freizügigkeit, Freihandel und EU-weite Normen gebracht haben.

Es gab Zeiten, in denen noch ohne die Furcht, ins trübe Völkerpsychologisieren zu verfallen, über den Einfluss von Sonne, Regen und Klima insgesamt auf die Menschen gesprochen werden konnte. Der Sozialist Paul Lafargue, der nach dem deutschen Einmarsch in Frankreich und der Niederschlagung der Pariser Kommune 1871 ins spanische Exil geflohen war, hat in seiner berühmten Schrift »Das Recht auf Faulheit« (1883) ausdrücklich auf das klimatische Nord-Süd-Gefälle Bezug genommen. Er klagte den protestantischen »Norden« an, der dem Volk seine Feiertage geraubt und es um seine Muße betrogen habe. »Der Protestantismus, diese den neuen Handels- und Industriebedürfnissen der Bourgeoisie angepasste Form der Kirche, kümmert sich wenig um die Erholung des Volkes, er entthronte die Heiligen im Himmel, um ihre Feste auf Erden abschaffen zu können.«[4] Lafargue pries stattdessen Spanier und Griechen, weil sie die Arbeit nicht anbeteten, sondern verachteten. Und lange vor Lafargue hat der Aufklärer Montesquieu, immerhin einer der Erfinder der Gewaltenteilung, in seiner großen Schrift »Vom Geist der Gesetze« (*De l'esprit des lois*; 1748) ganz unbefangen der mentalitäts- und gesellschaftsbildenden Kraft des Klimas große Bedeutung zugemessen – und dabei allerdings Noten vergeben, die in krassem Widerspruch zu Lafargues Wertungen standen: Er pries nicht den Süden, sondern den Norden.

Montesquieus Klimatheorie ist zweifellos abenteuerlich. Kaltluft, sagt er zum Beispiel, ziehe die Enden der Außenfasern unseres Körpers zusammen, das steigere ihre Spannkraft und gebe die Energie, die dem Menschen des Südens fehle.[5] Es wimmelt bei Montesquieu von Klischees. Doch ganz von der Hand zu weisen ist es nicht, wenn Montesquieu zusammenfassend schreibt: »In Europa besteht zwischen den Nationen des Südens und des Nordens eine Art von Gleichgewicht. Die ersteren besitzen alle Arten von Annehmlichkeiten des Lebens und wenig Bedarf, die letzteren haben einen großen Bedarf und wenig Annehmlichkeiten des Lebens. Den einen hat die Natur viel geschenkt, und sie fordern nur wenig von ihr; den anderen schenkt die Natur wenig, und sie fordern viel von ihr. Den Ausgleich stellen die den Nationen des Südens eingepflanzte Trägheit sowie die den Völkern des Nordens eingepflanzte Arbeitsamkeit und Tatkraft her. […]«[6] Zieht man den unguten Kollektivismus solcher Sätze ab, bleibt dennoch eines schwer bestreitbar: Weil der Norden klimatisch deutlich weniger verwöhnt ist, bedeutet das Leben dort eine größere Mühe und fordert diejenigen, die es besser haben wollen, zu ungleich höheren Anstrengungen auf.

Man kann über diese Zuschreibungen, die mal den »Süden«, mal den »Norden« als positiv und vorbildlich erscheinen lassen, lange streiten. In einem aber sind sich fast alle, die seit Montesquieu Europas bunte Mentalitätenlandschaft zu erkunden versuchten, einig: *Es gibt unbestreitbar große Mentalitätsunterschiede zwischen den zisalpinen und den transalpinen Ländern und Völkern Europas.* Es wäre unklug, das im Namen irgendwelcher europäischer Ziele leugnen zu wollen. Und es wäre auch unsinnig zu bestreiten, dass diese Unterschiede gesellschaftlich und politisch folgenreich sind. Sie haben einen großen historischen Hinterhof. Wer ein Gespür für die Macht der *longue durée* hat, weiß, dass diese Unterschiede von großer Kraft, dass sie wie alle kulturellen Prägungen sehr hartnäckig sind und dass kein noch so wuchtiges, noch so teures und noch so gut gemeintes Modernisierungsprogramm dagegen über Nacht und Tag ankommt.

 Wer auf einer weiten Terrasse am Hang der Bucht von Ancona sitzt und die Sonne von Osten, vom Balkan her, aufsteigen sieht, dem wird voraussichtlich die Muße, der Genuss des Augenblicks, der Geräusche der Vögel und des Dufts der Pflanzen etwas Selbstverständliches sein. Auch ohne dass er arbeitsam loslegt, kann der Tag ein großer werden. Wer dagegen auf einer Terrasse am Tiefen See bei Potsdam den Tag beginnt und auf die in der Sonne gleißende Wasseroberfläche blickt, mag wohl auch in eine angenehme Stimmung kommen, vermitteln die vielen Nachbauten mediterraner Vorlagen in seiner Umgebung doch ein Gefühl von Weite und Freiheit und Talmisüden. Doch die im Grunde eher dunkle und kiefernumrandete Pracht dieser Seenlandschaft lädt nicht wirklich zur Muße ein. Sie ruft eher zu – »protestantischer«, »nördlicher« – Einkehr, Besinnung und Introspektion auf, der dann die halb reumütige, halb freudige Rückkehr zur Arbeit folgen sollte. Man kann es drehen und wenden, wie man will: Aller moderner Vereinheitlichung zum Trotz: Ancona und Potsdam, Lissabon und London, Heraklion und Słupsk – das sind und bleiben unterschiedliche Welten. Und zweifellos hat es in Bologna oder Neapel oder Barcelona etwas länger gedauert als in Berlin oder Amsterdam (von Oulu zu schweigen), bis die *business people* zu Mittag nicht mehr Wein, sondern Wasser tranken und auf den Abend hin ihre Körper stählten.

Indes, man kann auch ein Süden und Norden umschließendes Verständnis von Europa haben. Friedrich Nietzsche, kein Freund von »Vaterländerei und Schollenkleberei«[7] hatte es. In Sils Maria erspürte er lebhaft ein europäisches Band, das Finnland mit Italien zusammenbringt: »In mancher Naturgegend entdecken wir uns selber wieder, mit angenehmem Grausen; es ist die schönste Doppelgängerei. – Wie glücklich muss Der sein können, welcher jene Empfindung gerade hier hat, in dieser beständigen sonnigen Octoberluft, in diesem schalkhaft glücklichen Spielen des Windzuges von früh bis Abend, in dieser reinsten Helle und mässigsten Kühle, in dem gesammten anmuthig ernsten Hügel-, Seen- und Wald-Charakter dieser Hochebene, welche sich ohne Furcht neben die Schrecknisse des ewigen Schnees hingelagert hat, hier, wo Italien und Finnland zum Bunde zusammengekommen sind und die Heimath aller silbernen Farbentöne der Natur zu sein scheint.«[8] Wohlgemerkt: zum Bunde, nicht zur Einheit.

Die gemeinsame Währung kann nicht abgeschafft werden

All diese gar nicht so feinen, sondern offensichtlichen Unterschiede haben die Handwerker der europäischen Einigung nie besonders interessiert. Sie achteten sie nicht, sie wollten sie wenn nicht einebnen, so doch abschleifen. Der abstruseste Ausdruck dieses Verlangens nach angeblich Glück bringender Uniformität war die Idee, man könne die Europäer durch eine einbettungslose Einführung einer gemeinsamen Währung endlich und endgültig an einen gemeinsamen Arbeits- und Freizeittisch bringen. Das vernichtende Urteil, das der Historiker Dominik Geppert 2013 über das Institutionenversagen bei der politisch durchgesetzten Euroeinführung gefällt hat, hat in seiner Monumentalität noch immer Gültigkeit: »Nicht nur die Politiker haben sich verrechnet. Auch die Zentralbanker und Finanzfachleute, die mit ihrer Expertise für die technische Ausgestaltung der Währungsunion verantwortlich waren, haben einen entscheidenden Fehler begangen. Sie nahmen an, man könne zunächst 11, später 17, dann 18 [heute: 19, t.s.] Nationalstaaten in einem System fester unveränderlicher Wechselkurse zusammenfassen und die negativen Folgewirkungen durch kluge institutionelle Arrangements im Griff behalten. Dem stand von Anfang an die Tatsache entgegen, dass die Mitgliedstaaten der Währungsunion sich in ihren kulturellen und politischen Traditionen, in den vorherrschenden Mentalitäten und Denkweisen zum Teil gewaltig voneinander unterschieden. Ihre Wirtschaftskraft war ungleich entwickelt. Sie besaßen verschiedenartige Verwaltungs-, Steuer- und Sozialsysteme und wichen auch im Hinblick auf die in ihnen gegebenen Arbeitsmarktbedingungen stark voneinander ab.«[9] Es war nicht verantwortlich, diese unterschiedlichen Systeme durch eine gemeinsame Währung voraussetzungslos zusammenzuzwingen.

Das europäische Dilemma besteht auch darin, dass es oft nicht möglich ist, einmal begangene Fehler durch Rückkehr zum Ausgangspunkt aus der Welt zu schaffen. Grundsätzlich sollte zwar stets gelten, dass politische Systeme fehlerfreundlich sein müssen. Dass also ein einmal beschrittener Pfad ohne Katastrophengefahr auch wieder verlassen werden kann. Doch das ist leider nicht immer möglich, Fehler können auch eine große wirklichkeitsschaffende Kraft haben. Beim Euro ist das vermutlich der Fall. Es steht nicht einfach nur sturer Durchhaltewille und Rechthaberei hinter den geradezu panischen Versuchen der europäischen Finanzminister und von EZB-Chef Mario Draghi, den Euro *whatever it takes* zu »retten«.

Mit der unbedachten, den Folgen gegenüber gleichgültigen Einführung des Euro haben die Staaten der Eurozone die Backen ziemlich aufgeblasen. Sie haben ja nicht nur ihren eigenen Bevölkerungen (unhaltbare) Versprechungen gemacht, sie haben auch kräftige Signale in alle Welt gesendet. Sie haben ganz ausdrücklich den Anspruch angemeldet, auch mit Hilfe der gemeinsamen Währung die Europäische Union an die Spitze der Weltwirtschaft zu katapultieren. In einem Dokument des Europäischen Rates von 2000 heißt es, die Europäische Union sei »mit einem Quantensprung konfrontiert, der aus der Globalisierung und den Herausforderungen einer neuen wissensbasierten Wirtschaft resultiert«. Es brauche daher ein ambitioniertes Programm für den Aufbau von Wissensinfrastrukturen, die Förderung von Innovation und Wirtschaftsreform und die Modernisierung der Sozialschutz- und Bildungssysteme: das volle Programm, Pizza mit allem.

Und dann der maßlose zentrale Satz: »Die Union hat sich heute ein neues strategisches Ziel für das kommende Jahrzehnt gesetzt: das Ziel, die Union zum wettbewerbsfähigsten und dynamischsten Wirtschaftsraum der Welt zu machen – einem Wirtschaftsraum, der fähig ist, ein dauerhaftes Wirtschaftswachstum mit mehr und besseren Arbeitsplätzen und einem größeren sozialen Zusammenhalt zu erzielen.« Wohlgemerkt: Die Union sollte nicht nur ein dynamischer, sondern der dynamischste Wirtschaftsraum der Welt werden. Und nicht in einem Jahrhundert, sondern in einem einzigen Jahrzehnt sollte dieses Wohlstandsparadies geschaffen werden! Doch damit noch nicht genug, die EU setzte sich in diesem Dokument noch ein weiteres Ziel, das angesichts der unterschiedlichen europäischen Gesellschaften fast wahnhafte Züge trägt. Ein Abschnitt des Dokuments trägt die Überschrift: »Modernisierung des europäischen Gesellschaftsmodells durch Investitionen in die Menschen und Aufbau eines aktiven Wohlfahrtsstaates.«

Was, bitte sehr, fragt man sich konsterniert, ist denn *das* europäische Gesellschaftsmodell? Und es geht noch weiter: »Es sollte ein gemeinsames europäisches Muster für Lebensläufe entwickelt werden.«[10] Auch Misslingen kann Gelingen sein: gut jedenfalls, dass daraus nichts geworden ist.

Das war mehr als ein größenwahnsinniges Selbstfindungspapier. Die Europäische Union meldete mit Parolen wie diesen in der Welt einen großen Anspruch an. Den aber kann man, will man ernst genommen werden, hernach nicht einfach zurückziehen und sagen: Sorry, war nur so eine Idee. Auch wenn seine Vorrangstellung in der Welt auf immer perdu ist, kann sich Europa dem internationalen Wettbewerb nicht entziehen und nur noch als die lose Summe seiner Einzelstaaten auftreten. Weil die ganze Geschichte der europäischen Einigung dann umsonst gewesen wäre, darf die EU nicht von der großen Bühne herunterschleichen. Denn obwohl die Europäische Union kein Staat ist, hat sie sich mit ihrer Konföderierung von Staaten in die Geschichte eingeschrieben. Sie hat Fakten geschaffen, die nicht einfach wieder kassiert werden können. Das gilt auch für ihr unseligstes Werk, den Euro. Er muss bleiben. Kein deutscher oder lettischer Professor wird ihn fürs Erste aus der Welt argumentieren oder wegkomplimentieren können.

Deutsch-französischer Motor: Stottert oder explodiert er?

Aber wenn der Euro bleiben muss, wie kann er bleiben? Viele Europapolitiker haben sich darüber zahlreiche, mitunter radikale Gedanken gemacht, nur die wenigsten davon sind ans Licht der Öffentlichkeit gelangt. Den meisten Beteiligten ist heute klar, dass in der Eurozone voreilig Wirtschafts- und Lebensräume zusammengebunden wurden, die nicht zueinanderpassen. Einige Überlegungen zielten auf Möglichkeiten ab, die Eurozone zu entzerren, genauer: in mehrere, am besten aber in zwei Teile zu zerlegen; und dabei kam auch die Nord-Süd-Frage wieder ins Spiel. Als einmal zwei engagierte Europapolitiker – Finanzminister der eine, Ministerpräsident der andere – zu zweit beim Abendessen saßen, sprachen sie natürlich auch über das verzwickteste Problem, mit dem sie sich herumzuschlagen haben: den Euro. Da machte der Ministerpräsident einen kühnen Vorschlag. Wie wäre es, wir zerlegten die eine Eurozone in zwei Eurozonen. Es gäbe einen Nord- und einen Südeuro. Der Finanzminister: Und wohin käme dann Frankreich? Werfen Sie einen Blick auf die Europakarte – Frankreichs Lage macht eine solche Aufteilung unmöglich. Man kann Frankreich nicht halbieren und dann den einen Teil dem Norden und den anderen dem Süden zuschlagen.

Das große, aber angeschlagene Frankreich ist es, das Sonderwege unterbindet und die Staaten der Eurozone zusammenschweißt. Das ist ein starkes Argument. Es macht aber auch das Dilemma deutlich, in dem sich die Europäische Union befindet. In kaum einer französischen und gar keiner deutschen Rede über die europäische Einigung fehlt die beschwörende Erwähnung der »deutsch-französischen Achse«, die der Motor der europäischen Einigung bleiben müsse. Diese Achse gilt als ontologische Größe, als unhinterfragbare Bedingung der Union, heute und immerdar. Es ist aber Zeit, sich von dieser Denkfigur zu verabschieden. Denn sie ist sehr alteuropäisch und noch immer auf den kleinen Kreis der sechs Gründungsstaaten der EWG fixiert. Es hat etwas Geschichtsnostalgisches, sie zu beschwören. Plausibel war sie vor dem Hintergrund der europäischen Geschichte von der Französischen Revolution bis zur Selbstzerstörung Deutschlands, die 1945 endgültig vollstreckt wurde. Auf unheilvolle Weise waren beide Länder aneinandergebunden. Napoleons Versuch, Frankreich aus seiner europäischen Rand- und Westlage zu befreien, den republikanischen Geist, den *Code civil* mit seiner virtuellen Gleichheit aller Bürger über den Kontinent zu verbreiten und die Nation zur imperialen Führungsmacht zu erheben, scheiterte – gab aber zugleich der deutschen Nationalstaatsbewegung starken Auftrieb, die ohne Napoleons Kriege wohl nicht so deutschtümelnd ausgefallen wäre. Und diese deutsche Nationalbewegung nahm, in Abgrenzung zum Frankreich der Aufklärung wie der Revolution, betont nationalistische Züge an. Sie wendete sich in einem Akt trister Selbstbeschränkung von der traditionellen deutschen Sympathie für Frankreich und für dessen elaborierte, zuweilen allzu elaborierte Kultur ab. Sie ging, um ein nicht ganz abwegiges Klischee zu bemühen, in die deutschen Wälder zurück. Im Gegensatz zum (sicher etwas zu wuchtigen) nationalen Universalismus der Franzosen erwuchs in Deutschland ein Nationalismus des Partikularen.

Und ausgerechnet dieses Deutschland war es, das zweimal Frankreich überfiel und besiegte: 1870/71 und 1940. Man kann den Schock, den das auslöste, nur ermessen, wenn man bedenkt, dass in Frankreich die Entstehung der Nation untrennbar an die Französische Revolution, an die Nationswerdung im revolutionären Akt gebunden war und zu Teilen noch immer ist. Der Schweizer Historiker Herbert Lüthy hat das vor mehr als 60 Jahren sehr eindringlich beschrieben: »Nirgends, in keinem anderen Land ist der Nationalstaat so tief verwurzelt, nirgends hat sein Wurzelgeflecht derart das ganze materielle und geistige Leben der Nation durchdrungen wie in Frankreich. In einem absoluten Sinne ist Frankreich die Nation schlechthin, die Nation vor den Nationen, die im Grunde sich weigert, diesen Begriff in den Plural setzen zu lassen; die einzige, die sich in einem bewussten revolutionären Akt, unter Verwerfung aller vornationalen Symbole des Kreuzes, der Krone, des Volkstums und zunächst aller Traditionen überhaupt, zur Nation konstituiert hat, als es rundum erst Völker gab, und die diesen Begriff, der vordem nur ›Herkunft‹ bedeutete, zur höchsten politischen Idee erhob: nicht als Partikularismus unter anderen, sondern als oberste und unbedingte, ›eine und unteilbare‹ Einheit, die keine andere neben sich duldete.«[11] Diese Haltung, hier überhöhend charakterisiert, war – wie Lüthy hinzufügt – den Franzosen so selbstverständlich, dass sie »sogar ohne Arroganz und Dünkel war, weil es gar nichts zu vergleichen gab«.

Auf dem von ihr selbst vorgezeichneten Weg einer Nation, die sich so verstand, lag die europäische Einigung ganz gewiss nicht. Als die europäische Einigungsbewegung Anfang der Fünfzigerjahre allmählich Fahrt aufnahm, fehlte es daher in Frankreich auch nicht an Versuchen, Robert Schuman und Jean Monnet, die beiden Herolde der europäischen Einigung, als Hochverräter, als *boches* zu verunglimpfen. Die europäische Einigung – so das Argument der Gegner, nicht zuletzt der Kommunisten – sei nichts anderes als ein neuer, von Deutschland betriebener Versuch, das Heilige Römische Reich *deutscher* Nation wiederherzustellen, also Deutschland nach der großen Niederlage durch die europäische Hintertür wieder zur Großmacht zu stärken, die Frankreich an die Seite drängen würde.[12] Vergegenwärtigt man sich dieses Klima im Frankreich der Nachkriegszeit, dann ist es gar nicht hoch genug zu veranschlagen, dass sich Frankreich doch entschlossen und verlässlich auf die europäische Einigung eingelassen hat.

Man sollte lieber nicht von Freundschaften zwischen Völkern sprechen. Dass aber – allen Friktionen zum Trotz – von der »Erbfeindschaft« zwischen Deutschen und Franzosen nichts mehr geblieben ist, kommt schon einem Wunder nahe, jedenfalls ist es eine kostbare Errungenschaft, die auf gar keinen Fall aufs Spiel gesetzt werden darf. Auch wenn Frankreich die europäische Gemeinschaft immer wieder benutzt hat, um den Verlust seiner kolonialen Besitzungen und seiner Rolle als einer europäischen Führungsmacht etwas zu kompensieren –

so bleibt doch die Tatsache, dass Robert Schuman und Jean Monnet mit ihrem Ja zur europäischen Einigung und damit zum teilweisen Abgeben von Souveränität weit mehr gewagt haben als Konrad Adenauer und auch Alcide De Gasperi, die nach 1945 am Katzentisch der europäischen und internationalen Diplomatie saßen, die einfach nur Glück hatten, so schnell wieder als Partner akzeptiert zu sein und für die die europäische Einigung ausschließlich ein Gewinngeschäft war.

Der »deutsch-französische Motor« kann die europäische Einigung heute nicht mehr antreiben. Aus drei Gründen, naheliegend die beiden ersten, bitter der dritte. Das Europa der (noch) 28 Mitgliedstaaten – darunter immerhin elf Staaten, deren Bevölkerungen einst dem sowjetischen Imperium einverleibt waren und in denen teilweise die orthodoxe Kirche das religiöse Sagen hat – kann man nicht mehr als karolingisch geprägt sehen. Es ist längst weit über das alte Kerneuropa der katholischen und sonstigen Nostalgiker hinausgewachsen. Wenn es florieren soll, dann sicher nicht mehr deswegen, weil ein Motor, der deutsch-französische, rundläuft. Das französisch-deutsche Paket enthält nicht mehr die eiserne Ration auf dem Weg der europäischen Einigung. Das aber führt zu dem zweiten Grund. Das Beschwören des »deutsch-französischen Motors« hatte und hat unüberhörbar einen antibritischen Soupçon. Denn dieser Motor ist sehr kontinental. Legt man sich auf ihn fest, schließt man das für Europas Geschichte schon immer so wichtige Großbritannien aus, was aus vielen Gründen schlecht ist. Gerade jetzt, wo die Briten am Gehen sind, wäre es ganz besonders töricht, am karolingischen Wesen der EU festhalten zu wollen.

Der dritte und wichtigste Grund aber: Man soll Frankreich zwar nicht das Etikett anhaften, das eine Zeit lang der Türkei aufgeklebt wurde, Frankreich ist nicht der kranke Mann Europas. Aber das Land mit der zweitgrößten Bevölkerung aller EU-Staaten ist politisch und wirtschaftlich außerordentlich schwach, nicht erst seit gestern. Diese Kernnation der europäischen Einigung hat es, eingehüllt in den Kokon nationalen

Selbstbewusstseins, versäumt, sich zu reformieren. Wirtschaftlich hinkt Frankreich hinterher, und seine politische Klasse hat es nicht verstanden, die Franzosen vom Sinn und von der Notwendigkeit schmerzhafter Veränderungen zu überzeugen. Es ist in gewisser Weise in seiner Geschichte erstarrt. Hier das überdehnte Staatszentrum Paris, dort *la France profonde* – beides auf unterschiedliche Weise Provinz. Paradoxerweise hat gerade das mitgeholfen, den »Front National« – diese düstere Karikatur alten französischen Nationalbewusstseins – so stark zu machen, dass womöglich nur noch eine »große« Koalition den Aufstieg Marine Le Pens zur französischen Staatspräsidentin verhindern kann. Wenn überhaupt.

Dieses Frankreich braucht Reformen. Und es braucht deutschen Beistand – den die Bundeskanzlerin mit einigen Gunstbezeigungen gegenüber Staatspräsident François Hollande bietet, in Gesten zumindest. In Gesten, die zwar ins Licht der Egalität getaucht sind, auf Angela Merkels Seite aber von einer zähneknirschenden Mitleidsanmutung nicht ganz frei sind. Der deutsch-französische Motor aber steht still. Doch weil Geschichte nie vergeht und alle Wunden Narben hinterlassen, wird es in dieser Situation ganz entscheidend darauf ankommen, dass Deutschland die halb führende Stellung, in die es geraten ist, nicht missbraucht und stilsicher, das heißt vor allem auch: geschichtsbewusst, mit ihr umgeht. Täte es das nicht und würde sein Verhalten von Frankreich als Herablassung und Demütigung wahrgenommen, dann schlüge wohl doch noch einmal für den deutsch-französischen Motor die Stunde: indem er explodiert. Frankreichs »Rettung« ist ungleich wichtiger als die Rettung Griechenlands. Auch hier entscheidet sich die Zukunft der Europäischen Union. Wie auch an der Frage, ob es dem zur Großmäuligkeit neigenden italienischen Ministerpräsidenten Matteo Renzi wirklich gelingen wird, das Land nicht nur rhetorisch aus seiner lang anhaltenden Misere herauszuführen.

Und daran wird deutlich, welches Wagnis die europäische Einigung darstellt. Deren eigentliches Problem sind nämlich nicht die kleinen, sondern die großen Mitgliedstaaten. Gerät einer von ihnen in Bedrängnis, ist schnell das Gefüge der gesamten Union gefährdet. Und wie wenig die Vergemeinschaftung von Problemen und Lösungen erst fortgeschritten ist, erkennt man am Beispiel Frankreichs. Die Europäische Union hat bisher noch keine Instrumente erfunden, um einem Land wie Frankreich zu helfen, aus seiner Krise herauszukommen. Europa strahlt nicht ins französische Haus hinein. Die französische Reformresistenz steht ganz im Belieben der Franzosen und ihrer Eliten. Sie können, wenn sie dazu entschlossen sind, diesen Weg weitergehen, vollkommen souverän, bis zum bitteren Ende. Die anderen Mitgliedstaaten können kaum mehr, als dabei zuschauen. So viel zu dem Vorwurf, die Europäische Union habe die Staaten Europas entmachtet. Wie groß die Furcht vor einem Absturz Frankreichs ist, macht übrigens eine Äußerung von Kommissionspräsident Juncker deutlich. Als er Anfang Juni 2016 gefragt wurde, warum die Kommission es wieder einmal zulasse, dass Frankreich die Kriterien des Stabilitätspakts nicht erfüllt, antwortete er mit geradezu entwaffnender Offenheit: »Weil es Frankreich ist.«[13]

Vielfalt statt Einfalt

Wie im wirklichen Leben muss es auch in der EU möglich sein, Entscheidungen zu bekräftigen oder rückgängig zu machen, Bündnisse einzugehen und wiederaufzulösen, Verträge abzuschließen, aber mit deren Buchstaben nicht wie mit einer göttlichen Offenbarung umzugehen. Wäre die Eurozone der 19 wirklich ein Bund fürs Leben, dann stünde es schlecht um sie. Sie muss Eintritts- wie Austrittstüren haben. Und sie darf den Austritt nicht wie ein Menetekel, wie ein Verdammungsurteil betrachten. Gewiss kann sich die Eurozone kein System frei flottierender Ein- und Austritte erlauben. Aber sie wäre eine schlechte Konstruktion, wenn sie sich selbst zu einer Gemeinschaft stilisierte, die koste es, was es wolle, zum Durchhalten im Großverbund verurteilt ist. Manchmal kann der Rückzug der bessere Weg sein. Auch deswegen, weil man ohne ihn das Erreichte auf dramatische Weise aufs Spiel setzen würde.

Die Rettungsschirme, die – wieder ein Ausflug in den EU-Jargon – von der »Europäischen Finanzstabilisierungsfazilität« (EFSF) und dem »Europäischen Finanzstabilisierungsmechanismus« (EFSM) bis zum dauerhaften »Europäischen Stabilitätsmechanismus« (ESM) reichen, mögen notwendig gewesen sein, nur Zeus weiß das. Sicher ist aber, dass sich all diese Unternehmungen und Bemühungen, aus der Not geboren, am äußersten Rand der Legalität und der Legitimität bewegen. Nicht nur, dass im Interesse der »Rettung« des Euro die nationalen Parlamente zu weitreichenden Entscheidungen genötigt wurden, deren Folgen die meisten Abgeordneten gar nicht absehen konnten. Man hat darüber hinaus, durchaus regelbedacht, das europäische Vertragswerk bis zur Zerreißprobe gedehnt, belastet und überdehnt. Die EZB hat, vielleicht aus Machtwillen heraus, vermutlich aber eher der Not folgend, ihre Kompetenzen weit überschritten und ist inzwischen zu einer verdeckten Staatsfinanzierung Griechenlands übergegangen, die nicht in ihrer Kompetenz steht und die das Regelwerk der Europäischen Union eigentlich strikt verbietet. Die Interventionen der EZB führen »zu einem vielschichtigen Vermögenstransfer, einerseits vom Privatsektor in den öffentlichen Sektor, andererseits von den Gläubigern zu den Schuldnern sowie von den EU-Geberstaaten zu den EU-Krisenstaaten«[14]. Alles Aktionen, die – so integer die Motive auch sein mögen – den Charakter der Europäischen Union als *Rechtsgemeinschaft* aufs Spiel setzen.

Die Bürger ahnen, ja wissen es doch: Sollten die gewährten Finanzhilfen nicht komplett zurückgezahlt werden – was, vorsichtig formuliert, wahrscheinlich ist –, dann wäre der Rettungsschirm der Einstieg in ebendie grenzenlose Transferunion, die durch die EU-Verträge doch ausgeschlossen sein soll. Auch hier dementiert sich die Europäische Union selbst. Noch einmal: Sie mag das mit bestem Wissen und Gewissen tun, sie übersieht dabei aber, dass ein nicht bloß pragmatischer (was wünschenswert wäre), sondern ein prinzipienloser Umgang mit Regeln und Vertragswerken an die Substanz der EU geht. Die Europäische Union und Mario Draghis EZB verfolgen mit ihrem Rettungsballett im Grunde nur ein Ziel: Sie wollen Zeit gewinnen. Man unterschätze die Bedeutung von Zeitgewinnen in einem politischen Spiel mit zahlreichen Beteiligten und vielen Unbekannten nicht: Zuwarten in der Hoffnung auf ungeahnte Möglichkeiten und Ereignisse kann weise sein. Und nicht immer ist das Pochen auf den Buchstaben des Gesetzes klug. Nur hat leider die gegenwärtige europäische Methode des Zeitgewinns einen großen Nachteil. Sie ist *perspektivlos*, sie ist in die Zukunft hin unendlich offen. Sie ist in ihrem eigenen Regelwerk gefangen, das sie gleichwohl ständig verletzt. So wird Vertrauen aufgezehrt, vernichtet. Und gerade mit ihrer elitären Geste macht diese Durchhaltementalität viel kaputt. Indem sie die Rettung des Kontinents zur opaken Chefsache erklärt, stößt sie die Bürger, die durchaus offen sind für unkonventionelle Politiken, vor den Kopf. Statt ihn zu gewinnen, verprellt sie den Souverän. Statt europäischen Bürgermut zu befördern, reizt und spaltet sie die Bürger Europas, wirft sie in nationale Sichtweisen und Interessen zurück.

Es ist leicht gesagt, es müsse für ein Land doch die Möglichkeit geben, vorübergehend aus der Eurozone auszutreten und später, wenn die Konditionen stimmen, wieder zurückzukommen. Tatsächlich wäre ein solches Manöver aber hoch riskant und extrem schwierig. In seiner ganzen Durchführung müsste es vollkommen auf Transparenz, an der es in der Europäischen Union ohnehin schon mangelt, verzichten. Denn um die allergrößten Turbulenzen und Geldtransfers aus dem betroffenen Land – sagen wir: Griechenland – heraus zu vermeiden, dürfte der Austritt nicht angekündigt werden. Wie eine Kommandoaktion müsste er buchstäblich über Nacht vor sich gehen. Das ist nicht der Stoff, aus dem Vertrauen wächst. Und selbst wenn das Überraschungsmanöver gelänge, wäre vollkommen offen, ob es nicht doch zu einem großen Schock käme, der das Land noch weiter in den Abgrund zöge. Zumal die Operation den Bürgern aller Wahrscheinlichkeit nach nicht die Rückkehr zur alten vertrauten Währung, sondern eine neue Zwischenwährung brächte, die von Anfang an den Makel des Zweitrangigen, des Spielgelds für Europäer zweiter Klasse trüge: eine Art Notgeld.

Wann immer aber ein Staat der Eurozone diese auf eigenen Wunsch oder der Not der Verhältnisse gehorchend verlassen sollte, müsste in der europäischen Gemeinschaft klar sein, dass dieser Staat dann nicht auf sich allein gestellt wird. Ein Staat kann die Währungsgemeinschaft verlassen, er darf aber nicht aus der Verantwortungsgemeinschaft gestoßen werden, zu der die Europäische Union durch das Aneinanderbinden ihrer Völker nun einmal geworden ist. Theo Waigel, einer der »Väter« des Euro und anders als sein Kabinettschef durchaus ein halber Ordnungspolitiker, hat stets ein ganz großes Stoppschild aufgestellt: In gar keinem Fall, nie und nimmer dürfe die EU zu einer Transferunion werden, in der nach dem Vorbild des deutschen Föderalismus große Mittel von den reicheren in die ärmeren Regionen fließen. Das war scharf und vermutlich aufrichtig gedacht, aber vollkommen weltfremd. Wer A sagt, muss auch B sagen. Man kann nicht auf der einen Seite eine *Wirtschafts-* und Währungsunion schaffen wollen und auf der anderen Seite die teilnehmenden Staaten als völlig souverän und letztlich allein auf sich gestellt behandeln.

Dem halten transferfeindliche Ordnungspolitiker entgegen, anders als die aus Bundesländern heraus gegründete, dann aber doch zum Staat gewordene Bundesrepublik Deutschland sei die Europäische Union nun einmal kein Staat, sondern ein Staatenbund oder – um es mit dem von Paul Kirchhof erfundenen Neologismus noch tiefer zu hängen – ein »Staatenverbund«.[15] Gewiss ist es wichtig, staatstheoretisch sorgfältig zu argumentieren, es liegen Welten zwischen einem Staat und einem Staatenbund. Und doch ist das Argument wortklauberisch, wenn es angeführt wird, um eine europäische Transferunion vollkommen auszuschließen. Mit der Gründung der Wirtschafts- und Währungsunion am 1. Juli 1990 hat sich die europäische Gemeinschaft auf eine neue Stufe wechselseitiger Verbindlichkeiten begeben. Solange man an der Wirtschafts- und Währungsunion festhält, kann man diese

Verbindlichkeiten nicht wieder nach Belieben lockern. Zwar hat sich die Gemeinschaft mit ihren Verträgen zu haushaltspolitischer Strenge verpflichtet, Staat für Staat. Und ausdrücklich schließen die Verträge auch aus, dass verschuldeten Staaten dauerhaft Geldmittel zukommen dürfen. Alle Kredite, sagt das Vertragspapier, sind an die berühmte »Konditionalität« gebunden: Sie werden nur dann gewährt, wenn das Nehmerland zu drastischen Reformen bereit ist und diese dann auch durchsetzt.

Transferunion: Was denn sonst?

Aber abgesehen davon, ob das für einige Mitgliedstaaten der Eurozone auch nur halbwegs eine realistische Perspektive ist: Wer *nur* so argumentiert, blendet aus, dass die europäische Gemeinschaft selbst vor langer Zeit schon die Tür zur Transferunion aufgestoßen hat, nicht beiläufig dahingemurmelt, sondern in Verträgen schwarz auf weiß fixiert. Schon immer war die europäische Gemeinschaft auf Uneindeutigkeit hin angelegt. Sie hat selten gesagt, dies sei unbedingt zu tun und jenes auf alle Fälle zu lassen. Sie hat das eine getan, ohne das andere zu lassen. Als in den Achtzigerjahren, nicht zuletzt auf Initiative des damaligen bundesdeutschen Außenministers Hans-Dietrich Genscher hin, der Binnenmarkt einen neuen Schub bekam, waren die beschlossenen Schritte durch eine Zweideutigkeit geprägt, die man heute fast das Markenzeichen der EU nennen könnte. Es sollte mehr Raum für Freiheit geschaffen werden – um die dabei zu erwartenden Härten aber abzufedern und den Binnenmarkt nicht als Verlustgeschäft für bestimmte Staaten erscheinen zu lassen, ließ man sich zugleich auf mehr Regulierung ein. Als das Delors-Komitee dann 1989 seinen Bericht zur geplanten Währungsunion vorlegte, war wieder diese Ambivalenz am Werk. Die gewünschte wirtschaftliche Konvergenz sollte durch Wettbewerbspolitik erreicht werden – verbunden jedoch mit allen möglichen Maßnahmen zur Strukturanpassung und Regionalentwicklung. Wieder das Muster: »Marktorientierung *und* Interventionspolitik«[16]. Man könnte auch sagen: Austerität *und* Transfers. Himmel und Hölle.

Der »Stabilitäts- und Wachstumspakt« von 1997 trägt den Widerspruch, der seitdem durch die Jahre hindurch stets unbeirrt weitergereicht wurde, schon in seinem Namen. Der Rat verkündete darin, dass neben Preisstabilität auch Wachstum ein Ziel der Geldpolitik der Währungsunion sei – wobei man bedenken muss, dass das Zauberwort »Wachstum« im EU-Jargon schlicht ein Synonym für staatliche Ausgabenpolitik ist. Was daraus folgen würde, blieb – ungewollt, vielleicht aber auch mit Absicht – im Dunkeln. Es ist ein schöner Zug der Europäischen Union, dass sie vieles in der Schwebe und damit in die Zukunft hinein offenlässt. Weniger schön ist es, dass sie dabei nicht bereit ist, die Gefahren, die sich auf diesem Weg auftun können, klar und plastisch zu benennen. Sie ist eine Meisterin in der Kunst der verschleiernden Rede. In den ironischen Worten des Historikers Andreas Rödder: »Sie besitzt die Fähigkeit, einen hohen Grad an Ungewissheit positiv zu wenden.«[17] Stets gibt sie zu verstehen: Was immer wir tun – wir tun auch das Gegenteil.

Es gehört jedoch zur Eigenart dieser Ambivalenzen, dass unter ihrer Herrschaft die Dinge keineswegs in der Schwebe bleiben. Wo eigentlich – Austerität – zur Vorsicht gemahnt wird, kommt geradezu notwendigerweise am Ende doch die abschüssige Bahn heraus, auf der die Transfers rollen und rutschen. Um den Kontinent als Einheit voranzubringen, hat sich die europäische Gemeinschaft viel, aller Wahrscheinlichkeit nach zu viel vorgenommen. Und in dem Moment, wo sie sich dessen gewahr wird, hat sie gar keine andere Wahl, als – ausdrücklich oder unausgesprochen – den Weg in die Schräge, in die Transferunion zu gehen. Wobei man dem Wort »Transfer« seinen Münzklang nehmen sollte. Es wandern ja nicht nur Gelder zwischen den Staaten der europäischen Gemeinschaft. Es sollten auch wandern: Menschen, Know-how, Beamte, Verwaltungserfahrungen, Verantwortlichkeiten, ja auch Mentalitäten und Empathie.

Und wenn es vielleicht auch etwas groß klingt: Die Staaten, die sich für die europäische Einigung entschieden haben, haben sich damit auch ein Versprechen gegeben. Das Versprechen, nicht nur fortan in Frieden miteinander zu leben, sondern auch – so schlicht das klingt – füreinander da zu sein. Finnlands oder Estlands oder Deutschlands Verantwortung für ein Griechenland, das sich auch selbst verschuldet in die Nähe des Staatszerfalls manövriert hat, endete nicht in dem Moment, in dem Griechenland die Eurozone verließe. Eine nur kreditbasierte Transferunion wäre ein Unding. Nicht nur, weil sie die einen belohnt, die es nicht verdient haben, und die anderen belastet, die das auch nicht verdient haben. Sondern weil der Geldtransfer für die Gebenden ein leichtes Mittel ist, sich ein Problem vom Hals zu halten. Und weil die Nehmenden, aller Konditionalität zum Trotz, im Käfig ihrer Unverantwortlichkeit sich selbst gegenüber eingeschlossen bleiben – vermutlich auch dann, wenn dessen Tür offen stünde. Kurz: Eine Europäische Union, die nicht Mittel und Wege findet, Mitgliedstaaten beizustehen, welche die Kriterien der Währungsunion nicht erfüllen, wäre keine Union. Sie soll aber eine Union sein. Auch, so ist die Welt, eine Union von Sündern.

Als die Griechenlandkrise gerade einen ihrer Höhepunkte erreicht hatte, legten Jean-Claude Juncker, Donald Tusk, Jeroen Dijsselbloem, Mario Draghi und Martin Schulz im Sommer 2015 den auf Anregung der europäischen Staatschefs verfassten Bericht »Die Wirtschafts- und Währungsunion vollenden« vor. Darin ist auch wieder die Rede vom baldigen Aufblühen des Euroraums. Dazu brauche es den Wechsel »von einem System der Regeln und Leitlinien für die nationale Wirtschaftspolitik hin zu einem System weitergehender Souveränitätsteilung im Rahmen gemeinsamer Institutionen, die größtenteils bereits existieren und diese Aufgabe nach und nach übernehmen können. In der Praxis würde das bedeuten, dass die Mitgliedstaaten in zunehmendem Maß gemeinsame Entscheidungen über Teile ihrer jeweiligen nationalen Haushalte akzeptieren müssten.«[18]

Man kann das wollen und vielleicht auch erreichen. Aber nur unter hohen politischen und sonstigen Kosten. Denn wollen die Verantwortlichen der Europäischen Union dieses Ziel in *einer* Währungsunion erreichen, dann müssen diesem Modell Juncker und anderen zufolge Mitgliedstaaten, die überfordert sind, dauerhaft zu Subventionsempfängern werden – gleichgültig, welchen euphemistischen Namen man den Subventionen auch gibt. Und weitgehende Souveränitätsteilung hätte für diese Staaten die Folge, dass sie dauerhaft nicht mehr Herr ihres Haushalts wären, dass sie faktisch unter Kuratel stünden. Eine solche vormundschaftliche Politik schaffte kein Vertrauen. Eine Kluft, die sich ohnehin schon aufgetan hat, würde noch größer: zwischen Europäischer Union und Demokratie, zwischen europäischer Einigung und Legitimität. Auch würde bald deutlich werden, dass das Ziel der vollendeten Wirtschafts- und Währungsunion dann ja doch nicht erreicht wäre. Denn verdiente die Union diesen Namen, dann dürfte es im Kreis dieser gleichberechtigten Staaten keinen geben, der unter Kuratel gestellt, der ein Mündel ist.

In den Gremien der Europäischen Union weiß man das natürlich. Und sie haben deswegen etliche Anstrengungen unternommen, um das Ganze abzufedern. Das »Europäische Semester« gehört dazu, also die Überprüfung der nationalen Haushalte und Reformpläne durch die EU noch *vor* der Verabschiedung durch die nationalen Parlamente. Das ist keineswegs nur ein rigides Kontrollinstrument, mit dem die Haushaltspläne aller Mitgliedstaaten streng durchleuchtet werden. Es hat auch ein weites Feld von Ausnahmen, Stützungen, verdeckten Hilfsprogrammen und entgegenkommenden Gesten geschaffen. Gleiches gilt für den verschachtelten Euro-Rettungsschirm, der ebenfalls strenge Konditionalität mit dehnbaren Ausnahmen verbindet. Und auch die eingeleitete Bankenunion unter Federführung der EZB passt in Teilen gut in das EU-spezifische System von Regeln, das zugleich vom generösen Prinzip der Ausnahmen lebt. Diese Wirtschafts- und Währungsunion wäre nichts anderes als eine verdeckte, eine verschleierte Transferunion.

Was daraus folgt

Man wird den Euro nur retten können, wenn man von einer nicht zu leugnenden und so schnell nicht veränderbaren Tatsache ausgeht: In der Eurozone, die mit elf Staaten begann und in kurzer Zeit 19 Staaten umfasste, wurden viel zu schnell unterschiedliche Volkswirtschaften mit unterschiedlicher Kraft und unterschiedlichem Reformvermögen zusammengepackt. Da das nicht funktioniert hat, liegt es nahe, einen Schritt zurück zu tun. Weil die vollständige Aufgabe des Euro Europa aber sein Gesicht kosten würde, liegt ein anderer Schritt nahe: die Eurozone in zwei Währungszonen aufzuteilen. In der einen wären die Staaten, die aus eigener Kraft mehr oder minder in der Lage sind, die von der EU beschlossenen Stabilitätskriterien zu erfüllen. In der anderen befänden sich jene Staaten, die dazu nicht oder noch nicht in der Lage sind. In der Ersteren müssten die Regierungen danach nicht weiter fürchten, dass wegen ihrer eingegangenen Rettungsverpflichtungen die EU-Gegner in ihren Ländern zur Mehrheit werden. Und die Regierungen der schwächeren Staaten wären von dem Zwang befreit, einen ruinösen Wettlauf um die strikte Modernisierung ihrer Länder zu betreiben, der viele Härten brächte, wenig erreichte und ebenfalls die EU-Gegner mehrheitsfähig machen könnte.

Diese Entzerrung der Eurozone ist nicht leicht zu bewerkstelligen. Sie sollte auch nicht dazu da sein, den einen die wirtschaftlich schwächeren Staaten als Kostgänger vom Hals zu halten. Ebenso wenig kann sie dazu da sein, die schwächeren Staaten zu Eurostaaten zweiter Klasse zu machen und sie dauerhaft in ihrer Misere einzuschließen. Beide Zonen müssten eng aneinandergebunden bleiben. EU-Verpflichtung bleibt EU-Verpflichtung. Jeder Staat müsste kurzfristig die Möglichkeit haben, von Zone A zu Zone B zu wechseln. Was die Transfers angeht, wäre es gar nicht viel anders als heute oder in der von den EU-Verantwortlichen projektierten Zukunft. Die Transfers wären nur nicht mehr an das illusionäre Ziel gebunden, die betroffenen Länder könnten die bisherigen Stabilitätskriterien der EU erfüllen. Sie müssten dazu einen Entwicklungssprung machen, der in ihrer Geschichte nicht angelegt ist und der sich in ihrer Gegenwart nicht abzeichnet. Die Entzerrung würde der Verfasstheit der Staaten in beiden Zonen sehr viel mehr gerecht werden als die gegenwärtige Zusammenzwingung.

Würde die Schaffung zweier Eurozonen die Bevölkerungen der – nennen wir sie der Not halber so – A-Staaten unversöhnlich gegen die B-Staaten aufbringen? Das ist nicht auszuschließen, aber auch nicht unvermeidlich, nicht einmal wahrscheinlich. Der deutsche Länderfinanzausgleich zeigt das. Es ist viel über ihn gegrummelt worden, und die Geberländer haben immer wieder versucht, den Finanzausgleich in ihrem Interesse zu ändern. Er hat sich aber durchgesetzt und ist im Prinzip akzeptiert. Auch das reiche und durchaus mitunter christliche Bayern, vor Jahrzehnten selbst ein Nehmerland, hat mehr oder minder verinnerlicht, dass zu einer Gemeinschaft Nehmen und Geben gehört – zweifellos ein kleiner Sieg des Idealismus. Es spricht eigentlich nicht viel dagegen, dass diese Haltung im Laufe der Zeit auch in der gesamten Europäischen Union Platz greifen könnte. Die große Mehrheit der EU-Bürger hat nichts dagegen, dass die Union in gewissen Grenzen auch eine Verantwortungsgemeinschaft ist.

Und Frankreich? Hier liegt in der Tat das größte Problem. In welche Zone gehörte es, seinen gegenwärtigen Zustand vorausgesetzt? Vermutlich in die Zone B. Es bekäme dann vielleicht einen größeren Ansporn als bisher, Verkrustungen im eigenen Land anzugehen und wieder an seine industriell-wirtschaftlichen Erfolge des 20. Jahrhunderts anzuknüpfen. Jean Monnet wollte einst Frankeich auch deswegen in die entstehende EWG bugsieren, weil er hoffte, dadurch würden in seinem zu starren Land neue Kräfte des Wettbewerbs freigesetzt. Das funktionierte zuletzt nicht mehr. Der vorübergehende Wechsel in die Zone B könnte da womöglich nachhelfen.

Keine Frage, die Euroentzerrung wäre auch ein riskantes Unterfangen. Und ein außerordentlich kompliziertes, das einen ganzen Katarakt von Rechts- und Vertragsfragen nach sich zöge. Aber gerade weil der Euro – neben dem Segen, der er auch ist – so viel Unheil angerichtet hat, wäre es angebracht, dass die Europäische Union allen Sachverstand, den sie zu mobilisieren weiß, aufbringt, um nach der großmäuligen und wenig verantwortlichen Einführung des Euro nun mit Hochdruck an einem bescheideneren und flexibleren Plan B zu arbeiten.

Und es steht im Interesse eines wirklichen Ausgleichs in der Europäischen Union etwas Weiteres an, das ebenfalls der Anstrengung der Besten wert ist. Um der Transferunion politisch Gestalt zu geben, ist es nötig, eine Form – nennen wir es: – transstaatlicher Gemeinsamkeit zu schaffen, mit der es Mitgliedstaaten erster und zweiter Klasse nicht mehr geben kann. Und in der es niemand als Enteignung wahrnimmt, wenn sein Land von einem anderen durchleuchtet wird. Oder wenn es Mittel abzweigt, um einem anderen Land aus der – selbst und fremdverschuldeten – Not zu helfen. Auch dafür gibt es Vorläufer. Vor allem aber ist es staatstheoretisches Neuland. Es gibt viel zu tun.

7. Kapitel

Zuerst die Kultur?

Die »Méthode Monnet«

»Wenn ich es noch einmal zu tun hätte, würde ich mit der Kultur beginnen.« Der Satz wird häufig mit klagendem Tremolo angeführt, wenn es um europäische Einigung und die Rolle der Kultur geht. Insbesondere auf Schriftstellerkongressen wird er gerne zitiert. Gemeint ist, der europäische Einigungsprozess sei vom falschen Ende her begonnen worden. Die Kultur sei es doch, die krönt, die eint, die Menschen zusammenbringt und Völker verbindet. Eine europäische Gemeinschaft aber, die vorrangig politisch oder gar »nur« wirtschaftlich bewerkstelligt werde, müsse windschief oder seelenlos bleiben. Nur die Kultur treffe die Menschen wirklich, nur sie vermöge zu bewegen und Flügel zu verleihen. Da aber die europäische Einigung nicht den Weg der Kultur ging, sei eine wichtige Chance verpasst worden.

Der Satz wird auch deswegen bemüht, weil er von einem Berufenen zu stammen scheint. Wer, wenn nicht er, muss diesen Konstruktionsfehler des europäischen Einigungsprozesses erkannt haben? Gemeint ist Jean Monnet, einer der Gründungsväter der europäischen Gemeinschaft, der wichtigste von allen. Monnet (1888–1979) war Unternehmer, das macht die Aussage umso glaubwürdiger. Geboren in Cognac im Département Charente, stammte Monnet aus einer Kaufmannsdynastie, in der man unter anderem mit dem Weinbrand handelte, der den Namen von Monnets Geburtsort trägt. Monnet wurde nie

Politiker, beeinflusste aber nachhaltig politische Prozesse und war dabei von Beginn an auf neue Formen von Kooperation und Zusammenschlüssen aus. Er war in hohem Maße das, was man heute einen Netzwerker nennt.

Im Ersten Weltkrieg koordinierte er die kriegswirtschaftliche Güternachfrage und -logistik der westlichen Alliierten, war später stellvertretender Generalsekretär des Völkerbundes. Früh trat der Pragmatiker nach dem Ende des Zweiten Weltkriegs für eine neue Form der Kooperation mit dem besiegten Deutschland ein. Im Zusammenschluss der westeuropäischen Montanindustrie sah er – auch – ein Mittel, der französischen Wirtschaft zu schneller Modernisierung zu verhelfen. Er ist der eigentliche Autor des nach Robert Schuman benannten Schumanplans von 1950, der ein Jahr später zur Gründung der »Europäischen Gemeinschaft für Kohle und Stahl« (EGKS) führte. Monnet wurde erster Präsident der Hohen Behörde der Montanunion – und war somit Chef der Organisation, die später in die Europäische Kommission umgewandelt wurde.

Nein, den Kultursatz hat Jean Monnet nie gesagt. Die Äußerung wurde ihm von Frankreichs Kulturminister Jack Lang untergeschoben. Seitdem ist der Spruch, weil er Reden so schön ziert, nicht mehr aus der Welt zu bringen. Das ist umso bizarrer, als die Art und Weise, wie Jean Monnet vorging, so gar nicht dazu passt, wie man sich weithin in Kulturmilieus eine europäische Einigung im emphatischen Sinn vorstellt. Weil Monnets Vorgehensweise schnell typisch für das Vorgehen der europäischen Gemeinschaft insgesamt wurde, bekam sie den Namen »Méthode Monnet«. Sie funktioniert nach einfachen Regeln: nicht groß, sondern klein anfangen. Keine großen Erklärungen und Programmentwürfe, sondern lieber kleine, aber gangbare Schritte. Real, aber begrenzt. Nicht hochherzige Proklamationen zum Verzicht auf Souveränität, sondern Fusion von Souveränitätsparzellen. Und all dies immer in der begründbaren Hoffnung, dass sich aus jedem Schritt ein weiterer ergebe und all diese Schritte zusammengenommen zur Verstetigung des europäischen Integrationsprozesses führen würden.

In der »Méthode Monnet« sind Glanz und Elend der europäischen Einigung schon ganz enthalten. Wenn von Zielen der Einigung die Rede war, blieb alles stets im Nebel des Allgemeinen, keine Spur von Finalität. Gerade das machte es möglich, den Prozess in Gang zu bekommen: Niemand musste Angst vor zu viel Souveränitätsverlust haben, niemand musste sich überfordert fühlen. Die weniger schöne Kehrseite: Monnets Methode begründete auch das Vertiefen um des Vertiefens willen, sie begründete die gefräßige Gangart der europäischen Einigung. Wo es kein Ziel gibt, kann und muss es immer weitergehen. Monnets eigentlich ganz nüchterne Methode bewirkte, dass niemand sich veranlasst sah, für den Einbau von Bremsen im Führerhäuschen der europäischen Gemeinschaft zu sorgen.

Eine Morgenröte der europäischen Literatur?

Wäre es angesichts dieser eigentümlichen Form- und Subjektlosigkeit des europäischen Einigungsprozesses nicht tatsächlich besser gewesen, mit der Kultur zu beginnen? Also mit großen Ratschlägen und Kongressen zu den Fragen: Welches Europa wollen wir? Durch welche Werte kann es zusammengehalten werden? Wie christlich, wie laizistisch, wie revolutionär soll es sein? Welche Rolle sollte dabei das Volk, welche Rolle sollten Klassen und Schichten spielen? Wie kann es erstmals in Europas Geschichte gelingen, Politik vom Menschen, vom Individuum und seinen Bedürfnissen her zu entwerfen – und nicht weiter nach den Bedürfnissen von Kirche, Staat und vor allem der Wirtschaft?

Man kann gar nicht dankbar genug dafür sein, dass es nicht so gekommen ist. Und man muss ebenso dankbar dafür sein, dass zwar wertegeleitete, aber auch kühle und an Interessen orientierte Realisten die Wiege der europäischen Einigung schaukelten. Und es war ein Glück, dass unter diesen Realisten ein Mann wie Jean Monnet war, der aus der Wirtschaft kam und in der wirtschaftlichen Verknüpfung die Grundvoraussetzung sah, die unbedingt am Anfang der europäischen Einigung stehen sollte. Denn hätte die Kultur das Sagen gehabt, dann wäre das Projekt wohl schon bald in Chaos, Hahnenkämpfen, hehren Proklamationen und Richtungslosigkeit versunken.

Gerade im 19. Jahrhundert, das dem Nationalismus zum Durchbruch verhalf, wurden in ganz Europa ernsthafte Debatten über die Idee der europäischen Einigung geführt. Sie fanden in kleinen Zirkeln statt, Politiker beteiligten sich kaum an ihnen. Diese Debatten bezeugen, dass es ein Bedürfnis gab, das Europa Verbindende, vielleicht auch Einende zu finden. Etliche Staatsrechtler und Juristen sahen ein Zeitalter neuartiger Staatenverbindungen kommen und durchforsteten die Geschichte von ganz Europa nach Hinweisen darauf. All diese Ideen blieben zwar mehr oder minder folgenlos, flossen jedoch seit den Fünfzigerjahren auf Umwegen in die neue Europadebatte und in die Europapolitik ein. Insgesamt blieb der Europadiskurs des 19. Jahrhunderts aber ganz im Himmel der Ideen, er hatte keine Chance, gegen den Vorrang der nationalen Diskurse anzukommen. Es blieb fast nur die Hoffnung, auf dem Feld der Kultur werde Europa schon bald eins werden.

So gab Giuseppe Mazzini (1805–1872), italienischer Freiheitskämpfer, überzeugter Europäer und Mitbegründer des Geheimbunds »Junges Europa«, einem Kapitel einer Aufsatzsammlung den Titel »Über eine europäische Literatur«. Er meinte das ganz wörtlich: Es werde *eine* europäische Literatur geben. In ahnungsvoller Erregung schrieb er: »In ganz Europa scheint ein Hauch von neuem Leben die Intellekte zu beleben und sie dazu anzuspornen, Wege zu gehen, die sie noch nie gegangen sind. [...] Es werden so die Fundamente für eine Literatur geschaffen, die vielleicht der Ruhmesglanz des 20. Jahrhunderts sein wird.«[1] Und am Ende ruft er den kommenden Dichtern zu: »Aber ihr jetzt habt eine Welt als den Schauplatz eures Ruhms, ihr müsst zu einer Welt sprechen, jeder Laut eurer Leier ist ein Schatz der Menschheit. Jede Saite, die ihr anschlagt, wird ihr Echo bis an die äußersten Grenzen des Ozeans senden. Ihr habt den Geist der Liebe in euch, der zu allen Bewohnern dieses Europa spricht.«
 Wie sehr diese Vision – die übrigens kühn-abendländisch

Europa mit der Welt in eins setzt – nur purer Wunsch war, illustriert eine Pointe. Mazzini stellte dem Kapitel gewissermaßen als schriftlichen Kronzeugen ein Zitat aus der Feder Goethes voran: »Ich erahne die Morgenröte einer europäischen Literatur: keines der Völker wird sie ihr Eigen nennen können; alle werden dazu beigetragen haben, sie zu gründen.« Das Zitat hat einen kleinen Makel: Es ist offenbar frei erfunden, die Forschungsstelle »Goethe-Wörterbuch« in Tübingen konnte es jedenfalls nicht finden.

An solche Sehnsüchte knüpfte der Europadiskurs nach dem Zweiten Weltkrieg wieder an. Es ging um Kultur, Werte, christliche Tradition, Antike, Renaissance, das Sokratische, das Individuum – kaum aber um Politik. Ab 1952 gab die deutsche Sektion der »Europa-Union«, deren erster Präsident der Publizist Eugen Kogon war, eine kleine Broschüre heraus. Sie trug den Titel »Europa – eine kulturelle Einheit«. Autor war der spanische Diplomat und Schriftsteller Salvador de Madariaga, ein damals viel gelesener Autor. Er entwarf in der schmalen Schrift eine Vision eines vereinten Europas. Madariaga, der 1936 aus dem Spanien Francos nach England emigriert war, spricht von zwei verschiedenen Weisen, Europäer zu sein. Die eine: Man ist Europäer, weil man europäische Eltern hat. Diesem passiven Europäertum stellt er appellativ ein anderes gegenüber: »Wesentlich anspruchsvoller ist die neue, zweite Art, Europäer zu sein. Sie verlangt, das Wesen Europas zu erkennen und zu begreifen, wie mächtig die Seele Europas in jedem von uns ist. Sie verlangt das Bewusstsein davon, was das unauflösbar ineinander verwobene Geben und Nehmen im Guten wie im Bösen aus allen unseren Völkern und aus unserer eigenen Seele gemacht hat. So weist sie den Weg, auf dem man Bürger Europas wird und die damit verbundenen Pflichten auf sich nimmt.«[2]

Und das mündet dann in die Hoffnung, ein derart kulturell vereintes Europa werde sich besser behaupten können als ein »nur« politisch hergestelltes: »Diese Vereinigung kann sicher nicht durch bloße Institutionen verwirklicht werden. Sie kann nur durch das wachsende Europa-Bewusstsein in einer ständig wachsenden Zahl von Europäern zustande kommen. Das führt zu dem Schluss, dass Europa nur fortbestehen kann, wenn es sich seiner selbst bewusst wird, dass also der Schlüssel seiner Verteidigung nicht nur in seinen Kasernen, sondern vor allem in seinen Universitäten liegt.« So trefflich und zukunftsweisend der Vorschlag ist, den universitären Weg zu gehen – es ist gut, dass nicht bis zur Selbstbewusstwerdung Europas durch das wachsende Europabewusstsein in einer ständig wachsenden Zahl von Europäern gewartet wurde. Wir wären auf dem Weg der europäischen Einigung vermutlich nicht sehr weit vorangekommen. Gut, dass Politik und Wirtschaft vorausgegangen sind.

In vielen dieser europaseligen Nachkriegsappelle schwingt die Vorstellung mit, die Kultur sei so etwas wie der einzige Container aus der europäischen Tradition, der die Schrecken des 20. Jahrhunderts unbeschadet überstanden habe. Der war sie nicht, auch sie war kontaminiert. Dennoch wäre es zu schlicht, sich darüber nur lustig zu machen. Denn solche Bemühungen waren inmitten der europäischen Trümmerlandschaft Ausdruck eines lebhaften Wunsches nach neuer Geborgenheit im Alten und auch nach einem Aufbruch, der von einem starken moralischen Impuls getragen sein sollte. Sie waren beides: eskapistisch und der Welt zugewandt. Mitunter aber gingen sie weit über das Beschwören abendländischer Traditionen hinaus. So zum Beispiel die schon 1945 gegründeten »Dokumente. Zeitschrift im Dienst übernationaler Zusammenarbeit«. Als christlich inspiriertes Organ zur deutsch-französischen Verständigung auf den Weg gebracht, widmete sich das Blatt bald schon in sehr facetten- und materialreichen Beiträgen den Chancen der europäischen Einigung: oft skeptisch, manchmal desillusioniert, meist aber neugierig auf eine gemeinsame Zukunft der Völker Europas – die Lektüre lohnt heute noch. Eine solch ernsthafte Europadiskussion findet heute kaum mehr statt. Und doch, auch diese Zeitschrift blieb ein Minderheitenblatt und drang nicht zu Menschen durch, wie sie nun einmal sind.

Und das galt leider auch für jene Autoren, die das alte Europa zwar schätzten, es nach dem großen Krieg aber nicht einfach retten und weiterführen, die vielmehr ein neues, fast könnte man sagen: revolutionäres Europa im Sinn hatten. Einer von ihnen war Albert Camus. Schon in seinen »Briefen an einen deutschen Freund« (veröffentlicht 1946), gerichtet an einen imaginären gebildeten Deutschen, der die NS-Machtpolitik unterstützte, stellt er dem Europa, das Hitler unter deutschen Vorzeichen vereinen wollte, mit Leidenschaft das zukünftige Europa der Freiheit und der Vielfalt entgegen. Der Krieg entfachte bei vielen Denkern und Schriftstellern den starken Wunsch, den alten Kontinent neu zu begründen. Doch dieser Wunsch drang nicht weit über Kongresse hinaus. Niemand schaffte es, ihn in Konkretes zu übersetzen. Und in die Politik ist er nur vermittelt eingewandert. Einer der wenigen, denen es gelang, die den Schrecken von Faschismus und Krieg abgerungene Vision von einem Europa der übernationalen Kooperation der Völker des Kontinents über die euphorische Nachkriegsphase in reale Politik hinüberzuretten, war der italienische Kommunist und spätere Sozialist Altiero Spinelli (1907–1986). Als Mitglied des Europäischen Parlaments schlug er schon 1980 die Ausarbeitung einer europäischen Verfassung vor. Die Anhänger dieser Initiative trafen sich regelmäßig im Straßburger Restaurant »Au Crocodile«, weswegen sie den Namen »Krokodilsclub« verpasst bekamen.

Das Schweigen der Dichter

In den Jahren des Wiederaufbaus und des wirtschaftlichen Aufschwungs verstummten diese hohen Stimmen allmählich. Was kam dann? So erstaunlich es klingt: NICHTS! Lässt man, um nur eine Sparte herauszugreifen, das literarische Leben der Bundesrepublik (wie auch der DDR) Revue passieren, dann gibt es eine Konstante, die sich fast von den Anfängen bis heute gehalten hat. Viele Literaten entdeckten und entdecken noch immer das politische Engagement, die Einmischung ins öffentliche Leben. Und sie äußerten sich, durchaus selbstbewusst, zu vielen öffentlichen Dingen: zur Wiederbewaffnung, zur ausbleibenden Sozialisierung, zum unbehelligten Überdauern von NS-Richtern in Amt und Würden, zum Ungarnaufstand 1956, zu Hans Globke, Franz Josef Strauß, John F. Kennedy, zum Neckermann-Katalog, den Notstandsgesetzen, Biafra, dem Vietnamkrieg, dem Mauerbau, der Nachrüstung, zu Ronald Reagan und Helmut Kohl, zum Waldsterben, zur Globalisierung, den USA und TTIP. Die Liste könnte noch länger ausfallen. Über eines jedoch haben die engagierten Schriftsteller fast ohne Ausnahme beharrlich geschwiegen: über die europäische Einigung. Geht man die Aufrufe, die Essays, die Reisebeschreibungen, die Tagebücher deutscher Autoren der Nachkriegszeit durch, dann stellt man fest, dass – sieht man von gelegentlichem Spott über Butterberge und von Hans Magnus Enzensbergers Bemühen ab, sich über Europa vor allem lustig zu machen (»Ach Europa!« und spätere Schriften) – der Prozess der europäischen Einigung so gut wie keine literarischen und essayistischen Spuren darin hinterlassen hat. Es ist, als habe es die europäische Einigung nie gegeben.

Das ist einerseits leicht zu erklären, andererseits rätselhaft. Die europäische Einigung ist unspektakulär in Gang gekommen, war ein Elitenprojekt und mied außer an Feiertagen strikt Pathos und hohen Ton. Sie bot sich nicht zur Identifikation an, förderte aber auch nicht jene Gereiztheit, die Literaten oft zur Attacke veranlasst. Sie schnurrte in den Anfangsjahren vor sich hin. Daher ist das Schweigen gut zu erklären. Rätselhaft bleibt es gleichwohl. Denn unter den Augen vieler politisch so neugieriger und auf politisch Neues begieriger Schriftsteller vollzog sich ein einzigartiger historischer Prozess: die friedliche Aneinanderbindung europäischer Staaten, die wesentliche Elemente ihrer Souveränität teilten und ihre Beziehungen zueinander nicht auf Gewalt, sondern auf Recht gründeten. Wie konnte das, um nur einige zu nennen, Alfred Andersch, Erich Fried, Wolfgang Koeppen, Marie Luise Kaschnitz, Arno Schmidt, Heinrich Böll, Ingeborg Bachmann, Hans Magnus Enzensberger, Reinhard Lettau, Wolfgang Hildesheimer, Reinhard Baumgart und Peter Handke entgehen oder unberührt lassen? Fast alle waren sie ja gebrannte Kriegskinder, fast alle nahmen sie die Reise- und Erkundungsmöglichkeiten, welche auch die europäische Einigung und ihre Kulturprogramme wie -organisationen boten, gerne und kräftig in Anspruch. Die Antwort muss vermutlich schlicht ausfallen: Sie hatten einfach keinen Riecher dafür. Europas friedliche Evolution interessierte sie nicht, sie haben sie übersehen oder hielten sie – vielleicht, weil nicht mit der Kultur begonnen wurde – für unbedeutend und ihrer Aufmerksamkeit nicht wert. Und womöglich hat es auch damit zu tun, dass die europäische Einigung zu kompliziert und so präzedenzlos ist, dass es gar nicht einfach ist, sich darauf einen schnellen Reim zu machen. Eine der wenigen Ausnahmen ist der Saarländer Ludwig Harig. Es wird auch an seiner Herkunft aus dieser ganz besonderen deutschen Grenzregion liegen, dass er den europäischen Raum, besonders Frankreich, früh mit Begeisterung und Sinn für europäische Vielfalt bereiste und dann auch darüber schrieb.[3]

Hätten sie, hätte die Kultur der europäischen Einigung den Weg gewiesen, dann wäre sicher nichts daraus geworden. Das beweisen auch die vielen neueren Schriftstelleräußerungen zu Europa – von Cees Nooteboom über Robert Menasse bis zu dem Ukrainer Jurij Andruchowytsch. Ständig finden schon seit Langem vielerorts in Europa Schriftstellerkongresse statt, die in ihrem Titel Europa und Kultur zusammenbringen. Man bekommt auf diesen Kongressen immer denselben Sound zu hören: den Sound gepflegter, leicht resignativer Klage. Immer schwingt leise, aber beharrlich der Vorwurf mit, dass dieses vereinte Europa defizitär, zu nüchtern, zu wenig ideen- und schönheitsgetrieben, zu plump, zu wenig ästhetisch, zu roh und viel zu wirtschaftshörig sei. Eine eigentlich gute Sache, aber in den falschen Händen. Natürlich sagt heute keiner mehr: Wir könnten es besser. Aber viele Schriftsteller sind immer noch und immer wieder beleidigt, dass niemand sie gefragt, niemand sie einbezogen hat. Und den Ton genervter Herablassung gegenüber der Politik mögen oder können sie nicht aufgeben. Ein besonders hübsches Beispiel für dieses breit inszenierte Bemühen, die Schriftsteller als die wahren Europäer in Szene zu setzen, war ein von der »Literaturwerkstatt« in Berlin organisiertes Ereignis. Im »Literaturexpress Europa 2000« schickte sie etwas hundert Autoren aus 43 Ländern in einen Zug, der von Lissabon bis Moskau und auf dem Rückweg nach Warschau und Berlin fuhr.[4] Das mediale Echo war beträchtlich, der Literatur aber hat das Unternehmen so wenig genutzt wie Europa.

Und immer wieder dieser rätselhafte Hochmut gegenüber den Niederungen der Politik. In einem Vortrag auf einem Kongress in München verwies Cees Nooteboom auf sein Buch »In den niederländischen Bergen«. Jeder wisse, sagte er, dass es in den Niederlanden keine Berge gibt. Im Roman aber eben doch, Schriftsteller sind der Wirklichkeit überlegen. Und dann: »Damit tun sie das Einzige, was sie wirklich können: fabulieren, lügen und zaubern. Den Rest besorgen das Fernsehen, die Politiker und die Soziologen. Sie sind die adäquaten oder inadäquaten Administratoren der echten Wirklichkeit, und wenn sie lügen, ist es auf jeden Fall keine Kunst.«[5] Wir hier drinnen in unserem bedrohten, heroisch gehaltenen Reservat – ihr da draußen mit eurer schrecklichen Macht, angeblich echte Wirklichkeit zu verwalten: die alte Leier, die doch längst ausgedient haben könnte. Dieser Diskurs ist steril und beweist erneut: Gut, dass nicht die Literaten am Anfang der europäischen Einigung standen. Was ist so schlimm daran, dass Dichter fabulieren oder zaubern und Politiker versuchen, diese wirkliche Welt, in der wir alle auch leben, so gut wie möglich zu verwalten? Das Ressentiment gegen »die« Politik macht Schriftsteller einfältiger, als sie sein müssten.

Zum festen Repertoire von Europakongressen gehört auch die Klage darüber, dass es – noch – keine europäische Öffentlichkeit gibt. Wer weiß, vielleicht wird es sie in irgendeiner fernen Zukunft einmal geben. Heute kann es sie nicht geben, weil eine Öffentlichkeit eine gemeinsame Sprache voraussetzt. Oder sie setzt, wie im Falle der Schweiz, voraus, dass sich im Prinzip alle Bürger in den Landessprachen verständigen können.
 Öffentlichkeiten sind Redegemeinschaften. Das ist in der Euro-

päischen Union, die sich bisher ja nicht einmal auf eine gemeinsame Amtssprache einigen kann, offensichtlich nicht der Fall. Ein Portugiese mag sich als Europäer empfinden, er denkt aber portugiesisch, er sitzt auf den Schultern der portugiesischen Geschichte und Kultur. Kulturen lassen sich nicht vereinheitlichen – jede Übersetzerin, die Camões ins Deutsche, Eichendorff ins Finnische, Leopardi ins Flämische zu übersetzen versucht, kann viele Lieder davon singen.

Eine von allen geteilte europäische Öffentlichkeit würde in einer endlosen Übersetzungsarbeit versinken und brächte die bestehenden Öffentlichkeiten um ihre Eigenart. Es wäre eine Esperanto-Öffentlichkeit. Viele Versuche, europäische Zeitungen und Zeitschriften zu gründen, sind zu Recht gescheitert. Der gemeinsame Nenner wäre winzig und würde aus diesen Blättern abstrakte, ausgezehrte Proklamationsorgane machen. Wie übrigens auch dem in seine Endphase gelangenden Versuch, in Brüssel mit volkspädagogischer Zielsetzung ein Museum *der* europäischen Geschichte zu schaffen, kein Erfolg beschieden sein kann. Ein Museumsbesuch kann europäische Identität nicht herbeizaubern. Ähnlich aussichtslos sind schließlich die Versuche, mit der Schaffung einer europäischen Öffentlichkeit gewissermaßen durch die Hintertür ein europäisches Staatsvolk zu schaffen. Ganz einfach, weil Europa kein Staat ist und das noch lange so bleiben wird.

Aber noch aus einem anderen Grund muss man sich nicht so sehr um die europäische Öffentlichkeit sorgen. Zwar gibt es keine großen Medien, in denen Schriftsteller, Wissenschaftler und Journalisten europaweit im öffentlichen Austausch stünden. Aber längst gibt es Teilöffentlichkeiten, deren Teilnehmer gut vernetzt, die einander vertraut und nah sind. Wie man vielleicht insgesamt von der Idee *der* Öffentlichkeit, des einen und allein selig machenden Forums Abschied nehmen sollte. Das passt nicht mehr gut in eine Zeit, in der scharf und klar umrissene Identitäten im Schwinden sind. Die Individualisierung der Lebensstile macht eine verbindliche nationale oder europäische Identität nicht möglich. Auch deswegen gibt es die eine europäische Öffentlichkeit nicht. Wohl aber haben sich über die Nachkriegsjahrzehnte hinweg – das klingt arg soziologisch und sperrig, trifft aber zu – alltags- und lebensweltliche Formen der Europäisierung herausgebildet. Dazu hat zum einen die bei allen nationalen Unterschieden doch vorhandene gemeinsame Verarbeitung der Erfahrung des Zweiten Weltkriegs beigetragen: Der europäische Antitotalitarismus, der zwar von manchem wieder in Frage gestellt wird, bleibt dennoch ein Fundament, auf dem fast alle stehen. Und zum andern hat dazu das beigetragen, was konservative EU-Kritiker so schmerzt: der ungeheure Individualisierungsschub, die starke Enttraditionalisierung, die alle europäischen Gesellschaften – gerade auch die besonders katholischen – genossen oder durchlitten haben. Er hat die Gesellschaften weit aufgefächert – aber auch osmotisch vielfältige Verbindungen über die Staatengrenzen hinweg geschaffen. Längst gibt es viele kleine europäische Öffentlichkeiten, in denen sich Biologen, Theologen, Bauern, Physiker, Philologen, Soziologen und sogar Schriftsteller austauschen.

Nicht selten ist es der Ausgeschlossene oder der Zaungast, der ein lebhaftes Gefühl für die guten Dinge entwickelt. Der polnische Lyriker Zbigniew Herbert, der 1924 in Lwiw geboren wurde und 1998 in Warschau starb, konnte in den Sechzigerjahren Westeuropa bereisen. Er schrieb mehrere Bücher, die Früchte dieser Reisen waren: »Ein Barbar in einem Garten«, »Im Vaterland der Mythen«, »Opfer der Könige« und »Der Tulpen bitterer Duft«. Der osteuropäische Barbar, wie der Autor sich ironisch selbst titulierte, erkundete den wohlgeordneten Garten der westeuropäischen Völker: Italiens, Griechenlands, Frankreichs, der Niederlande. Mit feinem Gespür und konzentrierter Sprachkraft erschloss er sich die kulturellen Landschaften Europas und entzifferte die Spuren der Geschichte, die den Städten eingeschrieben sind. Da ging es wirklich um europäische Kultur: Einer, der von außen kam und den danach dürstete, erfasste sie und wurde ihr gerecht. Ähnliches findet man etwa auch in den Gedichten zweier anderer Polen: Czesław Miłosz, der 1980 mit dem Literaturnobelpreis geehrt wurde, und Adam Zagajewski.

Der französische Historiker Jacques Le Goff hat einmal auf diese spezifische Aufmerksamkeit von Osteuropäern hingewiesen: »1985 habe ich in Madrid an einem großen Kongress zur europäischen Kultur teilgenommen, bei dem mich folgendes überrascht hat: Die Kongressteilnehmer, die am besten von Europa gesprochen haben, über das, was es war, und über das, was es sein soll, waren Leute aus dem Osten, aus Osteuropa. Denn bei ihnen war Europa ein Europa der Nostalgie und der Wünsche, das sie mit geschärftem Bewusstsein, mit größerer Klarsicht und Sensibilität beobachteten.«[6]

Vom langen Elend der Stadt L'Aquila

Manchmal ist weniger mehr. Das gilt sicher für die Kulturpolitik, wie sie heute von der EU-Kommission betrieben wird. So sinnvoll der Reigen der Kulturhauptstädte Europas sein mag, so sinnvoll die Förderung der sprachlichen und sonstigen kulturellen Vielfalt Europas ist und so hilfreich vielleicht sogar der Wanderzirkus der europäischen Schriftstellerkongresse ist, der die Autoren freilich nicht nur zusammenbringt, sondern auch vom Nachdenken und Schreiben abhält: Das alles ändert nichts daran, dass man Kultur nicht entwerfen, nicht machen, nicht bauen kann wie ein Haus, einen Vertrag oder ein Unternehmen. Je mehr und je intensiver man Kultur zu züchten versucht, desto größer wird die Gefahr, dass man sie eher behindert.

Ein gutes Beispiel dafür ist eine Initiative der EU-Generaldirektion Kommunikation (in der EU-Abbreviatur: GD KOMM). Sie nennt sich »New Narrative for Europe«. Der Gründungsaufruf, dem zahlreiche Tagungen der Selbstvergewisserung *all over Europe* folgten, wurde von 16 Künstlern, Choreographen, Komponisten, Schriftstellern, Architekten, Museumsdirektoren und nicht zuletzt Kulturmanagern unterzeichnet.[7] Die 16 fordern einen neuen kulturellen Anlauf Europas und formulieren äußerst anspruchsvolle, um nicht zu sagen größenwahnsinnige Ziele. Es brauche »ein neues Leitmotiv für Europa«. Europa »ist eine Identität, eine Idee, ein Ideal«. Der Kontinent brauche »eine neue Renaissance«: »Europa hat das Format, sich zum Vorreiter dieses Zeitalters aufzuschwingen.« Um sein Potenzial »zu entfalten, muss der politische Körper Europas den Weltbürger neu erfinden«. Damit nicht genug: »Und warum nicht gar ein durch zahlreiche Verkehrs- und Kommunikationskanäle komplett vernetztes Europa – eine gigantische Megametropole?«

So kann das nichts werden. Abgesehen von der Frage, ob diese Megametropole – wo blieben dann Europas ländliche Regionen? – wirklich wünschenswert ist: Der Weltbürger *wird.* Man kann ihn so wenig erfinden, wie man eine Renaissance vom Zaun brechen und den Kontinent per Kulturappell zur weltpolitischen Avantgarde befördern kann. Wie brüchig die kulturellen Gemeinsamkeiten, die da beschworen werden, in Wahrheit sind, verrät schon die Sprache. Wo es in der englischen Version »The mind and the body of Europe« heißt, kommt die deutsche Version in der Art von Turnvater Jahn daher: »Körper und Geist Europas«. Wo in der englischen Version von »narrative« die Rede ist, entscheidet man sich in der deutschen für das »Leitmotiv«. Die zwei Varianten, denen sich die Übersetzungen in andere Sprachen zur Seite stellen ließen, sind gute Beispiele für Europas Vielfalt, der solche Initiativen des Zusammenführens eher schaden als nützen. Zumal das Ganze – wie so vieles, was von Funktionären erdacht wird – ziemlich penetrant nach Arbeitsbeschaffungsprogramm, nach Akquise von Fördergeldern riecht. Nach Veranstaltungen, Kongressen und neuen Aufrufen, die stets das Nämliche fordern.

Anderes wäre wichtiger. Zum Beispiel in dem knapp 120 Kilometer nordöstlich von Rom gelegenen L'Aquila. Die Universitätsstadt in den Abruzzen ist eine der wenigen großen mittelalterlichen Stadtgründungen in Italien. L'Aquila wurde ein Zentrum der Renaissance, wovon bis heute viele große und kleinere Sehenswürdigkeiten zeugen. Am 6. April 2009 erschütterte ein Erdbeben der Stärke 5,8 L'Aquila und seine Umgebung. Mehr als 300 Menschen kamen ums Leben, 67 000 wurden obdachlos. Etwa 15 000 Gebäude wurden zerstört oder schwer beschädigt – darunter auch die Basilica di San Bernardino, in der die sterblichen Überreste des heiligen Berhardin von Siena liegen. Bis heute gleicht das Zentrum von L'Aquila einer Geisterstadt: abgesperrte Ruinen, abgestützte Häuserreste, Wände voller Risse, blinde Fensteröffnungen, Bauten, denen ganze Wände weggebrochen sind.

Dass es bei dieser Misere geblieben ist, hat viel mit den italienischen Verhältnissen zu tun, die Mafia eingeschlossen: zweifellos ein hausgemachter italienischer Skandal. Ein europäischer Skandal aber ist es, dass Europa das Unglück von L'Aquila eine Sache der Italiener bleiben lässt. Es gibt in der Tat – in vielen nationalen und regionalen Ausprägungen – ein gemeinsames kulturelles Patrimonium Europas. Es muss erhalten, gerettet, gepflegt werden, das Erbe ist ein Teil unseres Selbstverständnisses. Wenn Europas Selbstverantwortung und die famose Kulturpolitik der Europäischen Union nicht in der Lage sind, eine Stadt wie L'Aquila dem Leben zurückzugeben, oder wenn sie den – durch italienische Anstrengungen zuletzt immerhin verlangsamten – Verfall von Pompeji geschehen lässt, dann ist das ein Versagen. Es braucht nicht neue Narrative und Leitlinien, die ergeben sich schon aus dem Alltag heraus. Wohl aber braucht es eine kraftvolle europäische Anstrengung, ganz materiell Europas Schätze zu retten und zu bewahren.

Wissen eint

Der Kultur helfen Fördermittel nur begrenzt. Fallen sie zu wuchtig aus, können sie sogar schaden. Auf einem anderen Feld, auf dem Europas Geist sich betätigen kann, gilt das aber ganz und gar nicht: auf dem von Forschung und Wissenschaft. Will Europa hier in Zukunft mit Staaten wie den USA, Südkorea oder Japan mithalten, wird die EU dafür weit mehr Mittel als bisher mobilisieren müssen.

Zwar hat der alte Kontinent in den vergangenen Jahrzehnten auf dem Gebiet der technischen Neuerungen etliches verpasst und verschlafen. Aber im Prinzip bringt er gute Voraussetzungen für einen Aufbruch zu neuen Ufern mit. Ein Mangel, unter dem alle europäischen Staaten – auch das kohlereiche Polen oder das windreiche Irland – leiden, erzwingt das zwar nicht, erleichtert es aber: der Mangel an natürlichen Ressourcen. Er treibt zu Findigkeit, zu der Suche nach Alternativen an. Schon oft in Europas Geschichte hat dieser Mangel nicht zu Resignation und Elend, sondern zu Innovation und besserer Lebensqualität geführt. Die Geschichte der landwirtschaftlichen Produktion angesichts einer wachsenden Bevölkerungszahl ist ein Beispiel unter vielen. Die Fertigkeiten, in denen das Europa der verarbeitenden Industrie und der Massenproduktion stark gewesen war, haben sich längst andere Länder angeeignet. Und sie liefern viel billiger. Im Erfindungsreichtum liegt unsere Zukunft.

Noch investieren Europas Staaten zu wenig in Forschung. Die Mitgliedstaaten der EU geben im Durchschnitt zwei Prozent ihres Bruttoinlandsprodukts für Forschungs- und technologische Entwicklungsinvestitionen (FTE) aus – in Südkorea, Japan und den USA sind es ungefähr drei Prozent. Kommission und Europäischer Rat haben sich zum Ziel gesetzt, die FTE-Ausgaben in der gesamten Gemeinschaft bis 2020 ebenfalls auf drei Prozent zu erhöhen. Das hat nichts mehr mit den größenwahnsinnigen Zielsetzungen vergangener Jahrzehnte zu tun und ist durchaus realistisch – sogar kleine Staaten wie Estland und Portugal haben sich zuvor schon selbst dieses Ziel gesetzt. Das zeigt übrigens auch, dass die Forschung ein Feld ist, auf dem das notorische Nord-Süd- und West-Ost-Gefälle, das Europas Einheit so behindert, kein unausweichliches Schicksal ist. Auch da, wo es keine stabile und moderne industrielle Infrastruktur gibt, gibt es Menschen. Und die sind in Europa in der Regel überdurchschnittlich gut ausgebildet. In der Forschung kann Europa sicher leichter als in der Wirtschaft Gemeinsamkeiten herstellen, die Niveaus einander annähern und einen europäischen Wissensraum tatsächlich schaffen. Die Forschung kann ein wirksamer Motor der europäischen Einigung werden als alle Reden und Interviews von Martin

Schulz, Jean-Claude Juncker und Federica Mogherini zusammengenommen.

Die Europäische Union hat an Ansehen verloren, weil sie sich entweder kraftmeierisch zu viel vorgenommen hat oder weil sie sich, dem »Weiter so« folgend, zu wenig vorgenommen hat und gewissermaßen ziellos vor sich hin läuft. Noch ist im Europa der offenen Grenzen das notwendige Gegenstück zum freien Markt der Güter und Dienstleistungen nicht geschaffen: der digitale Binnenmarkt. Auf dem Gebiet des Wissens und Forschens könnte Europa beweisen, dass es noch in der Lage ist, sich etwas vorzunehmen, das sich nicht aus dem normalen Lauf der Dinge ergibt.[8] Es gibt viele Felder, denen gemeinsam ist, dass einzelne Staaten und Unternehmen auf ihnen überfordert sind. Denen auch gemeinsam ist, dass auf ihnen ein ungeheurer Innovationsbedarf besteht, der die uns vertraute Vorstellungswelt überschreitet: Energie, Gesundheit, Klimawandel, Raumfahrt, Robotik, Biotechnologie und das weite Feld der Logistik. Samt und sonders Felder, auf denen Kooperation, Bündelung und Zusammenschluss – also die originären Prinzipien der europäischen Einigung – aus naheliegenden Gründen geboten und auch einzusehen sind.

Seit in den Siebzigerjahren dem Fortschrittsoptimismus die Fortschrittsskepsis entgegentrat und diese unter allen nachkommenden Generationen immer mehr Anhänger fand, ist die Welt des Wissens und der Sorge um die Zukunft seltsam zweigeteilt. Mainstream steht gegen alternativ, BASF gegen Genfeldverwüster, Großunternehmen und Marktwirtschaft gegen Graswurzelökonomie und Occupy ff., Staat und Parteien gegen NGOs und Selbsthilfeinitiativen, Groß gegen Klein, Verändern gegen Bewahren. Das hat dauerhaft zu einem eigentümlichen und unproduktiven Patt geführt. Optimismus und Skepsis, Tonnenideologie oder digitale Trunkenheit und romantische Visionen von kleinen Kreisläufen oder einer vom Profitzwang befreiten Ökonomie halten sich gegenseitig in Schach. Und bleiben, jeder für sich, dümmer, als es sein müsste. Jede Generation schickt ihre Kinder unwillentlich auf den Trip des allzu überzeugten

Nein und des vorübergehenden Ausstiegs. Auf dem Gebiet des Wissens und der Forschung besteht aber vielleicht die Chance, diese wechselseitige Blockade zu lockern oder gar aufzuheben. Von der Energie über den Klimawandel bis zur Logistik: Da könnten sich die, die an *Small is beautiful* glauben, mit denen treffen, die es immer gerne möglichst groß haben wollen. Es läge in der Logik der Dinge.

Eines der schönsten Vorhaben der Europäischen Union hat mit Bildung und Forschung zu tun: das Erasmus-Programm, das seit 2014 »Erasmus+« heißt. Es ist das weltweit größte Programm, das Auslandsaufenthalte von Studenten und Lehrenden, die keineswegs nur aus EU-Staaten kommen, fördert und organisiert. Es floriert und soll helfen, einen gemeinsamen europäischen Wissensraum zu schaffen und Europa in eine globale Wissensmacht zu verwandeln. Der schöne Name »Erasmus« ist wieder aus einem Akronym gekeltert, einem der EU-üblichen Sprachungeheuer: »**Eur**opean communitiy **a**ction **s**cheme for the **m**obility of **u**niversity **s**tudents«. Immerhin, das Programm vergegenwärtigt den großen Europäer Erasmus von Rotterdam (etwa 1466–1536). Der Humanist, der gesellschaftlich aus dem Nichts kam, war ein gelehrter Vagant, überall in Europa zu Hause, in Turin wie in London, in Basel wie in Paris. Seine Waffe war allein das Wort, er war ein Mann der Mäßigung und Vermittlung. Wie sein Gegenspieler Luther kritisierte er die Verkommenheit der katholischen Kirche. Doch anders als der Deutsche wollte er die Kirche allmählich reformieren. Er gehörte, wie sein Biograf Johan Huizinga, ein Niederländer auch er, schrieb, »zu der ziemlich seltenen Gruppe derjenigen, die zugleich unbedingte Idealisten und durchaus Gemäßigte sind«.[9] Genau das war es, was ihn gegen den Fanatiker Luther verlieren ließ. Und genau das ist, was die Europäische Union heute dringend gebrauchen kann.

Vergleichsweise wenig für die Kultur-, ziemlich viel aber für die Forschungspolitik Europas. Ein bisschen Renaissance wäre da schon denkbar. Das europäische Selbstverständnis soll man dagegen sich entwickeln lassen. Die Berufseuropäer sollten die Finger davon lassen. Und wenn sie es nicht freiwillig tun, sollte die EU Mittel und Wege finden, ihnen mit Autorität entgegenzutreten. Europa hat viele schätzenswerte Eigenschaften und Qualitäten, aber keine Identität. Das passt gut in eine Zeit, in der man mit identitären Konzepten keine Wirklichkeit mehr abbilden kann.

Eines aber ist machbar: Die Europäische Union könnte der babylonischen Sprachverwirrung, die auf ihren Arbeitssitzungen, ihren Gipfeln und im Europäischen Parlament herrscht, ein Ende bereiten. In 24 Sprachen kann man sich nur schwer verständigen, die Verluste an Feinheiten werden immer groß sein. Es wäre ein guter, zudem kostensparender Schritt der Entbürokratisierung, wenn sich die Europäische Union endlich auf *eine* Amts- und Geschäftssprache einigte: das Englische. Man wird einwenden, dass in Europa viel mehr Menschen romanische Sprachen als Englisch sprechen. Und dass auch das Deutsche weiter verbreitet ist als das Englische. Sollte der EU-Ausritt Großbritanniens vollzogen sein, dann sprächen in der Union nur noch 4.6 Millionen Iren Englisch als Muttersprache – 0,9055 Prozent der EU-Bevölkerung. Das kann aber kein Argument gegen das Englische als *lingua franca* der Europäischen Union sein. Die EU ist kein Gebilde, in der die Regel der größten Masse zählt. Da Deutsch nun ganz gewiss nicht als alleinige EU-Sprache in Frage kommt; da Französisch als EU-Sprache dem Land eine Stellung geben würde, die ihm nicht zukommt; und da schließlich die Wahl jeder anderen in der EU gesprochenen Sprache andere Nationen düpieren müsste: Deswegen bleibt nur das Englische, das weltweit ohnehin schon *lingua franca* ist.

Die EU hätte dann eine gemeinsame Sprache, die elegant,

präzise und nicht Esperanto ist. Englisch als europäische Amtssprache wäre auch eine Hommage an die transatlantische Bindung. Und eine Art Bekenntnis dazu, dass die Nachfahren der aus Europa entflohenen Europäer zu uns gehören sollen. Dass die EU in der Sprachenfrage einen Fluchtpunkt außerhalb ihrer selbst hätte, würde außerdem gut zum europäischen Geist der Anschlussfähigkeit passen. Ganz absurd wäre es indes, wenn Brüssel auch sprachpolitisch auf das britische Nein zur EU beleidigt reagierte und das Englische als Amtssprache striche. Dieser Vorschlag ist schon in der Welt. Diejenigen, die ihn unterstützen, begründen ihn damit, dass die zwei EU-Staaten, in denen das Englische auch Amtssprache ist, sich für ihre lokalen Idiome entschieden hätten: Irland für das Gälische und Malta für das Maltesische, die einzige autochthone semitische Sprache, die in Europa gesprochen wird. Folglich könne Englisch keine EU-Amtssprache mehr sein. So argumentierte etwa die polnische EU-Abgeordnete Danuta Hübner, Vorsitzende des Ausschusses für konstitutionelle Fragen, die nicht etwa der PiS, sondern der bei der vergangenen Parlamentswahl unterlegenen »Bürgerplattform« angehört.[10] Wer das wirklich will, betreibt eine törichte Selbstprovinzialisierung der Europäischen Union, die sich schon bald bitter rächen würde.

Würde das Englische als einzige Amtssprache die Europäische Union, das viel beklagte Elitenprojekt, noch weiter von den vielen Menschen abheben, die in Englisch allenfalls radebrechen? Nicht dann, wenn Europa seine englische Alphabetisierung endlich klassen-, schichten- und länderübergreifend entschlossen angeht und sich das auch etwas kosten lässt.

8. Kapitel

Staatlichkeit ohne Staat: Die Zukunft beginnt jetzt

Zwei vermeidbare Sackgassen

Welches Europa wollen wir? Die Europäische Union, wie es sie heute gibt, durchläuft eine schwere Legitimitätskrise, die schwerste ihrer Geschichte. Entgegen dem rechtspopulistischen Anschein ist es jedoch keineswegs einfach zu verstehen, wie es dazu gekommen ist. Zwar hat die EU, wie beschrieben, viele Kompetenzen nach Brüssel gezogen. Zwar hat sie ein dichtes Netz gesetzlicher Normen über den Kontinent gelegt und vieles verbindlich geregelt. Doch das wird von den Bürgern längst nicht als so übergriffig erlebt, wie EU-Feinde behaupten. Denn von den faktisch verschwundenen Grenzen bis zu gemeinsamen Normen für die Pharmaindustrie erleben die Menschen die europäische Einigung meist als Gewinn, als Erweiterung ihrer Möglichkeiten, als mehr Sicherheit und Berechenbarkeit in einem gemeinsamen Raum. Die Skepsis gegenüber der EU rührt eher daher, dass sie so wenig greifbar ist. Und dass sie sich – trotz aller Bemühungen, eine europäische Pathosformel zu schaffen – zur Identifikation kaum eignet. Ihren Leitungsgremien fehlt die scharfe, eindeutige Kontur, die nationale Regierungen dem ersten Anschein nach noch immer haben.

Die EU ist stets anwesend und abwesend zugleich. Es hat ihrem Ansehen geschadet, dass sie nicht auf eine Formel zu bringen ist. Es gibt indes zwei Formeln, die diesen Mangel nicht aufweisen. Die eine lautet: Europa der Vaterländer. Die andere:

Vereinigte Staaten von Europa. Beide haben gleichermaßen ausgedient.

Das »Europa der Vaterländer« war eine Konzeption oder besser: eine Idee, die Charles de Gaulle zwar nicht erfunden, die er aber beharrlich propagiert hat. So laut er vom Vaterland sprach, so verhalten sprach er von Europa. Die vage Formel meinte jedoch etwas Präzises: So viel (französisches) Vaterland wie möglich, so wenig gemeinsames Europa wie möglich. Als de Gaulle 1958 erster Präsident der Fünften Republik wurde, ging in der erst ein Jahr zuvor gegründeten EWG sogar die Sorge um, Frankreich könne wieder austreten. De Gaulle hatte eine klare Idee von Europa. Er wollte, »die Länder des Kontinents sollten sich wie ein grandioser Satellitenring um das Zentrum Frankreich legen«[1]. So sollte neben den USA und der Sowjetunion eine dritte Weltmacht entstehen. Großbritanniens Beitritt lehnte er kategorisch ab und hintertrieb ihn in seiner gesamten Amtszeit als Präsident. Für geraume Zeit warf er Sand ins Getriebe der EWG, indem sich Frankreich aus den Gremiensitzungen zurückzog (»Politik des leeren Stuhls«). De Gaulles Idee von einem »Europa der Vaterländer« war noch ganz im nationalistischen Denken des 19. Jahrhunderts gefangen.

Heute geht die Idee wieder um. Zum Beispiel bei den Parteien, die die europäische Einigung ablehnen und sie rückgängig machen wollen. Freilich wollen diese nicht mehr, Europa solle Weltmacht werden. Die Idee fungiert in diesen Kreisen vielmehr als Brücke auf dem Weg zurück in den angeblich allein selig machenden Nationalstaat. Andere gehen nicht so weit. Sie benutzen die Wendung vom »Europa der Vaterländer« in kalmierender Absicht. Sie wollen den Völkern die Furcht nehmen, die europäische Einigung sei drauf und dran, ihnen den Nationalstaat zu rauben. So soll die Formel suggerieren, alles sei gut: Zwar werde es eine europäische Gemeinschaft geben, die Nation aber werde unbeschadet überleben. Dass diese Sorge, die europäische Einigung könne dem Souverän zu weit gehen, schon früh auftauchte, zeigt ein Ausspruch Konrad Adenauers: »Die Deutschen sind Deutsche, die Franzosen Franzosen, die Niederländer Niederländer. Jeder will sein Vaterland behalten mit seiner Kultur, Geschichte und Sprache. Keiner kann verlangen, dass die berechtigte Eigenart aufgegeben wird.«[2]

Was heute noch gilt, galt damals noch weit mehr: Niemand verlangt diese Aufgabe. Der Ausspruch formuliert eine Binsenweisheit, selbstverständlich werden auch die Griechen Griechen bleiben, was denn sonst? Adenauer mag noch mit einiger Unschuld so gesprochen haben; wer aber heute so redet und dabei meint, der europäischen Einigung zu dienen, verhält sich unredlich. Denn indem er die unerschütterliche Unversehrtheit von Vaterland und Nation in den Mittelpunkt der Aufmerksamkeit stellt, lenkt er den Blick des angeblich europascheuen Publikums weg von der Tatsache, dass die europäische Einigung insofern selbstverständlich der Nation und dem Vaterland Abbruch tut, als sie das Nationale überragt und Entscheidungsprozesse auf europäischer Ebene etabliert hat. Er tut im Grunde so, als bedeute der Weg in die europäische Gemeinschaft nicht wesentlich auch Teilung und Abgabe von Souveränität. Und zwar nicht, weil es nun einmal unvermeidlich ist, sondern weil es hilfreich ist.

Warum mehr Nationalstaat keine Lösung ist

Ohne Zweifel sind Nation und Nationalstaat geschichtsmächtige Größen, noch immer. Es gibt nach wie vor Nationen, die vergleichsweise sicher in sich ruhen und mit ihrer Nationalgeschichte im Reinen sind. Etwa die niederländische, die britische, die spanische und selbst die im Fado noch immer ihrer großen Geschichte hinterhertrauernde portugiesische Nation. Und es gibt in Europa Staaten, die spät zur Nation gefunden haben oder sie nie richtig in eine gültige Form bringen konnten. Das gilt etwa für die deutsche, die noch immer zweigeteilte italienische und für die belgische Nation. Und dazwischen finden sich zahlreiche Staaten, die entweder in Hader mit ihrer Umwelt leben oder andauernd durch ethnische Konflikte aufgewühlt sind. Dazu gehören etwa die polnische, die estnische, die lettische, die ungarische und die kroatische Nation. Europas Nationallandschaft ist sehr zerklüftet und überhaupt nicht homogen. Das passt auch gut zur europäischen Einigung, die ja ausweislich so vieler europäischer Willenserklärungen und Verträge eine Einigung in Vielfalt sein soll.

Europapolitiker reden, schon aus Eigeninteresse, gerne und oft der Abgabe nationaler Souveränität das Wort. Das sei nun einmal der Lauf der europäischen Dinge. Besonders deutsche Europafreunde haben sich dabei hervorgetan. Das ist schon deswegen nicht gut, weil es zuweilen einen schulmeisterlichen Unterton hat: Seht her, von uns Deutschen könnt ihr lernen, wie man nationale Enge überwindet. Dabei ist Deutschland nach seiner Nationalgeschichte der ersten Hälfte des 20. Jahrhunderts wahrlich nicht berechtigt, Lehren zu erteilen und postnationale Avantgarde zu spielen. Schließlich sind die Deutschen nicht freiwillig zu europäischen Einserschülern geworden. Nach dem schrecklichen, selbst verschuldeten Ende des Deutschen Reichs war der schnelle Sprung in Richtung Europa *auch* eine Ausflucht, eine Flucht vor der Verantwortung für die eigene Geschichte. Das Europäische wurde hoch-, das Deutsche ganz tief gehängt, bis es kaum mehr zu erkennen war. In jedem Fall war es für Deutsche nach 1945 ganz besonders leicht und nützlich, sich als Europäer zu verstehen.

Um ein schiefes Bild zu bemühen: Könnte das Problem dadurch gelöst werden, dass die Europäische Union ein Haus wird, dessen heute (noch) 28 Zimmer bis auf Weiteres 28 Nationen bewohnen? Kann die Europäische Union in Frieden und im Einklang mit dem Prinzip der Nation leben? Sie kann es nicht. Von ihrer Grundidee her überragt sie nicht nur das Nationale, sie steht zu ihm in einem Verhältnis des Widerspruchs, der ständigen Spannung. Auch wenn der Nationalstaat in einigen Ländern, Frankreich voran, als die »natürliche« Staatsform gilt, trifft das für die meisten Staaten Europas nicht zu. Mehr noch, nationale Bewegungen und Nationalstaaten haben im 19. und 20. Jahrhundert vor allem Unheil angerichtet. Der im 19. Jahrhundert fast überall in Europa mächtig anwachsende Wunsch nach nationaler Unabhängigkeit und Souveränität zielte meist auf den ethnisch reinen Staat – ein Ding der Unmöglichkeit in Europa, dem Kontinent der Mischungen. Die ethnisch angeblich »reinen« Nationen gab es nicht, sie waren wie die dazugehörenden Sagen, Mythen und Geschichten erfundene Gemeinschaften. Wo doch versucht wurde, Staaten auf ethnischer Grundlage zu schaffen, ging es fast immer aggressiv und dann gewalttätig zu. Auf Kosten derer, die die Mehrheit am Genuss ihrer angeblichen ethnischen Reinheit angeblich hinderten.

Der Nationalstaat war ein Projekt der Unruhe. Die Nationalbewegungen beendeten das Zeitalter jener Reiche und Bünde, in denen unter den staatlichen Dächern für sehr viele Platz war, für Mehrheiten und Minderheiten. Es gibt nicht den geringsten Grund, im Nationalstaat eine finale, nicht übersteigbare politische Organisationsform zu sehen. Zwar haben sich in den Staaten Europas die nationalen, ethnischen und regionalen Aufruhrpotenziale weithin ausgekühlt. Von Katalonien bis Istrien, von der Lombardei bis zur Vojvodina erleben wir aber, dass sie auch in modernen Zeiten wieder hitziger werden können. Der Nationalstaat ist einfach nicht die beste Form, ein Gemeinwesen zu gestalten. Es würde noch sehr lange dauern, bis das Kosovo und Serbien zu wirklicher Koexistenz kommen. Es wäre sicher besser, sie fänden – wieder – unter einem gemeinsamen Dach zusammen. Nicht zu vergessen: Rousseau folgend, wurde die Demokratie lange mit nationaler Souveränität, ja mit Souveränität überhaupt eng zusammengedacht. Das hat der Demokratie geschadet. Auch hier wäre eine Entkoppelung der bessere Weg. Und aktuell sehen wir, dass das gemeineuropäische Phänomen der Massenwanderung etliche Nationalstaaten schnell aus der Fassung bringt und zu kurzschlussartigen Abwehrmaßnahmen veranlasst.

Schließlich: Ob wir ihn wollen oder nicht – der Nationalstaat in seiner alten Herrlichkeit und Selbstherrlichkeit besteht eigentlich gar nicht mehr. Die Globalisierung, die schon seit dem 19. Jahrhundert im Gang ist, gibt es ja wirklich. Das Ausgreifen, das Überschreiten von Grenzen ist seit 150 Jahren das Signum der Zeit. Kein Staat Europas ist heute noch in einem umfassenden Sinne souverän, keine Regierung ist noch ganz und gar Herr im eigenen Haus. Die Wirtschaft hat sich internationalisiert, die Finanzströme überwinden ebenso mühelos nationale Grenzen wie Menschen, Konsumgüter, Lebensstile, Umweltgefahren, die Kultur und der Terrorismus. Es ist deshalb nicht nur wünschenswert, sondern unumgänglich, dass wir im Interesse von Wohlstand, Sicherheit und gutem Leben nach politischen Formen suchen, die dem nicht entgegenstehen, sondern ihm gerecht werden, zu ihm passen. Die Nation kann nicht der Maßstab zur Messung Europas sein.[3] Es mag durchaus zutreffen, dass im Verblassen der Nationalstaaten auch Erhaltenswertes beschädigt wird. Aber mit dem Erhalten des Erhaltenswerten ist es einfach nicht getan. Es hilft nicht weiter. Daher besteht kein Grund, dem Nationalstaat nachzutrauern. Zukunft, Sicherheit und gutes Leben liegen jenseits von ihm.

Weil der Nationalstaat aber noch immer eine Größe ist und so viele in ihm das Haus sehen, in dem sie leben wollen, muss er – auch wenn das widersprüchlich klingt – gepflegt werden. Es hat keinen Sinn, ihn vom Sockel stoßen zu wollen. Eine neue Ordnung, die den Nationalstaat hinter sich lässt, kommt, oder sie kommt nicht. Europapolitik kann das erleichtern, vielleicht auch beschleunigen, sie kann es aber nicht bewirken. Ein reformerischer, schleichender Übergang, bei dem nicht zu erkennen ist, wo das eine endet und das andere anfängt, wäre der beste Weg. Dazu gehört es auch, den Nationalstaat zu achten. So paradox das klingt.

Die Vereinigten Staaten von Europa: Auch keine Perspektive

Bewegen wir uns stattdessen auf »Vereinigten Staaten von Europa« zu? Verglichen mit dem Vaterländereuropa mutet dieses Europa hell und schwungvoll an, der Zukunft zugewandt. Wo einzelne Staaten waren, soll es einen von Menschheitspathos getragenen Zusammenschluss der Völker geben, in dem diese in gewisser Weise aufgehen. Da würde so etwas wie eine höhere Stufe der Menschheit erklommen. Doch es sind Zweifel angebracht. Des Pathos wegen, das in Europa schnell etwas Hohles bekommt und – anders als in Amerika – im Alltag nicht Bestand haben kann. Aber auch deswegen, weil die Parole, die die Wendung in Wahrheit ist, einem anmaßenden Unterfangen den Weg bereiten will. Und weil es bis auf Weiteres die »Vereinigten Staaten von Europa« nicht geben kann.

Die Parole ist alt. Es hat eine ironische Pointe, dass George Washington der – soweit bekannt – Erste war, der sie in den Mund genommen hat. 1776, dreizehn Jahre bevor er erster Präsident der Vereinigten Staaten wurde, schrieb er in einem Brief mit jenem leicht bis mittelschwer missionarischen Optimismus, der für *God's own country* so bezeichnend wurde: »Wir haben ein Korn der Freiheit und Einheit gesät, das nach und nach auf der ganzen Welt keimen wird. Eines Tages werden, nach dem Muster der Vereinigten Staaten, die Vereinigten Staaten von Europa gegründet werden.«[4] Viele andere erfanden später die Parole immer wieder neu, unter ihnen Victor Hugo und Giuseppe Mazzini. Schon etwas ernster genommen wurde sie zwischen den zwei Weltkriegen des 20. Jahrhunderts. Graf Coudenhove Calergi, der Begründer der Paneuropa-Bewegung, benutzte die Begriffe »Paneuropa« und »Vereinigte Staaten von Europa« synonym. In den Jahren des Völkerbunds und nach der Erfahrung der Verträge von Versailles lag die Vereinigung Europas zwar nicht in der Luft. Aber in der Publizistik nahm die Idee, man könne und solle das kriegsbeschädigte und von Hass gezeichnete Europa irgendwie nach amerikanischem Vorbild einen, vergleichsweise breiten Raum in vielen Ländern Europas ein, in beträchtlichem Maße auch in Deutschland und seiner Tagespresse.[5] Nicht selten füllten die Wochenendausgaben der »Vossischen Zeitung« oder der »Kölnischen Zeitung« lange, meist positiv gestimmte Debattenbeiträge über die europäische Einigung. Es stimmt also nicht, dass der Impuls, Europa zu einigen, erstmals nach der furchtbaren Erfahrung des Zweiten Weltkriegs aufkam.

Freilich trifft es zu, dass sie danach erst wirklich Fahrt aufnahm. Sie war damals vermutlich gleichermaßen Kind einer

Aufbruchseuphorie wie einer ungeheuren Erschöpfung. Nachdem sechs Jahre lang Europa verwüstet und zerstört worden war, konnten viele es anfangs nicht glauben, dass fast überall nach dem Lärmen der Waffen nun wirklich eine Stille gefolgt war. Dass man jetzt den Schutt der Geschichte hinter sich lassen müsste, schien vielen evident. Die alten nationalen Gehäuse hatten sich als schlechte Wohnstätten der Völker erwiesen. Etwas Neues sollte geschaffen werden. Das machte wohl die Attraktivität der Parole von den »Vereinigten Staaten von Europa« aus. Nun würden wir es, dem Beispiel der einst aus guten Gründen abtrünnigen Amerikagründer folgend, anders machen. Heute wird über diesen fast kindlich wirkenden Glauben gerne nachsichtig gelächelt. Weil das alles vor allem im Himmel der Ideen und auf beseelten Kongressen – etwa dem großen Europa-Kongress in Den Haag 1948, dessen Schirmherr Winston Churchill war – stattfand, konnte daraus nichts werden. Wir sollten uns aber darüber nicht lustig machen. Schon deswegen nicht, weil kein geringer Teil dieses Idealismus, an und in realer Politik geläutert, vielfach in den Prozess der europäischen Einigung eingeflossen ist.

Selbst ein so harter Realist wie Adenauer blieb von der Idee nicht unberührt. Im März 1946, ein halbes Jahr *vor* Winston Churchills berühmt gewordener Zürcher Rede über die Notwendigkeit von »Vereinigten Staaten von Europa«, sagte er in einer Grundsatzrede: »Ich hoffe, dass in nicht zu ferner Zukunft die Vereinigten Staaten von Europa, zu denen Deutschland gehören würde, geschaffen werden, und dass dann Europa, dieser so oft von Kriegen durchtobte Erdteil, die Segnungen eines dauerhaften Friedens genießen wird.«[6] Der Rede von den »Vereinigten Staaten von Europa« ist seitdem eigen, dass sie die Sphäre des Vagen nicht verlässt. War in Churchills genannter Rede wenigstens noch klar, dass der ehemalige Kriegsherr und Premierminister zwar ein vereinigtes Europa wollte, in dem Frankreich und Deutschland wieder zusammenfinden, dem aber Großbritannien *nicht* angehören sollte, blieb die spätere Rede von den »Vereinigten Staaten von Europa« stets völlig nebulös – genau wie die von der »politischen Union«, die es zu schaffen oder zu vollenden gelte.

Diese Vereinigten Staaten waren nie mehr als eine bunte Girlande am fernen Rand des Firmaments, die man vor allem in Festtagsreden pathetisch entrollte. Von Spinelli bis Monnet, von Brandt bis sogar zu Merkel – alle haben mit ihr operiert, ohne je der Idee einen konkreten Gehalt geben zu können oder zu wollen. Und es gehört zu den nicht eben wenigen Blamagen der europäischen Einigung, dass die hehre Parole von den »Vereinigten Staaten von Europa« irgendwann einfach stillschweigend aus dem Verkehr gezogen wurde, auch von Helmut Kohl: nicht aus Überzeugung, sondern weil man merkte oder zu merken meinte, dass das Publikum nur noch gereizt und aggressiv auf sie reagierte.

Gut, dass sie der Vergangenheit angehört. Nicht nur, weil sie nie aus der Sphäre des Ungefähren herausgeholt werden konnte. Auch weil sie eine trittbrettfahrerische Nachkriegsanmaßung von Europäern enthält. Die Anmaßung, nun könne Europa, das sich soeben als vollkommen unfähig zur Einigung erwiesen hatte, flugs auf den Zug der neuen, großen und freiheitlichen Siegermacht aufspringen. Mit den »Vereinigten Staaten von Europa« hätte sich Europa gewissermaßen aus der eigenen Geschichte herausgemogelt und an die Seite der USA gebeamt. Die Vereinigten Staaten von Amerika konnten geschaffen werden, weil sie eine bewusste Neugründung von Menschen waren, die ausdrücklich eine neue Staatlichkeit wollten und deswegen die Alte Welt verlassen hatten. Europa kann sich um eine neue Staatenordnung bemühen. Es hatte und hat aber – unauflösbar verheddert in seine Zwistgeschichte – keine Möglichkeit, sich vollkommen neu zu schaffen, zu erfinden und ein strahlender Phönix aus der Asche zu werden. Europa werden immer die Klumpen und Überbleibsel seiner Geschichte anhängen. Es kann sich nur verbessern, allmählich, Schritt für Schritt, pragmatisch und mit dem nüchternen Willen, im kleinen Ziel das große anzugehen.

Ein guter Weg: Staatlichkeit ohne Staat

Die Europäische Union ist kein Staat. Das gereicht ihr aber nicht zum Nachteil. Sie ist ein zusammengesetztes politisches Gebilde und lässt sich nicht in das Konzept von Souveränität zwängen, das der französische Staatstheoretiker Jean Bodin (1529/30–1596) begründet hat. Politisch ging es Bodin in seiner Zeit der konfessionellen Glaubenskriege, die die Autorität des Staates beschädigten, darum, durch die Konzentration aller Macht beim König und damit durch die Etablierung des staatlichen Gewaltmonopols Frankreich zu befrieden. So wichtig dieses Monopol nach wie vor ist, so taugt diese Konzeption von Souveränität jedoch nicht dazu, Modell für alle Staatlichkeit zu sein. Im Gegenteil, sie ist die – absolutistische – Ausnahme. Genau besehen, gibt es so gut wie keine Staaten, die vollkommen souverän sind. Fast alle sind sie auf die eine oder andere Weise verbindlich in ein System zwischenstaatlicher und überstaatlicher Organisationen eingebunden. Heute mehr denn je.

Die Europäische Union wurzelt in einer anderen Tradition, die seit dem Ende des antiken Römischen Reiches die längste Zeit über die europäische Staatenwelt ausgezeichnet hat: in der Tradition der Teilung, auch der Verteilung von Macht. Das ist der Hauptstrom europäischer Staaten-, Staatenbund- und Reichsgeschichte. Das oft verspottete Alte Reich, das 1806 auch unter Napoleons imperialem Versuch zusammenbrach, ein von Frankreich geführtes Europa zu schaffen, hatte immerhin mehrere Jahrhunderte lang Bestand gehabt. Was viele für eine Schwäche dieses schwer beschreibbaren »Monstrums« (Samuel von Pufendorf[7]) hielten, war Element seiner Stärke. Es war ein System geteilter Macht, »ein Gefüge sich gegenseitig ergänzender und bedingender Staatlichkeit«, ein »Mehrebenenstaat«[8], der alle Beteiligten zu konsensualem Verhalten nötigte. In einigen Bereichen wie innerer und äußerer Sicherheit oder im Rechtssystem bündelte das Alte Reich Herrschaftskompetenzen. Zwar galten die Reichsgesetze, aber oft in abgestufter Verbindlichkeit. Es gab Öffnungsklauseln, und wo sich eine alte Bestimmung in der

Praxis bewährt hatte, da konnte sie trotz neuer Gesetze oft bleiben. Es galt das attraktive Prinzip der Inklusion. Der Historiker Georg Schmidt hat das so formuliert: »Souveränität besitzt, wer daran teilhat.« Das ist in der Europäischen Union nicht viel anders. Genau darin liegt die Zukunft der europäischen Einigung.

Altes Reich wie Europäische Union stellen nur zwei Sonderfälle einer allgemeinen europäischen Entwicklung dar. Nicht alles gehört dem König, nicht einmal in Frankreich: Anders als orientalische Despoten besaßen europäische Herrscher fast nie die unumschränkte Macht. Fast immer mussten sie sich einhegen lassen und Gegengewichte, konkurrierende Machtzentren dulden. Feudale Monarchen konnten – etwa im Verteidigungsfall – auf Unterstützung durch die Stände nur hoffen, wenn sie im Gegenzug zu Konzessionen bereit waren und die Sicherheit von Adel, Geistlichkeit und Gemeinen garantierten.

Die Teilung der Macht war in Europa schon früh in dem Gegensatz Kaiser und Papst angelegt und kodifiziert. Beide bekämpften einander, erkannten aber – anders als im Byzantinischen Reich – die Existenz des jeweils anderen an. Europäische Monarchen waren fast immer nur *ein* Akteur in einem zumeist fein ausbalancierten System verschiedener Mächte und Akteure. Der Historiker John Hirst sieht in diesem Prinzip der unvollkommenen Macht den eigentlichen Grund für den unvergleichlichen Aufstieg, der Europa von der Renaissance bis zum Ersten Weltkrieg gelungen ist und der den Kontinent für einige Jahrhundert zum Zentrum der Welt gemacht hat. Er schreibt über die europäische Gesellschaft: »Die Dynamik ihrer Wirtschaft und ihres Geisteslebens in der Neuzeit gehen auf die Tatsache zurück, dass es nie eine einzelne Macht gab, die sie einseitig prägte.«[9]

Die Europäische Union täte gut daran, in dieser Spur zu bleiben: Teilung der Macht, verschiedene Gravitationszentren und Gemeinschaftshandeln nur dort, wo es – wie in der Außen-, Sicherheits-, Verteidigungs- und Umweltpolitik – zwingend geboten oder – wie in der Forschungspolitik – eindeutig von Vorteil ist. In ihrem Grundriss, der sich seit dem Beginn der europäischen Einigung *im Prinzip* nicht sehr verändert hat, kommt die Union der alten europäischen Tradition schon recht nahe. Sie ist höchst komplex, sie ist eindeutig uneindeutig. Die Kommission mit ihrem Initiativrecht, in der zwar (noch) alle Mitgliedsnationen mit einem Kommissar vertreten sind, ist in Wahrheit die Institution, die das Nationalstaatliche hinter sich gelassen hat, die – um den unglücklichen Ausdruck doch zu gebrauchen – wirklich supranational ist. Ganz Europa ist ihr Spielfeld. Sie ist aber keineswegs – manche sagen: noch nicht – Europas Regierung. Sondern eine Behörde. Jedoch eine besondere. Denn sie führt nicht nur Weisungen aus, exekutiert nicht nur Gesetze. Mit ihrer Tätigkeit, die quer zum Nationalstaatlichen liegt, schafft sie neue Wirklichkeiten. Auch dadurch, dass in ihrem Apparat Fachleute aus allen Mitgliedstaaten zusammenarbeiten, die zwar das Vertrauen der Regierung ihres Herkunftslandes haben, mit ihrer tagtäglichen Kooperation aber ein Eigenleben entwickeln und so etwas wie eine eigenständige politische Ebene, ein neues Gravitationszentrum schaffen.

Im Europäischen Rat wie im Rat der Europäischen Union, der Runde der Minister, geben dagegen die Nationen den Ton an. Hier verhandeln die Fachminister aller Mitgliedstaaten sowie die Staats- und Regierungschefs Kompromisse aus, bei denen ihnen meist die jeweiligen nationalen Interessen als Kompass dienen. Hier sind die Nationalstaaten als eigenständige Gebilde anerkannt, die nicht nur auf dahintreibenden Schollen von Restsouveränität sitzen. Hier ist anerkannt, dass die Europäische Union ein Gebilde ist, in dem Nationalstaaten und europäische Gemeinsamkeit auf halb kooperative, halb konfrontative Weise ineinander verschränkt sind. Freilich täten die Staats- und Regierungschefs, aber auch die Minister gut daran, dies auch voll zu akzeptieren und den Rat nicht als Instrument zu benutzen, die Kommission – also die Institution der Gemeinsamkeit – wieder an die Leine zu legen. Ein ehemaliger Europapolitiker hat einmal geklagt, die deutsche Bundeskanzlerin habe den Geist der EU nicht wirklich verinnerlicht. Sie sehe in ihr so etwas wie ein europäisches Comecon. Ganz aus der Luft gegriffen ist das böse Verdikt nicht.

Von Beginn an zeichnete sich die europäische Einigung durch dieses duale Entscheidungssystem aus. Es wurde zwar in vielen Etappen reformiert und effektiver gemacht, an der Grundstruktur wurde aber eisern festgehalten. Die Europäische Union ist also Dienerin zweier Herren: des europäischen und des nationalen. Das zwingt mit unwiderstehlicher Macht dazu, Kompromisse zu finden, zwingt aber auch dazu, Konflikte durchzustehen. Wenn es dann einmal heißt *we agree to disagree*, muss das nicht schaden. Ausklammern, Vertagen und die Gewährung von Ausnahmen gehören nicht zu den Schwächen, sondern zu den Stärken der EU. Dass sich das Europäische Parlament als dritter Herr immer vehementer ins Spiel bringt und mit den beiden anderen eine Trias bildet, macht die Sache komplizierter wie auch das Entscheidungsgebaren des Europäischen Gerichtshofs (EuGH), der seine richterliche Beurteilungs- und Schiedskompetenz oft weit überschreitet, sich anmaßend zur politischen Instanz aufzuschwingen versucht und nicht immer über die beste juristische Expertise verfügt. Das Parlament täte gut daran, nicht so zu tun, als setze es sich aus Repräsentanten eines europäischen Staatsvolks zusammen. Und der EuGH verdiente es, so reformiert zu werden, dass er sich nicht mehr als Verfassungsgericht eines Staates aufspielen kann, sondern – der europäischen Wirklichkeit entsprechend – einem Staatenverbund und seinen Verfassungsgerichten beisteht.

Liberaler, als man glaubt

Diese Ordnung der europäischen Dinge ist nicht vollkommen. Das hat mit dem vielen Europapolitikern eigenen Drang zu tun, den groben Grundriss für unvollkommen zu halten und ihn final vollenden zu wollen. So etwas führt dann zu Bürokratie, Überregulierung und Schwindeleien. Der Soziologe Ralf Dahrendorf, der als Kommissar selbst Europapolitik betrieb, hat das schon 1962 in bissigem Ton beschrieben. Die europäische Gemeinschaft, so Dahrendorf, sei »durch einen gewissen institutionellen Dogmatismus gekennzeichnet. So wie es in den Verträgen steht und nicht anders mussten Entscheidungen getroffen werden. Dass sie dann doch anders zustande kamen, hat zu einer kostspieligen institutionellen Heuchelei […] geführt. Eine Phase institutioneller Flexibilität, auch das Nebeneinander verschiedenartiger Institutionen, würde Europa guttun.«[10] Diesen Dogmatismus gibt es noch immer.

Doch zu liberaler Verzweiflung besteht kein Anlass. Denn stellt man in Rechnung, dass die europäische Einigung das Werk vor allem von Politikern ist, die entweder konservativen Gesellschaftsvorstellungen oder sozialdemokratischen und sozialistischen Planungsideen anhingen, ist die Europäische Union erstaunlich liberal geraten. Gemessen daran sind die Reformen, die sie noch flexibler machen würden, im Grunde Peanuts. Wenn man nur will, kann man sich auf sie einigen. Jean-Claude Piris, der lange für die europäische Gemeinschaft gearbeitet hat, hat 2012 in einem schmalen Buch gezeigt, dass die Möglichkeit, nicht prinzipienreiterisch, sondern kreativ vorzugehen, von Beginn an bestand: In den Römischen Verträgen von 1957 erlaubt zum Beispiel Artikel 233 den Beneluxstaaten ausdrücklich regionale Formen von Zusammenarbeit. Ein frühes Plädoyer für den Mut, auf Basis der Verträge unterschiedliche Bewegungsarten zuzulassen, stammt von Willy Brandt, der als Europapolitiker heute sehr unterschätzt wird. Ein halbes Jahr nach seinem Rücktritt vom Amt des Bundeskanzlers hielt der SPD-Vorsitzende im November 1974 in Paris eine Rede über die europäische Einigung. Darin sprach er davon, dass – es war eine Zeit der ökonomischen Krise – die starken wirtschaftlichen Unterschiede der (damals neun) Mitgliedstaaten den Zusammenhalt der Gemeinschaft ernsthaft gefährdeten. Brandt fuhr fort: »Die Gemeinschaft sollte sich deswegen die Einsicht zu Eigen machen, dass sie nicht geschwächt, sondern gestärkt wird, wenn die ihrer Wirtschaftslage nach objektiv stärkeren Länder die wirtschaftliche Integration voranbringen, während andere Länder ihrer objektiv abweichenden Lage entsprechend hieran zunächst in Abstufungen teilnehmen.«[11]

Jean-Claude Piris, der Leiter des Juristischen Dienstes des Europäischen Rates war und der daher die Materie bis in ihre kleinen Details kennt, hat schlüssig aufgezeigt, dass es erstens im Rahmen der bestehenden Verträge durchaus möglich ist, energische Schritte in Richtung Flexibilisierung der Europäischen Union zu tun. Und dass zweitens für eine EU, die eindeutig auf zwei Geschwindigkeiten angelegt ist, zwar Vertragsänderungen nötig sind, der Konsens in der Union dafür aber herstellbar wäre.[12] Es gibt auch inmitten der Krise der EU keinen Grund, an der Reformierbarkeit der Europäischen Union zu verzweifeln.

Die EU-Gegner sind mit dem Argument unterwegs und auf Stimmenfang, die Europäische Union sei eine von innen heraus nicht zu stoppende oder zu bremsende Maschine, die immer mehr Kompetenzen an sich reiße, zu Lasten und zum Schaden der nachgeordneten Gliederungen: der Staaten, der Länder, der Kommunen. Gewiss, EU-Institutionen haben diese Tendenz. Diese ist aber weder unwidersprochen noch unerwidert geblieben. Immerhin ist das Subsidiaritätsprinzip seit dem Vertrag von Maastricht, also schon seit fast einem Vierteljahrhundert, im allgemeinen Teil der Gründungsverträge der europäischen Gemeinschaft verankert. Das Prinzip also, dass in der Europäischen Union strikt nur die Probleme in die Kompetenz der Gemeinschaft fallen dürfen, die allein durch sie zu lösen sind.

Diese Subsidiarität hat eine kurvenreiche Geschichte. Die Idee kommt aus der katholischen Welt des 19. und frühen 20. Jahrhunderts und hatte in dieser Tradition einen etwas säuerlichen, in jedem Fall antimodernen Einschlag. Sie taucht in der Enzyklika »Rerum novarum« von Papst Leo XIII. von 1891 auf, 40 Jahre später in der Enzyklika »Quadragesimo anno« von Papst Pius XI. Dort heißt es zur Begründung des Subsidiaritätsprinzips: »Jedwede Gesellschaftstätigkeit ist ja ihrem Wesen und ihrem Begriff nach subsidiär. Sie soll die Glieder des Sozialkörpers unterstützen, darf sie aber niemals zerschlagen oder aufsaugen.«[13] Subsidiarität in dieser Lesart hieß, dass die »Glieder des Sozialkörpers« alle an ihrem angestammten Ort zu bleiben haben. Das richtete sich gegen das liberale Ansinnen, die Menschen davon zu befreien, an ihre Herkunft und ihr Milieu gekettet zu bleiben.

Subsidiarität bedeutete hier: Gib dem Staat und der Politik keine Chance, die alten Herr-Knecht- oder Priester-Laien-Verhältnisse zum Tanzen zu bringen. So gefasst, war Subsidiarität ein reaktionäres Unterfangen, das soziale Mobilität unterbinden, zumindest erschweren sollte. Sie sollte verhindern, dass eine Staatstätigkeit entsteht, die den Bürgern, auch den nicht privilegierten, neue Handlungs- und Aufstiegsmöglichkeiten verschafft. Manchmal wandern die Begriffe aber überraschend durch die politischen Lager. Im Falle der Subsidiarität hat die europäische Gemeinschaft – wie auch die progressive katholische Soziallehre Oswald von Nell-Breunings – ganz wesentlich dazu beigetragen, den Begriff umzucodieren. Denn in dieser Gemeinschaft sollte Subsidiarität nicht Mobilität verhindern, sondern in ein kompliziertes Gebilde des Umbruchs eine Ordnung einführen, die den Bedürfnissen der Bürger angepasst ist. Die Idee war und ist ganz einfach: Weil – nicht zuletzt auf überstaatlicher Ebene – so ungeheuer viel im Umbruch ist, ist es, um Bürgerloyalität zu sichern, wichtig, in der Lebenswelt der Menschen so viel wie möglich zu bewahren und vor begehrlichen Angriffen von außen zu schützen. Mehr noch: Schon der kleinste Erfolg darin, »untere« Ebenen zu ermächtigen, könnte helfen, dem politischen System wieder mehr Loyalität zu verschaffen.

Im Idealfall hieße praktische Subsidiarität, dass so viel Autonomie bei den Bürgern, den Kommunen, den kleinen Einheiten bleibt wie irgend möglich; und dass nur das unabweisbar darüber hinaus Ragende in die Zuständigkeit übergeordneter Gremien fällt. So wäre es liberal im besten Sinn: Politik darf nur dann über die Einheiten hinausgreifen, die die Bürger unmittelbar als die ihren wahrnehmen und akzeptieren, wenn das im Interesse der Gemeinschaft unausweichlich ist. So würde Subsidiarität gut ins EU-Gefüge passen. Dann sollte man nur sehr darauf achten, dass es nicht zu einem frivolen Deal kommt, der den kleinen Einheiten ihre subsidiären Spielsachen belässt, um nach dieser Befriedungsaktion umso großspuriger das große Rad drehen zu können. Man tut gut daran, dem EU-Prinzip der Subsidiarität eine gewisse Skepsis entgegenzubringen und der Frage nachzugehen, ob es nicht auch ein Ablenkungsmanöver ist. Und doch ist es wichtig, weil es helfen kann, zwischen dem zu trennen, was des europäischen Kaisers ist, und dem, was des gemeinen europäischen Bürgers in seinem Land, seiner Region, seiner Ortschaft, seinem Stadtteil ist.

Es hat gedauert, bis die Idee des Subsidiaritätsprinzips Wirkung zeigte. Nun aber ist es so weit: Jedermann kann sich auf Artikel 5, Absatz 3 des Vertrags über die Europäische Union berufen und damit vor den europäischen Kadi ziehen: »Nach dem Subsidiaritätsprinzip wird die Union in den Bereichen, die nicht in ihre ausschließliche Zuständigkeit fallen, nur tätig, sofern und soweit die Ziele der in Betracht gezogenen Maßnahmen weder auf zentraler noch auf regionaler oder lokaler Ebene ausreichend verwirklicht werden können, sondern vielmehr wegen ihres Umfangs oder ihrer Wirkungen auf Unionsebene besser zu verwirklichen sind.«

Das ist windungsreich formuliert, und man spürt förmlich, wie sich die Hintertürchen auftun. Und doch steht hier schwarz auf weiß, dass die Union längst nicht alles an sich ziehen darf. Inzwischen besitzen die nationalen Parlamente der Mitgliedstaaten das verbriefte Recht der Subsidiaritätsrüge und Subsidiaritätsklage.[14] Das Besondere der Rüge besteht darin, dass sie schon *vor* dem Beginn eines europäischen Gesetzgebungsverfahrens erteilt werden kann. Die Klagenden müssen also nicht warten, bis die Tatsachen vollendet und der Trägheitsregel wegen nur noch schwer rückgängig gemacht werden können. Nach einem komplizierten Quorumsmodus kann die Kommission zur Überprüfung des Vorhabens aufgefordert und in der nächsten Stufe zur Überarbeitung gezwungen werden. Mehr noch: Wenn im Rat oder im Europäischen Parlament eine Mehrheit von mindestens 55 Prozent das Subsidiaritätsprinzip verletzt sieht, muss die Kommission – heute schon – ihr Vorhaben fallen lassen.

Es ist kritisiert worden, dass die Hürden für Rügen zu hoch lägen und die nationalen Parlamente nicht in der Lage seien, solche komplizierten EU-rechtlichen Fragen in der vorgesehenen Frist von acht Wochen zu klären. Doch 2012 musste die Kommission erstmals aufgrund einer Rüge ein Gesetzgebungsverfahren einstellen. Die Rüge betraf die sogenannte Monti-II-Verordnung, in der es unter anderem um europaweite Regelungen des Streikrechts ging. Gegen diese Verordnung kam eine Mehrheit von knapp 68 Prozent zustande. Das zeigt: Trotz unzweifelhaft noch viel zu hoher Hürden – es funktioniert (ganz besonders aktiv im Anstrengen von Rügen ist übrigens Polen, und zwar schon lange bevor es eine rechtskonservative, europaskeptische Regierung hatte). Solche Mehrheiten ergeben sich nicht, sie müssen hergestellt werden. Das heißt, dass sich die nationalen Parlamente in solchen Fällen eng untereinander abstimmen müssen.

Das ist ein schöner Nebeneffekt: Die Europäische Union nötigt die nationalen Parlamente, über sich selbst hinauszugreifen. Ein anderer schöner Nebeneffekt: Um die nationalen Parlamente europapolitisch zu stärken, müssen sie seit dem Vertrag von Lissabon direkt in die europäischen Angelegenheiten einbezogen werden. Trotz der Kompetenzverluste, welche Parlamente in der Finanzkrise hinnehmen mussten, ist das ein Hinweis darauf, dass die Europäische Union auch zur Reparlamentarisierung beitragen kann. Dieser Prozess verläuft langsam, zu langsam, aber er ist in Gang gekommen. Wer heute in Europa die strikte Einhaltung des Subsidiaritätsprinzips fordert, hält kein allzu stumpfes Schwert mehr in den Händen. Allzu scharf ist es freilich noch nicht. Im Regelwerk herrscht immer noch die Kunst des Behinderns, des Hinauszögerns. Der Apparat spielt seine Macht aus. Hier sollten die Gewichte verschoben werden: Die Kritik am Automatismus des immer weiter ausgreifenden Regulierens sollte ermuntert, nicht blockiert werden. Dazu braucht es dann in den nationalen Parlamenten aber auch Abgeordnete und Ausschüsse, die sich dieser Aufgabe mit Verve annehmen.

Eine friedfertige Waffenschmiede

Das ist nur eines von vielen Beispielen dafür, dass die Europäische Union den Staaten, den Parlamenten, den Bürgern immer wieder neue Instrumente, neue Waffen zur Verfügung stellt, ihre Interessen durchzusetzen und Falsches rückgängig zu machen. Und das alles ohne Kriege, ohne einen einzigen Schuss. Die Europäische Union ist eine friedfertige Waffenschmiede. In einer klugen, vom Geist der Freiheit getragenen Rede in Brügge hat Margaret Thatcher 1988 gesagt, die europäische Gemeinschaft sei eine, aber nicht die einzige Ausdrucksform europäischer Identität. Und dann: »The Community is not an end in itself.«[15] Hat man die Gschaftlhuber-Europäer und ihre Vertiefungsphilosophie vor Augen, kann man der Britin nur zustimmen. Auf eine andere Weise ist die europäische Gemeinschaft aber sehr wohl ein *end in itself*.

Der Politikwissenschaftler Peter Graf Kielmansegg hat diese große europäische Leistung zwar etwas sperrig, durchaus aber ergriffen in diesen Worten beschrieben: »Die europäische Staatenwelt hat mit dem Integrationsprojekt und in dem Integrationsprojekt einen neuen Modus des Zusammenlebens von Staaten entwickelt: dauerhaft im Rahmen einer überstaatlichen Rechtsordnung institutionalisierte Kooperation. Kern dieser Kooperationsordnung ist eine supranationale Rechtssetzungsautorität mit zwar begrenzten, aber auf bestimmten Feldern weitreichenden Zuständigkeiten, der sich die Mitgliedstaaten der Union freiwillig unterworfen haben. Dieser durchaus substantielle Souveränitätsverzicht verbunden mit einem zwingend institutionalisierten Kooperationsmodus ist weltweit einzigartig. Es gibt keine zweite Region, keine zweite Staatengruppe in der Welt, die einen ähnlichen Schritt getan oder auch nur in Erwägung gezogen hätte. Europa, das alte und, wie viele meinen, müde Europa erweist sich hier noch einmal als ein schöpferisches Zentrum der menschlichen Zivilisation, in dem grundlegend Neues erdacht, entwickelt, erprobt wird und zwar auf dem Feld der Politik, das seit je ein Feld europäischer Kreativität gewesen ist.«[16] Wohlgemerkt, *ein* schöpferisches Zentrum, nicht *das* schöpferische Zentrum. Man könnte das, jeden Anflug von Hochmut vermeidend, das europäische Wunder nennen.

In die Jahre gekommene Europaenthusiasten klagen gerne darüber, dass es heute so schwer sei, den jungen Generationen den ungeheuren Friedensvorteil der europäischen Einigung verständlich und schmackhaft zu machen. Mit dem Zweiten Weltkrieg könne man ihnen nicht mehr kommen, heißt es. Und dass sie frei reisen können und so viele europäische Früchte, die für unsere Vorfahren noch viel zu hoch hingen, leicht genießen können, sähen sie als eine Selbstverständlichkeit an, der Rede nicht wert. Schön, wenn sie es – was so klar nicht ist – für selbstverständlich hielten: eine europäische Leistung. Wer bereit ist, in die Geschichte zurückzublicken, wird die europäische Einigung schnell für eine gute Sache halten. Doch die Europäische Union ist nun einmal weder Person noch Familie, ja nicht einmal Staat. Man kann sie nicht lieben, man muss sie nicht mögen. Darin liegt kein Defizit, so ist es nun einmal in großen, weite Räume umfassenden Föderationen. Wenn die Dänin den Rumänen, wenn der Pole die Portugiesin trifft, dann begegnen sie sich in aller Regel als Individuen und nicht in ihrer Eigenschaft als Europäerinnen und Europäer. Föderationen sind nicht geschlossen wie Staaten. Sie haben kein Programm, keine Parolen, sie sind auf keine Formel zu bringen. Sondern verstetigte Kompromisse. Deswegen bringen sie wenig von dem Stoff hervor, den man Identifikation nennt.

Je einfacher und sparsamer sie institutionell verfasst und gegliedert sind, desto besser funktionieren sie. Desto leichter auch sind ihr Sinn und ihre Daseinsberechtigung zu erkennen. Es ist schwer zu verstehen, dass so viele Verantwortliche der Europäischen Union das partout nicht verstehen wollen. Sehen sie gar nicht, dass sie mit ihrer ingenieurhaften Geschäftigkeit ebendas Europa untergraben, das sie doch zu stärken vorgeben? Je unauffälliger eine von vielem Ballast befreite und auf das Wesentliche sich konzentrierende Union funktionieren würde, desto größer wäre die Wahrscheinlichkeit, dass auch Bürger, die heute geboren werden, sie in 20 Jahren als ein gutes, nützliches und nicht einengendes Gebilde akzeptieren, wie selbstverständlich. Desto größer auch wäre die Wahrscheinlichkeit, dass den politisch organisierten EU-Feinden, die ja kaum über Argumente verfügen und sich einen Popanz herbeiagitiert haben, einfach der Stoff ausgeht. Es ist möglich, der europäischen Einigung ohne Pathos und Tremolo neue und größere Zustimmung zu verschaffen. Wollen wir dahin kommen, dann sollte bedacht werden: In mancher Hinsicht ist weniger Europa mehr Europa.

Zu wenig sollte es aber auch nicht sein. In einem sind sich wohl alle Europapolitiker einig: Das, was sie abschätzig *Europe à la carte* nennen, darf es auf gar keinen Fall geben: Rosinenpicken verboten! Ralf Dahrendorf hat vor vielen Jahren einmal versucht, eine Lanze für dieses Auswahleuropa zu brechen. In einem funkelnden Vortrag beim »European University Institute« in Florenz sagte er 1979: »Ich war oft erstaunt über die in Gemeinschaftskreisen vorherrschende Ansicht, das Schlimmste, was passieren könne, sei eine Entwicklung hin zu einem *Europe à la carte*. Das finde ich merkwürdig als jemand, der gerne seine eigene Wahl trifft. Darüber hinaus ist diese Haltung ein Beleg für jenen seltsamen Puritanismus, um nicht zu sagen Masochismus, der einem Gutteil der Aktivitäten der Gemeinschaft zugrunde liegt: Wenn Europa gut sein soll, dann muss es wehtun. Jede Maßnahme, die nicht mindestens einige Mitglieder der europäischen Gemeinschaft verletzt, ist dieser Sichtweise zufolge aller Wahrscheinlichkeit nach falsch. Jedenfalls gilt es in diesen Kreisen als undenkbar, dass Mitglieder, die eine bestimmte Politik fortführen und verstärken wollen, dies tun und andere, die nicht daran interessiert sind, es bleiben lassen.«[17] Wer einmal das nicht immer angenehme Vergnügen hatte, ein vielgängiges Menü, versetzt mit diversen Grüßen aus der Küche, alternativlos absolvieren zu müssen, kann die Abneigung gegenüber dem ganzen Programm für alle sehr gut verstehen. Und in der Tat, die Europäische Union sollte vom Zwang zum vollständigen Menü Abschied nehmen. Und Räume von Wahlfreiheit schaffen, zumindest ermöglichen. Denn nur das passt zu der Unterschiedlichkeit, die Europas Völker und Staaten auch in Zukunft auszeichnen wird. Aber ganz *à la carte* kann – Ralf Dahrendorf möge das vom liberalen Himmel aus verzeihen – die Europäische Union doch nicht sein. Denn sie wäre dann keine Gemeinschaft mehr. Es geht darum, die Balance zwischen Menü und *à la carte* zu finden.

Eigentlich lässt die EU Vielfalt zu und ist nicht darauf aus, alles Erreichbare über einen Leisten zu schlagen. Kind und Erbe eines zerrissenen Kontinents, weiß sie im Grunde, dass der Drang zu Vereinheitlichung nur zu Zwist, Hader, Krieg und Trennungen führen kann. Deswegen muss sie, um ihres Überlebens willen, flexibel sein, muss atmen und ab- und zugeben können. Weil sie weiß, dass in ihr höchst unterschiedliche Traditionen, Politiken, Kulturen und Lebensgewohnheiten zusammenkommen, muss sie respektvoll (aber nicht unterwürfig) mit Unterschieden umgehen. Wo immer möglich, sollte sie den teilnehmenden Staaten Eigenwege ermöglichen und diese nicht oberlehrerhaft als »Sonderwege« verunglimpfen.

Ein Beispiel: Als im Sommer 2015 die Massenflucht nach Europa einsetzte, reagierten fast alle Staaten der Europäischen Union kopf- und konzeptionslos darauf. Und die Union brauchte lange, bis sie in dieser Frage in Gang kam. Zweifellos geht die Massenflucht, wenn auch in unterschiedlichem Maße, alle Staaten der EU an, eine *europäische* Antwort wäre dringend nötig. Noch kommt sie aber nicht zustande. Darüber kann man lange klagen, lange auch kann man versuchen, einen wie immer gearteten Konsens *aller* Mitgliedstaaten der EU zu erreichen, der nach Lage der nationalen Dinge heute nur ein minimaler sein kann. Viel sinnvoller wäre es doch, wenn sich – sagen wir – sechs große und kleinere Mitgliedstaaten zusammentäten, die willig sind, Flüchtlinge aufzunehmen und ihnen, so sie bleiben dürfen, eine Perspektive zu eröffnen. Diese Staaten könnten, womöglich auch mit Unterstützung der Unwilligen, einen Fonds auflegen, mit dem auch die schwächeren unter den willigen Staaten in die Lage kämen, das Problem zu schultern. Der Erfolg wäre ein mehrfacher: Das Flüchtlingsproblem rückte einer zumindest

 partiellen Lösung näher; willige Staaten würden einander helfen;

und die unwilligen Staaten müssten sich durch die Flüchtlingsfrage nicht mehr bedroht fühlen – und würden am Ende vielleicht gar die willigen um ihren Einsatz beneiden und ihnen nachzueifern versuchen. Solche Wege sollte die Europäische Union erleichtern und die Instrumente dafür schaffen. Eine EU-Kommission, die hier sichtbare Fortschritte erzielte, würde sich um Europa verdient machen.

Die Europäische Union braucht in Zukunft ein großes Gespür dafür, wie es gelingen kann, Eigensinn und Gemeinsamkeit zusammenzubringen, wie Regeln und Ausnahmen so zueinander passen, dass weder die Regel außer Kraft gesetzt wird noch die Ausnahme die Kohärenz des Ganzen gefährdet. Aus dieser kraftvollen Einsicht und nicht aus einer Schwäche heraus sollte die EU unterschiedliche Geschwindigkeiten zulassen. Die Europäische Union ermöglicht – wenn sie es gut mit sich meint – verschiedene Zusammenschlüsse von Willigen und diskriminiert die Unwilligen nicht. Sie schafft variable Geometrien und erlaubt – beharrlich vorläufig und nicht teleologisch, wie sie nun einmal ist – den Eintritt ebenso wie den Austritt und macht beides nicht zu einer Frage von Ehre und zerschnittenen Tischtüchern.

Ein langes Patiencespiel

Am Ende geht es gar nicht so sehr um Europa. Die Welt ist in einem ungeahnten Umbruch. Nicht alle, aber viele Steine werden nicht mehr auf den andern bleiben. Die Massenflucht nach Europa war und ist *ein* Vorgeschmack darauf. Ob wir es wollen oder nicht, der Kontinent wird durcheinandergewirbelt werden. Will er das bestehen, braucht er die Kraft zur gemeinsamen Aktion und in einem bisher ungekannten Maße die Fähigkeit, im Unübersichtlichen zu navigieren und große Vorhaben anzugehen. Dazu gehört auch Bescheidenheit. Durch die Geschichte belehrt, müssten wir wissen, dass nur ein bescheidenes, seiner eigenen Verfehlungen sich bewusstes Europa zu Tatkraft finden kann. Europa zum eigentlichen und privilegierten Kontinent des Friedens, der Mäßigung und der Gerechtigkeit machen zu wollen, wie einige linke Denker sich das ausmalen, ist ein versperrter Weg: Europa kann am Universalismus teilhaben, es ist aber nicht universalistisch. Der polnische Publizist Stefan Wilkanowicz hat vor Jahren einen Vorschlag für eine Präambel der europäischen Verfassung geschrieben, der zwar nicht zum Zuge kam, aber recht gut den Geist bescheidener Entschlossenheit verkörpert. Der Vorschlag lautet:

»Wir Europäer wollen …

im Bewusstsein des Reichtums unseres Erbes, das aus den Errungenschaften des Judaismus, des Christentums, des Islam, der griechischen Philosophie, des römischen Rechts und des Humanismus, der sowohl religiöse als auch nichtreligiöse Quellen hat, schöpft,

im Bewusstsein des Wertes der christlichen Zivilisation, welche die Hauptquelle unserer Identität ist,

im Bewusstsein der häufigen Fälle von Verrat, der an diesen Werten von Christen und Nichtchristen begangen wurde,

eingedenk des Guten und des Bösen, das wir den Bewohnern anderer Kontinente gebracht haben,

im Bedauern der Katastrophen, die durch totalitäre Systeme, die unserer Zivilisation entsprangen, verursacht wurden,

… unsere gemeinsame Zukunft aufbauen.«[18]

Der Historiker Jacques Le Goff schrieb einmal: »Europa ist ein langes Patiencespiel. Aber es ist es wert.«[19] Europa sollte – seiner Geschichte verpflichtet und seinem Vermögen entsprechend – Bestand haben: verändert, erneuert und darin sich selbst treu. Wir haben keine andere Wahl als die, uns darauf einzulassen. Aufgaben stehen vor uns, mit denen verglichen die Laubsägearbeiten an der europäischen Verfasstheit ein Kinderspiel waren und sind. Schaffen wir endlich eine starke Europäische Union, die es mit der Welt und ihren Fährnissen auf nicht imperiale Weise aufnehmen kann.

Europa, dein Name sei Vielfalt: Die Europäische Union ist ein Raum, in dem ganz unterschiedliche Staaten Platz und mehr oder minder gleiche Rechte haben. Flächenmäßig sehr große Länder (voran Frankreich, Spanien und Schweden) haben in ihr ebenso Platz wie kleine Staaten (Belgien, die Niederlande) und winzige Länder (am Ende der Skala: Zypern, Luxemburg und Malta). In der EU befinden sich Staaten mit mehr als 60 Millionen Einwohnern (Deutschland, Frankreich, [bis auf Weiteres:] Großbritannien und Italien) – aber auch Länder, deren Bevölkerungszahl zwischen 430 000 und knapp drei Millionen Einwohner beträgt (aufsteigend: Malta, Luxemburg, Zypern, Estland, Lettland, Slowenien, Litauen). Auch die Bevölkerungsdichte ist sehr weit gefächert: Sie reicht von 1346 Einwohnern (in Malta) bis hinunter zu 16 Einwohnern pro Quadratkilometer (in Finnland). Es gibt wald- und wasserreiche wie wald- und wasserarme Länder. Länder, die sich eines gemäßigten Klimas erfreuen, und solche, deren Bewohner mit extremen Wetterbedingungen zurechtkommen müssen. Der EU gehören sehr wohlhabende, weniger wohlhabende und arme Länder an. Länder, die auf IT, Länder, die weiter auf Landwirtschaft, Länder, die mehr auf herkömmliche Industrien setzen. Länder mit hoher bürokratischer Transparenz und Länder, die dem Klientelismus huldigen. Länder mit einigen, Länder mit wenigen, Länder mit gar keinen natürlichen Ressourcen. Mehr katholische, mehr protestantische und gemischte Nationen. Staaten mit zentralistischen und Staaten mit föderalen Traditionen, Staaten auch mit notorisch schwacher Staatlichkeit. Staaten, die lange Erfahrungen, und Staaten, die fast keine Erfahrungen mit Einwanderung gemacht haben. Sehr moderne Gesellschaften und solche, die mit der Moderne hadern. Eine Liste der Vielfalt, die sich ohne Ende fortsetzen ließe.

Und erst das Politische! Die Europäische Union ist ein Zusammenschluss, der auf dem Prinzip der Freiwilligkeit beruht. Jedem europäischen Land, das die Kriterien der EU erfüllt, steht sie offen. Die EU hält es aus, dass in ihrer Mitte (Schweiz) und an ihren Rändern (Norwegen) Staaten liegen, die ihr nicht angehören wollen. Das behindert den Austausch und gegenseitige Verträge nicht. Wenn ein Mitgliedstaat das möchte, muss er nicht alles teilen, was zur EU gehört, Schengen zum Beispiel. Jeder Staat kann, im Prinzip, in unterschiedlicher Intensität an der Union teilhaben. Eigene Wege sind, sofern sie nicht gegen den Geist der EU verstoßen, erlaubt. Kommt ein Mitgliedstaat zu dem Schluss, er möchte aus dem Club wieder austreten, kann er das tun, ohne befürchten zu müssen, annektiert zu werden – keine Selbstverständlichkeit in der Staatenwelt von heute. Mehr noch: Nach dem Austritt kann er – wie heute Großbritannien – ziemlich sicher sein, dass die düpierte Union die Zugbrücken zu ihm nicht hochziehen wird. Sie wird, im Gegenteil, viel Energie darauf verwenden, Wege zu finden, wie dieses Land auch ohne EU-Mitgliedschaft angebunden bleiben und zumindest teilweise in den Genuss von EU-Vorteilen kommen kann. Das hat, ebenfalls keine Selbstverständlichkeit in der Staatenwelt von heute, durchaus etwas Selbstloses. Die Europäische Union ist ein offener Club. Nichts spricht dagegen, ihn mit mehr Kompetenz, Transparenz und Selbstbewusstsein auszustatten.

Ein letztes Mal Ralf Dahrendorf. 1973 – da gab es noch die EWG – veröffentlichte er ein knapp 250 Seiten langes »Plädoyer für die Europäische Union«[20]. Der erste Satz des Buches lautete: »Es steht gut um die europäischen Dinge.« Dahin sollten, dahin können wir wieder kommen.

Dank

Dieses Buches habe ich vor dem britischen Referendum über den Verbleib in der Europäischen Union geschrieben – also in Zeiten höchster Unsicherheit über das weitere Schicksal der EU. Weil ich der Überzeugung bin, dass die Europäische Union in ihrem klug gezogenen Grundriss beträchtliche Überlebenskraft besitzt, habe ich mich getraut, in diese offene Situation hineinzuschreiben.

Für intensive und anregende Gespräche danke ich Peter Altmaier, Gérard Bökenkamp, Włodzimierz Borodziej, Roland Freudenstein, Rainer Hank, Hans Joas, Stanley Johnson, Michael Köhler, Alexander Graf Lambsdorff, William Paterson, Alan Posener, Marek Prawda, Andreas Rödder, Wolfgang Schäuble, Georg Schmidt, Joscha Schmierer, Günter Seufert, Günter Verheugen und Michael Wohlgemuth. Einige meiner Gesprächspartner werden mit einigen in diesem Buch vertretenen Ansichten nicht übereinstimmen. Für diese Ansichten übernehme ich selbstverständlich die alleinige Verantwortung.

Ich danke Johannes Jacob vom C. Bertelsmann Verlag für die Möglichkeit, einen Monat nach der Abgabe des Manuskripts eine Ergänzung zum britischen Nein schreiben zu können. Ich danke Arno Matschiner für sein sorgfältiges Lektorat, das mich vor einigen Fehlern bewahrt hat.

Mein besonderer Dank gilt meiner Agentin Elisabeth Ruge und ihrem Team. Schon in unserem ersten Gespräch war sie auf Anhieb davon überzeugt, dass dieses Buch entstehen soll.

t. s.

Anmerkungen

(Kurztitel finden sich im Literaturverzeichnis vollständig bibliographiert)

1. Kapitel

1 Um den offenen, prozesshaften Charakter des europäischen Wagnisses zu betonen, ist in diesem Buch in der Regel von der »europäischen Einigung« die Rede, nicht von der – statischen – »Einheit Europas«.

2 »Die Europäische Union kann auseinanderbrechen«, in: Die Welt, 9. November 2015.

3 Siehe zum Folgenden: Geppert 2013; Kielmansegg 2015, S. 95–113; Krägenau/Wetter 1993 (dort sind alle wichtigen Dokumente und kritischen Stellungnahmen zur Euro-Einführung abgedruckt: S. 93 bis 409); Rödder 2015, S. 266–337.

4 Gerhard Stoltenberg, Bundesminister der Finanzen: Zur weiteren Entwicklung der währungspolitischen Zusammenarbeit in Europa, 15.3.1988, in: Krägenau und Wetter 1993, S. 311.

5 Geppert 2013, S. 82 f.

6 Rödder 2015, S. 288.

7 Quelle: Schlussfolgerungen des Vorsitzes. Europäischer Rat (Lissabon) 23. und 24. März 2000, SN 100/00.

8 Der gesamte Wortlaut der Begründung sowie die Laudatio von Carlo Azeglio Ciampi und die im Namen des Euro gehaltene Dankesrede des damaligen Präsidenten den Europäischen Zentralbank, Willem Frederick, genannt »Wim«, Duisenberg, in: http://www.aachen.de/de/stadt_buerger/aachen_profil/preise_auszeichnungen/karlspreis/01_preistraeger/karlspreis2002/begruendung_euro/index.html (7. April 2016).

9 Handelsblatt, 27. Oktober 2011.

10 Geppert 2013, S. 73.

11 Tagung des Europäischen Rates in Hannover am 27. und 28. Juni 1988, Schlussfolgerungen des Vorsitzes, in: Krägenau und Wetter 1993, S. 140.

12 Die Rede enthält das ganze Arsenal europäischer Beschwörungs- und Überwältigungsformeln und vermittelt zugleich den Thrill der – angeblichen oder tatsächlichen – historischen Stunde. Ein längeres Zitat aus ihr vermag das anschaulich zu machen: »Die gegenwärtige Krise des Euro ist die größte Bewährungsprobe, die Europa seit Jahrzehnten, ja wohl seit der Unterzeichnung der Römischen Verträge 1957 zu bestehen hat. Diese Bewährungsprobe ist existenziell, und ich füge hinzu: Sie muss bestanden werden. – Bringen wir es auf den Punkt: Der Euro, der zusammen mit dem Binnenmarkt das Fundament für Wachstum und Wohlstand auch in Deutschland darstellt, ist in Gefahr. Wenden wir diese Gefahr nicht ab, dann sind die Folgen für Europa unabsehbar, und dann sind auch die Folgen über Europa hinaus unabsehbar. Eine Ahnung von dem, was dann geschehen könnte, haben wir am Donnerstagabend vor unserer Griechenland-Debatte mit den fast schon hysterisch anmutenden Turbulenzen auf den internationalen Märkten bekommen. [...] Es geht um viel mehr als Zahlen, es geht um viel mehr als um eine Währung. Die Währungsunion ist eine Schicksalsgemeinschaft. Es geht deshalb um nicht mehr und nicht weniger als um die Bewahrung und Bewährung der europäischen Idee. – Das ist unsere historische Aufgabe; denn scheitert der Euro, dann scheitert Europa. Wenden wir diese Gefahr aber ab, dann werden der Euro und Europa stärker als zuvor sein.« (Deutscher Bundestag, stenografischer Bericht, 42. Sitzung, 19. Mai 2010, Plenarprotokoll 1742, S. 4125 f.)

13 Kielmansegg 2015, S. 97.

14 Der (gekürzte) Wortlaut der Rede Mario Draghis in: http://www.ecb.europa.eu/press/key/date/2012/html/sp120726.en.html (5. April 2016)

15 Rödder 2015, S. 336.

16 »Putin ist Dschingis Khan mit Internet«, Gespräch mit Sonja Margolina und Karl Schlögel, in: Die Welt, 2. Mai 2014.

17 Karl Schlögel, Entscheidung in Kiew. Ukrainische Lektionen, München 2015, S. 22. Die beiden folgenden Zitate S. 13 und 15.

18 Europäischer Rat Kopenhagen, 21. bis 22. Juni 1993: Schlussfolgerungen des Vorsitzes, in: http://europa.eu/rapid/press-release_DOC-93-3_de.htm (7. April 2016)

19 Klaus Ziemer, Polen, in: Heydemann/Vodička 2013, S. 136–164, hier S. 149.

20 Rede von Bundeskanzler Helmut Kohl anlässlich einer Festveranstal-

tung des Deutschen Rates der Europäischen Bewegung zum 100. Geburtstag von Jean Monnet am 7. November 1988 in Bonn, in: Europa-Archiv, Folge 24/1988, D 693–698, das Zitat D 696. In dieser Rede sagte Kohl am Ende: »Nutzen wir die Zeit: Schaffen wir die Vereinigten Staaten von Europa.« Das war später nicht mehr von ihm zu hören.

21 Die Sätze sind dem – beliebig ausgewählten – Artikel »Für ein starkes und stabiles Europa« entnommen, den Brok zusammen mit seinem Fraktionskollegen Werner Langen verfasst hat und der auf Elmar Broks Homepage (www.elmarbrok.de) steht. Brok versteht es sogar, die Kritik an der EU, die nicht mehr einfach übergangen werden kann, so in sein Missionsuniversum einzubauen, dass am Ende wieder »Mehr Europa« herauskommt.

22 Brendan Simms und Benjamin Zeeb, Europa am Abgrund. Plädoyer für die Vereinigten Staaten von Europa, München 2016. Die Autoren, beide Historiker, sind für den Thinktank »Project for Democratic Union« tätig. Und: Ulrike Guérot, Warum Europa eine Republik werden muss! Eine politische Utopie, Bonn 2016. Die Zitate auf S. 14 und 19.

23 Joschka Fischer, Vom Staatenverbund zur Föderation – Gedanken über die Finalität der europäischen Integration, Rede am 12. Mai 2000 in der Humboldt-Universität in Berlin, in: www.europa.clio-online.de/2006/Article=17 (5. April 2016)

24 Die Zeit, Nr. 24, 2. Juni 2016.

25 Spaak 1969, S. 303.

26 A. a. O., S. 328.

2. Kapitel

1 Wer an mehr dieser weitverzweigten Details interessiert ist, findet sie in: Weidenfeld/Wessels 2016, insbesondere S. 260–276.

2 Jürgen Habermas, Ein Pakt für oder gegen Europa?, in: ders., Zur Verfassung Europas. Ein Essay, Berlin 2011, S. 124.

3 Siehe: www.martin-schulz.eu (10. April 2016).

4 Quelle: Eine verkopfte Sache. Interview mit Martin Schulz, in: Der Spiegel, 22/2009, 25. Mai 2009.

5 Dass Metternich viel mehr als ein Kabinettspolitiker und keineswegs nur ein Reaktionär war, zeigt Wolfram Siemann in seiner profunden Metternich-Biographie: Metternich, Stratege und Visionär, München 2016.

6 Michael Wohlgemuth, Soziale Marktwirtschaft für Europa? Ordnungspolitik in der Krise, in: Michael Schuhen, Michael Wohlgemuth und Christian Müller (Hg.), Ökonomische Bildung und Soziale Marktwirt-

schaft, Schriften zu Ordnungsfragen der Wirtschaft, Band 96, Stuttgart 2012, S. 3–12, hier S. 5.

7 Zitiert nach: Wolfgang Kaschuba, Identität und Differenz. Ein europäisches Spiel, in: Hohls/Schröder/Siegrist (Hg.) 2005, S. 189–193, der Wortlaut des Gedichtes S. 193. Es wurde von Jens Schneider und Wolfgang Kaschuba ins Deutsche übersetzt.

8 »Der Kommissar ist nur ein Hausbesetzer«, Interview mit Günter Verheugen, in: Süddeutsche Zeitung, 17. Mai 2010, Wortlaut: http://www.sueddeutsche.de/politik/interview-der-kommissar-ist-nur-ein-hausbesetzer-1.755684-2 (11. April 2016).

9 Quelle: http://pressportal.eu-kommission.de/index.php?id=224 (11. April 2016).

10 Quelle: http://www.sueddeutsche.de/politik/europäische-union-sechs-mythen-ueber-die-eu-und-was-wirklich-dran-ist-1.1950690-2 (11. April 2016).

11 Siehe den schönen Aufsatz »In the Capital of Europe« von Ian Buruma, in: The New York Review of Books, 63, Nr. 6, 7. April 2016, Wortlaut: www.nybooks.com/articles/2016/04/07/brussels-capital-of-europe/ (11. April 2016).

12 Robert Menasse, Der europäische Landbote. Die Wut der Bürger und der Friede Europas, Wien 2012, S. 21.

13 Kielmansegg 2015, S. 65.

14 Siehe dazu: Peter Graf Kielmansegg, Lässt sich die Europäische Union demokratisch verfassen?, in: Kielmansegg 2015, S. 57–77.

3. Kapitel

1 Wortlaut: Http://www.europa-union.de/fileadmin/files_eud/PDF-Dateien_EUD/Allg._Dokumente/Churchill_Rede_19.09.1946_D.pdf (10. Juli 2016).

2 Der Schweizer Schriftsteller Adolf Muschg, einer der Zuhörer von Churchills Rede, erinnert sich, dass diese Schlusspointe damals keinem aufgefallen war. Siehe: »War England je drinnen?«, in Neue Zürcher Zeitung, 2. Juli 2016.

3 Ich stütze mich hier auf eine umfangreiche Textsammlung von Open Europe Berlin: Edward Aldred/Gérard Bökenkamp/Michael Wohlgemuth, BREXIT. Ein eBook von Open Europe Berlin, Berlin 2016, insbesondere S. 12–15. Wortlaut: https://de.scribd.com/doc/316698779/Brexit-Buch-Open-Europe-Berlin (7. Juli 2016). Der Wortlaut der Warschauer Rede von Tony Blair: https://www.theguardian.com/world/2003/may/30/eu.speeches (9. Juli 2016).

4 Übersetzung t.s. Der Wortlaut: http://www.margaretthatcher.org/document/107332 (7. Juli 2016).

5 Die Zeilen stehen in der »Meditation XVII«. In deutscher Übersetzung:

Niemand ist eine Insel,
In sich ganz,
Jeder Mensch ist ein Stück des Kontinents,
Ein Teil des Festlandes.
Wenn eine Scholle ins Meer gespült wird,
Wird Europa weniger.
Ganz so, als wenn's eine Landzunge wäre.
Oder ein Landgut deines Freundes
Oder dein eigenes:
Jedes Menschen Tod ist mein Verlust,
Denn ich bin Teil der Menschheit;
Und darum verlange nie zu wissen, wem die Stunde schlägt;
Sie schlägt dir selbst.

6 Ausführlich dazu: Henry A. Kissinger, Das Gleichgewicht der Großmächte. Metternich, Castlereagh und die Neuordnung Europas 1812–1822, aus dem Englischen von Horst Jordan, Zürich 1985, insbesondere S. 241–364.

7 Dieter Friede, England. Geschichte seiner Demokratie, Berlin 1948, S. 37. Dem Buch liegt eine Folge von Zeitschriftenartikeln zugrunde. Der West-Berliner Friede wurde 1947 in den Osten verschleppt und konnte erst 1955 aus der Sowjetunion heimkehren.

8 David Abulafia, »Britain: apart or a part of Europe?«, in: History today, 11. Mai 2015, Wortlaut: http://www.historytoday.com/david-abulafia/britain-apart-or-part-europe (7. Juli 2016), Übersetzung t.s.

9 Siehe Robert Zimmer, Edmund Burke zur Einführung, Hamburg 1995, S. 78–86. Und: Walter von Wyss, Edmund Burke. Denker, Redner und Warner, München 1966, S. 67–99.

10 Edmund Burke, Betrachtungen über die Französische Revolution, aus dem Englischen von Friedrich Gentz, Zürich 1987, S. 419 und 420.

11 Andrew Roberts, The Storm of War: A New History of the Second World War, London 2009.

12 Andrew Roberts, Das Aachen Memorandum, aus dem Englischen von Alfred Starkmann, München 1996.

13 Thomas Kielinger, »Die britische Europa-Politik von Winston Churchill bis David Cameron. Ein Beitrag zur Debatte um das EU-Referendum am 23. Juni 2016«, Vortrag vor einer gemeinsamen Veranstaltung der Zürcher Handelskammer und des EuropaInstituts der Universität Zürich, 9. Mai 2016, Manuskript, S. 6.

14 A.a.O., S. 11.
15 Zitiert von Timothy Garton Ash in seinem Artikel »If you think Britain is angry and divided, look at the continent«, in: The Guardian, 27. Juni 2016, Übersetzung t.s.
16 In den Monaten und Jahren zuvor hatte Schulz oft ganz andere Töne angeschlagen und mehrfach gesagt, die Existenz der EU stehe auf dem Spiel.
17 Die Welt, 30. Juni 2016.
18 Das berichtet der ehemalige EU-Kommissar Pascal Lamy in einem Interview: Handelsblatt, 28. Juni 2016.
19 Die Beschlüsse vom 19. Februar 2016 im Wortlaut: http://data.consilium.europa.eu/doc/document/ST-1-2016-INIT/de/pdf (10. Juli 2016).
20 Ich stütze mich im Folgenden auf den Artikel »Nach dem Brexit: Zeit für ›Plan C‹« von Michael Wohlgemuth, in: Open Europe Berlin, 27. Juni 2016, Homepage. Wortlaut: http://www.openeuropeberlin.de/nach-dem-brexit-zeit-fuer-plan-c-von-michael-wohlgemuth/ (8. Juli 2016).
21 Limes. Rivista italiana di geopolitica, 6/2016, »Brexit e il patto dello anglospie«, S. 14, Übersetzung: t.s.
22 Beloff 1959, S. 398 f. Das folgende Zitat: S. 398.
23 Der Wortlaut: http://www.theguardian.com/politics/commentisfree/2016/jun/24/lifelong-english-european-the-biggest-defeat-of-my-political-life-timothy-garton-ash-brexit (9. Juli 2016).
24 Helen Wallace, »Does Britain need the European Union? Does the European Union need Britain?«, Anglo-German Foundation Lecture, Berlin, 16. September 2015. Wortlaut: http://www.britac.ac.uk/publications/does-britain-need-european-union-does-european-union-need-britain (9. Juli 2016).
25 Helen Wallace/William Wallace, Flying together in a larger and more diverse European Union, Den Haag 1995, S. 28, Übersetzung t.s. Wortlaut: http://wrr.cimontest.com/fileadmin/nl/publicaties/DVD_WRR_publicaties_1972-2004/W087_Flying_together_in_a_larger.pdf (9. Juli 2016).

4. Kapitel

1 Quelle:http://www.eiz-niedersachsen.de/eu-umfrage-deutsche-bauen-wieder-staerker-auf-europa/ (19. April 2016).
2 Quelle: https://yougov.de/news/2015/03/13/bevolkerung-unentschlossen-uber-europaische-armee/ (19. April 2016).
3 Quelle: http://www.if-zeitschrift.de/portal/a/ifz/!ut/p/c4/LYzBCsIwEET

_aLdJENGbpbZ49aL1EtIkrQttUkJsQfx4E-sMzBsYGHxgslMLDSqSd2rEO7aajtoK3WqspP4NKugnLUC9_LcNkhdMAPsBb_nHWNDe2ZgzWhcp5RBU9AFmH-KYl1cIaQEy2BasKplgvNjEPoddc67rPRfVpbziPE2nL18xE3c!/ (19.April 2016).

4 Siehe Weidenfeld/Wessels 2016, S. 56–58.

5 Judt 1996, S. 158.

6 Siehe zum Beispiel: Karl Schlögel, Die Mitte liegt ostwärts. Europa im Übergang, Frankfurt am Main 2008.

7 Siehe dazu und zum Folgenden: Joscha Schmierer, »Europäische Fragmente. Vor dem Ende einer großen Erzählung?«, in: Osteuropa, 66. Jg., 1–2/2016, S. 223–236.

8 Frankfurter Allgemeine Sonntagszeitung, 3. Januar 2016. Ähnlich wuchtig äußerte sich Martin Schulz. Im Dezember 2015 sagte er im Interview mit dem Deutschlandfunk: »Was sich in Polen abspielt, hat Staatsstreichcharakter.«

9 Zusammenfassend dazu: Dieter Bingen, »25 Jahre deutsch-polnische Partnerschaft. Politische Freundschaft auf Bewährung«, in: Polen-Analysen, Nr. 180, 19. April 2016, S. 2–11. Der Text: http://www.laender-analysen.de/polen/pdf/PolenAnalysen180.pdf?utm_source=newsletter&utm_medium=email&utm_campaign=Polen-Analysen+Nr.+180 (19. April 2016).

10 Zitiert nach: Rödder 2015, S. 301.

11 Hallstein 1969, S. 183.

12 A. a. O., S. 216.

13 Als etwa Großbritannien 1961 erstmals einen Antrag auf Aufnahme in die EWG stellte, stand dahinter nach dem missglückten Suezabenteuer und angesichts des Dahinschwindens des Empire erklärtermaßen die Hoffnung, Großbritannien könne in Zukunft nur noch dann Weltmacht bleiben, wenn es eine Führungsrolle in der EWG übernehme. Siehe: Brunn 2004, S. 149. Ähnlich dachte man zeitweise auch in Frankreich.

14 Abulafia 2013, S. 820.

5. Kapitel

1 Ausführlich über die Geschichte der Migration und das geringe Vermögen der meisten Gesellschaften, produktiv damit umzugehen: Daniel Cohn-Bendit/Thomas Schmid, Heimat Babylon. Das Wagnis der multikulturellen Demokratie, Hamburg 1992.

2 Siehe Steffen Mau, »Alte Grenzen, neue Grenzen«, in: Süddeutsche Zeitung, 9. Mai 2016.

3 »Europa – Zwischen Wunsch und Wirklichkeit«, Rede zur Verabschiedung von Prof. Hans-Werner Sinn, München, 22. Januar 2016. Der Wortlaut: http://www.bundesfinanzministerium.de/Content/DE/Reden/2016/2016-01-27-Sinn.html (24. April 2016).

4 »Dieser Mann will eine Revolution«, in: Die Zeit, Nr. 25, 9. Juni 2016. Wortlaut: http://www.zeit.de/2016/25/konservatismus-wolfgang-schaeuble-revolution-afrika/komplettansicht (2. Juli 2016).

5 Zitiert nach Kaelble 2001, S. 237 f.

6 In Europa war nach 1945 vor allem Frankreich darauf aus, Deutschland zu separieren und politisch wie wirtschaftlich möglichst klein zu halten, um seinen Wiederaufstieg zu einer bedrohlichen Macht ein für alle Mal zu verhindern. Doch gegen dieses aus französischer Sicht sehr verständliche Bemühen wandten sich entschieden die USA, und zwar sehr früh schon. Noch bevor die Bundesrepublik am 23. Mai 1949 gegründet wurde, sprach man sich im amerikanischen State Department in einem geheimen Papier vom März 1949, dessen Kerngedanken bald zur Richtlinie der amerikanischen Europapolitik wurden, dafür aus, Deutschland nicht durch Niederhaltung, sondern durch Einbettung und Beistand zu zähmen. Eine entscheidende Passage des Papiers lautet: »Politisch wäre ein segregiertes Deutschland der unwiderstehlichen Versuchung ausgesetzt, dank seiner zentralen geographischen Lage in Europa und dank seiner potenziellen Stärke eine Vormachtstellung in Europa anzustreben. […] Da Deutschland, von Westeuropa getrennt […], die eben geschilderte Gefahr darstellen würde, scheint der erfolgversprechendste langfristige Ansatz in dem Versuch zu bestehen, die wirtschaftlichen und strategischen Interessen Deutschlands so mit denen seiner westlichen Nachbarn zu integrieren, dass es keine Anreize und Möglichkeiten hat, Unruhe zu stiften.« (Ludolf Herbst, Deutschland und Europa aus amerikanischer Sicht. Ein geheimes Grundsatzpapier aus den US-State Department aus dem Jahr 1949, in: Hohls u. a. 2005, S. 440; Übersetzung t. s.) Das beschreibt ziemlich genau die Methode, mit der die europäische Einigung wider die unmittelbaren Interessen mehrerer Staaten erfolgreich auf den Weg kam.

7 Für alle Zitate siehe: Manuel Becker, Geschichtspolitik in der »Berliner Republik«. Konzeptionen und Kontroversen, Wiesbaden 2013, S. 225 f.

8 Der Wortlaut des Interviews: https://stjosef.at/bischof.k.krenn/islam_ooe_rundschau_18082002.htm (23. April 2016).

9 Hans-Ulrich Wehler, »Das Türkenproblem«, in: Die Zeit, Nr. 38, 12. September 2002. Wortlaut: http://www.zeit.de/2002/38/200238_tuerkei.contra.xml/komplettansicht (23. April 2016).

10 Zitiert nach: Helmut Schmidt, »Bitte keinen Größenwahn. Ein Beitritt der Türkei würde die Europäische Union überfordern«, in:

Die Zeit, Nr. 49, 25. November 2004. Wortlaut: http://www.zeit.de/2004/49/T_9frkei-Beitritt (23. April 2016).

11 Verheugen 2005, S. 96.

12 Diese Adelsrepublik war fortschrittlich: Sie gab sich 1791, noch vor Frankreich, die erste europäische Verfassung im Sinne der Aufklärung.

13 Siehe dazu: Ksenia Szelachowska, »The revival of Intermarium – Poland can talk the talk but can it walk the walk?«, Narodowe Centrum Studiów Strategicznych, Wortlaut: http://ncss.org.pl/en/20-news/500-the-revival-of-intermarium-comment-by-ksenia-szelachowska-for-the-ncss?highlight=WyJzemVsYWNob3dza2EiXQ (26. April 2016). Und: Andreas Umland, »Countering Russian expansionism: Blueprints for a new security alliance«, European Council on Foreign Relations, 18. April 2016, Wortlaut: http://www.ecfr.eu/article/commentary_countering_russian_expansionism_blueprints_for_a_new_security_al (26. April 2016).

14 So etwa auf – um nur ein einziges Beispiel herauszugreifen – ein heute fast völlig vergessenes Buch aus der vorletzten Jahrhundertwende: Luis le Fur, Bundesstaat und geschichtliche Entwicklung, Breslau 1902 (die – schmalere – erste Fassung erschien 1896 in Paris auf Französisch).

6. Kapitel

1 Bild, 27. Oktober 2010.

2 Zitiert nach: Wolf Lepenies, Die Macht am Mittelmeer. Französische Träume von einem anderen Europa, München 2016, S. 21. Dort auch eine ausführliche Darstellung der Denkschrift von Kojève: S. 15–32.

3 La Repubblica, 15. März 2013, Übersetzung t.s.

4 Zitiert nach: Lepenies, a.a.O., S. 97.

5 Montesquieu, Vom Geist der Gesetze, aus dem Französischen von Kurt Weigand, Stuttgart 2011, S. 261 (»Über die Gesetze in ihrem Bezug zur Art des Klimas«).

6 A.a.O., S. 347.

7 Friedrich Nietzsche, Jenseits von Gut und Böse, hg. von Giorgio Colli und Mazzino Montinari, München 2014, S. 180.

8 Friedrich Nietzsche, Menschliches, Allzumenschliches, hg. von Giorgio Colli und Mazzino Montinari, München 1988, S. 699.

9 Geppert 2013, S. 67.

10 Rat der Europäischen Union: Schlussfolgerungen des Vorsitzes, Europäischer Rat (Lissabon), 23./24. März 2000, SN 100/00. Wortlaut: http://www.europarl.europa.eu/summits/lis1_de.htm (1. Mai 2016).

11 Lüthy 1954, S. 338, dort auch das folgende Zitat.

12 Ein Argument, das umso unsinniger ist, als Hitler alles andere, nur nicht die Rückkehr zum ausgleichenden Alten Reich im Sinn hatte.

13 Süddeutsche Zeitung, 3. Juni 2016.

14 Ralph Hirdina, »Die Europäische Union in der Krise – vertrauensbildende Maßnahmen für die Gemeinschaftswährung sind dringender denn je«, in: ifo Schnelldienst, 1/2016, 14. Januar 2016, S. 12–15, das Zitat S. 14.

15 So das Bundesverfassungsgericht in seinem Maastricht-Urteil vom 12. Oktober 1993. Wortlaut: http://www.europarl.europa.eu/brussels/website/media/Basis/Vertraege/Pdf/Maastricht_Urteil_1993.pdf (3. Mai 2016).

16 Rödder 2015, S. 286.

17 A. a. O., S. 295.

18 Der Wortlaut: https://ec.europa.eu/priorities/publications/five-presidents-report-completing-europes-economic-and-monetary-union_de (8. Mai 2016).

7. Kapitel

1 Giuseppe Mazzini, »Über eine europäische Literatur«, in: Paul Michael Lützeler (Hg.), Europa. Analysen und Visionen der Romantiker, Frankfurt am Main 1982, S. 385–434. Die Zitate: S. 389, 434 und 387.

2 Salvador de Madariaga, Europa – eine kulturelle Einheit, Frankfurt am Main o. J. (1955), S. 23 und 24.

3 Zum Beispiel: Ludwig Harig, Und wenn sie nicht gestorben sind. Aus meinem Leben, München 2002, besonders das Kapitel »Selig vor Glück«, das von lothringischen Landpartien erzählt (S. 202–207).

4 Ein georgischer Autor hat das zum Anlass für einen amüsanten Roman genommen: Lasha Bugadze, Der Literaturexpress, aus dem Georgischen von Nino Haratischwili, Frankfurt am Main 2016.

5 Cees Nooteboom, Wie wird man Europäer? Aus dem Niederländischen von Helga van Beuningen, Frankfurt am Main 1993, S. 59.

6 Le Goff 1996, S. 87.

7 Der Wortlaut auf Englisch: http://ec.europa.eu/culture/policy/new-narrative/index_en.htm. Auf Deutsch: http://www.art2go.info/attachments/article/72/eu_leitmotiv_pdf.pdf (18. Mai 2016).

8 Hier tut sich längst einiges. Siehe: Jürgen Turek, »Forschungs-, Technologie- und Telekommunikationspolitik«, in: Werner Weidenfeld/Wolfgang Wessels (Hg.), Jahrbuch der Europäischen Integration 2015, Baden-Baden 2015, S. 187–190. Das trockene, aber sehr informative Buch, das alljährlich erscheint, gibt – soweit möglich – einen guten

Überblick über das verschachtelte und verwirrend große Tätigkeitsfeld der Europäischen Union.

9 Huizinga 1993, S. 241.

10 Quelle: http://www.mdr.de/nachrichten/politik/ausland/englisch-verliert-status-als-eu-amtssprache-100.html (3. Juli 2016).

8. Kapitel

1 Hans Gresmann, »Absage an Charles de Gaulle«, in: Die Zeit, Nr. 21, 25. Mai 1962.

2 Quelle und Wortlaut: http://www.konrad-adenauer.de/stichworte/europapolitik/europaeische-einigung/ (10. Mai 2016).

3 Kaelble 2001, S. 9.

4 Zitiert nach: Rene Kohlweiss, Die EU in der Krise. Wie hat sich der Integrationswille ausgewählter Mitgliedstaaten durch die Krise verändert?, Hamburg 2014, S. 54.

5 In großer Fülle wird das in einer ausgezeichneten Untersuchung ausgebreitet, die außerordentlich viele Beispiele für diese Offenheit gegenüber der Idee der europäischen Einigung aus der deutschen, britischen und amerikanischen Publizistik der »Zwischenkriegszeit« ausbreitet: Greiner 2014.

6 Grundsatzrede im Nordwestdeutschen Rundfunk über das Programm der CDU. Wortlaut: http://www.konrad-adenauer.de/dokumente/reden/rede-zum-programm-der-cdu-im-nwdr (10. Mai 2016).

7 Samuel [von] Pufendorf, Die Verfassung des deutschen Reichs, Stuttgart 1976, S. 106 f. In der ersten Auflage dieser Schrift des aufklärerischen Naturrechtsphilosophen und Völkerrechtlers, die 1667 erschien, heißt es am Ende des Versuchs, das Alte Reich einzuordnen: »Es bleibt uns also nichts anderes übrig, als das deutsche Reich, wenn man es nach den Regeln der Wissenschaft von der Politik klassifizieren will, einen irregulären und einem Monstrum ähnlichen Körper zu nennen.« Die Wendung wurde schnell berühmt, und sie ist es bis heute. Wer sie bemüht, nimmt in der Regel nicht zur Kenntnis, dass Pufendorf in der zweiten Auflage auf das missverständliche Wort »Monstrum« verzichtete. Siehe auch die große Studie Georg Schmidts zum Alten Reich: Schmidt 1999.

8 Georg Schmidt, »Das Alte Reich und die Europäische Union – ein Versuch«, in: Meinolf Vielberg (Hg.), Vorträge der Geisteswissenschaftlichen Klasse: 2010–2011, Akademie Gemeinnütziger Wissenschaften, Sitzungsberichte, Erfurt 2013, S. 90 und 88. Das folgende Zitat S. 94.

9 Hirst 2015, S. 203 f.

10 Den Artikel veröffentliche Dahrendorf unter bedeutungsschwerem Pseudonym: Wieland Europa, »Ein neues Ziel für Europa«, in: Die Zeit, 28, 9. Juli 1962, und 29, 16. Juli 1962; das Zitat steht im zweiten Teil.

11 Rede des Vorsitzenden der Sozialdemokratischen Partei Deutschlands, Willy Brandt, vor der Organisation Française du Mouvement Européen in Paris am 19. November 1974, in: Europa-Archiv, Folge 2/1975, D33–D39, das Zitat D36.

12 Piris 2012, S. 61–142.

13 Der Wortlaut der Enzyklika: https://www.uibk.ac.at/theol/leseraum/texte/319.html#ch13 (5. Juni 2016). Das Zitat steht in Abschnitt 79.

14 Dazu ausführlich: Peter Becker, »Die Subsidiaritätsprüfung in Bundestag und Bundesrat – ein rechtliches oder ein politisches Instrument?«, in: Zeitschrift für Politikwissenschaft, 23. Jg., 2013, Heft 1, S. 5–37.

15 Die Rede im Wortlaut: http://www.margaretthatcher.org/document/107332 (11. Mai 2016).

16 Kielmansegg 2015, S. 16 f.

17 Ralf Dahrendorf, A Third Europe? Third Jean Monnet Lecture, Florenz 1979, S. 19 f.; Übersetzung: t. s.

18 Zitiert nach: Joas/Wiegandt 2005, S. 38 f.

19 Le Goff 1996, S. 68.

20 Dahrendorf 1973; das Zitat: S. 9.

Literatur

David Abulafia, Das Mittelmeer. Eine Biographie, aus dem Englischen von Michael Bischoff, Frankfurt am Main 2013

Konrad Adenauer, Erinnerungen 1945–1953, Stuttgart 1965

Max Beloff, Europa und die Europäer. Eine internationale Diskussion, mit einer Einführung von Denis de Rougemont, Köln 1959

Gerhard Brunn, Die Europäische Einigung von 1945 bis heute, Stuttgart 2009

Markus K. Brunnermeier/Harold James/Jean-Pierre Landau, The Euro and the Battle of Ideas, Princeton, N. J., 2016

Mihran Dabag/Dieter Haller/Nikolas Jaspert/Achim Lichtenberger (Hg.), New Horizons. Mediterranean Research in the 21st Century, Paderborn 2016

Ralf Dahrendorf, Europäisches Tagebuch, Göttingen 1995

Ralf Dahrendorf, Plädoyer für die Europäische Union, München 1973

Jacques Delors, Das neue Europa, aus dem Französischen von Jochen Grube, München 1993

Dominik Geppert, Ein Europa, das es nicht gibt. Die fatale Sprengkraft des Euro, Berlin 2013

John R. Gilligham, The EU. An Obituary, London und New York 2016

Jacques Le Goff, Das alte Europa und die Welt der Moderne, aus dem Französischen von Tobias Scheffel, München 1996

Florian Greiner, Wege nach Europa. Deutungen eines imaginierten Kontinents in deutschen, britischen und amerikanischen Printmedien, 1914–1945, Göttingen 2014

Dieter Grimm, Europa ja – aber welches? Zur Verfassung der europäischen Demokratie, München 2016

Walter Hallstein, Der unvollendete Bundesstaat. Europäische Erfahrungen und Erkenntnisse, unter Mitarbeit von Hans-Herbert Götz und Karl-Heinz Narjes, Düsseldorf/Wien 1969

Günter Heydemann/Karel Vodička (Hg.), Vom Ostblock zur EU. Systemtransformationen 1990–2012 im Vergleich, Göttingen 2013
John Hirst, Die kürzeste Geschichte Europas, aus dem Englischen von Friedrich Griese, Hamburg 2015
Stanley Hoffmann, The European Sisyphus. Essays on Europe, 1964–1994, Boulder 1995
Rüdiger Hohls/Iris Schröder/Hannes Siegrist (Hg.), Europa und die Europäer. Quellen und Essays zur modernen europäischen Geschichte, Wiesbaden 2005
Johan Huizinga, Erasmus. Eine Biographie, aus dem Niederländischen von Werner Kaegi, Reinbek 1993
Hans Joas/Klaus Wiegandt (Hg.), Die kulturellen Werte Europas, Frankfurt am Main 2005
Tony Judt, Große Illusion Europa. Herausforderungen und Gefahren einer Idee, aus dem Englischen von Susanne Hornfleck, München 1996
Hartmut Kaelble, Europäer über Europa. Die Entstehung des europäischen Selbstverständnisses im 19. und 20. Jahrhundert, Frankfurt am Main/New York 2001
Peter Graf Kielmansegg, Wohin des Wegs, Europa? Beiträge zu einer überfälligen Debatte, Baden-Baden 2015
Henry Krägenau/Wolfgang Wetter, Europäische Währungs- und Wirtschaftsunion. Vom Werner-Plan zum Vertrag von Maastricht, Baden-Baden 1993
Walter Laqueur, Europa nach dem Fall, aus dem Englischen von Klaus Pemsel, München 2012
Wilfried Loth, Europas Einigung. Eine unvollendete Geschichte, Frankfurt/New York 2014
Herbert Lüthy, Frankreichs Uhren gehen anders, Zürich, Stuttgart, Wien 1954
Denis MacShane, Brexit. How Britain will Leave Europe, London und New York 2015
Geert Mak, In Europa. Eine Reise durch das 20. Jahrhundert, München 2004
David Marsh, The Euro. The Politics of the New Global Currency, New Haven/London 2009
Robert Menasse, Der Europäische Landbote. Die Wut der Bürger und der Friede Europas oder Warum die geschenkte Demokratie einer erkämpften weichen muss, Wien 2012
Jean Monnet, Erinnerungen eines Europäers, München 1978
Friedrich Nietzsche, Völker und Vaterländer, in: ders., Jenseits von Gut und Böse, Kritische Studienausgabe, hg. von Giorgio Colli und Mazzino Montinari, München 2014, S. 179–204

Cees Nooteboom, Wie wird man Europäer?, Aus dem Niederländischen von Helga van Beuningen, Frankfurt am Main 1993

Claus Offe, Europa in der Falle, Berlin 2016

Jean-Claude Piris, The Future of Europe. Towards a Two-Speed EU?, Cambridge 2012

Alan Posener, Imperium der Zukunft. Warum Europa Weltmacht werden muss, München 2007

Andreas Rödder, Neues vom alten Europa, in: ders., 21.0. Kurze Geschichte der Gegenwart, München 2015, S. 266–337

Georg Schmidt, Geschichte des Alten Reiches. Staat und Nation in der Frühen Neuzeit 1495–1806, München 1999

Joscha Schmierer, Mein Name sei Europa. Einigung ohne Mythos und Utopie, Frankfurt am Main 1996

Frank Schorkopf, Der Europäische Weg. Grundlagen der Europäischen Union, Tübingen 2010

Larry Siedentop, Demokratie in Europa, aus dem Englischen von Klaus Kochmann, Stuttgart 2002

Larry Siedentop, Die Erfindung des Individuums. Der Liberalismus und die westliche Welt, aus dem Englischen von Hainer Kober, Stuttgart 2015

Paul-Henri Spaak, Memoiren eines Europäers, Hamburg 1969

Debi und Irwin Unger, George Marshall. A Biography, New York 2014

Günter Verheugen, Europa in der Krise. Für eine Neubegründung der europäischen Idee, Köln 2005

Werner Weidenfeld/Wolfgang Wessels, Europa von A bis Z. Taschenbuch der Europäischen Integration, 14. Auflage, Baden-Baden 2016

Michael Wohlgemuth, Soziale Marktwirtschaft für Europa? Ordnungspolitik in der Krise, in: Michael Schuhen, Michael Wohlgemuth und Christian Müller (Hg.), Ökonomische Bildung und Soziale Marktwirtschaft, Schriften zu Ordnungsfragen der Wirtschaft, Band 96, Stuttgart 2012, S. 4–12

Stefan Zweig, Triumph und Tragik des Erasmus von Rotterdam, Frankfurt am Main 2014